1898, 문명의 전환

1898, 문명의 전환
대한민국 기원의 시공간

지은이 / 전인권·정선태·이승원
펴낸이 / 강동권
펴낸곳 / (주)이학사
1판 1쇄 발행 / 2011년 9월 2일

등록 / 1996년 2월 2일 (등록번호 제 03-948호)
주소 / 서울시 종로구 안국동 17-1 우 110-240
전화 / 02-720-4572 · 팩스 / 02-720-4573
이메일 / ehaksa@korea.com

ⓒ 전인권·정선태·이승원, 2011, Printed in Seoul, Korea.

ISBN 978-89-6147-147-3 03900

이 책의 저작권은 저자가 가지고 있습니다.
저작권법에 의해 보호를 받는 저작물이므로 이 책 내용의 일부 또는 전부를 재사용하려면 저작권자와 (주)이학사 양측의 동의를 얻어야 합니다.

* 책값은 뒤표지에 표시되어 있습니다.

> 이 도서의 국립중앙도서관 출판시도서목록(CIP)은 e-CIP 홈페이지(http://www.nl.go.kr/ecip)와 국가자료공동목록시스템(http://www.nl.go.kr/kolisnet)에서 이용하실 수 있습니다. (CIP제어번호: CIP2011003477)

전인권 · 정선태 · 이승원

1898, 문명의 전환

대한민국 기원의 시공간

이학사

일러두기

1. 당시의 자료를 직접 인용한 인용문은 당시 표현을 살리되, 뜻이 잘 통하지 않거나 현대 국문법에 맞지 않는 표현들은 인용자(이 책 지은이)가 현대문으로 바꾸는 것을 원칙으로 하였다. 각각의 지은이가 필요에 따라 같은 인용문을 중복해서 인용한 경우도 있는데, 이때는 각자의 해석을 존중하여 표현을 통일하지 않았다. 순 한글을 사용한 『독립신문』 등의 인용 시에 문맥 이해에 도움을 주고자 인용자가 한자 병기를 하기도 하였다. 인용문의 강조는 모두 인용자가 한 것이다.
2. 인용문이 번역문일 경우에는 인용자가 일부 구절을 수정하기도 하였다.
3. 부호의 쓰임은 다음과 같다.
   『 』: 서명, 신문명
   「 」: 논문명, 기사명
   〈 〉: 노래 제목
   [ ]: 인용문에서의 인용자의 부연 설명
   [……]: 인용문에서의 중략

책을 내면서

　그리운 벗 전인권 박사가 우리 곁을 떠나간 지 벌써 6년이 되어갑니다.
　2005년 8월 1일 전인권 박사의 갑작스런 타계 이후, 많은 지인은 눈부시게 피어나기 시작하던 그의 재능과 열정적인 활동을 생각하면서 안타까움과 아쉬운 마음을 감출 길 없었습니다. 이러한 마음들이 그의 저작을 정리하여 출판할 필요가 있다는 데로 모아졌고, 2005년 10월 29일 고인의 성균관대 친구를 대표하여 권정호 변호사, 고인의 문학 동료를 대표하여 정선태 교수, 고인의 서울대 친구를 대표하여 김대영 박사, 김영순 교수, 김남국 교수, 유족을 대표하여 동생 전은정 씨 등 6인이 〈고 전인권 박사 유고집 간행위원회〉를 결성하기에 이르렀습니다.
　이후 약 7개월 동안 전 박사의 기발표 및 미발표 원고를 찾는 작업을 거쳐 그의 전 저작 목록과 해당 원고들을 확보하게 되었습니다. 그의 저작은 크게 분류하면 이미 출판된 『김대중을 계산하자』, 『아름다운 사람 이중섭』, 『남자의 탄생』 등 3권의 책과, 아직 책으로 묶이지 않은 약 40여 편의 글로 나눌 수 있습니다. 〈간행위원회〉는 이 미출판 글들을 우선 3권의 책으로 묶기로 하였습니다. 1주기에 맞춰 2006년에 출판된 『박정희 평전』, 평론집 『전인권이 읽은 사람과 세상』, 공동 저작으로 이번에 출판되는 『1898, 문명의 전환』이 그것입니다.

전인권 박사의 저작들은 무엇보다도 우리 주위의 정치 세계를 직접 텍스트로 하여 매우 독창적인 해석학적 성찰을 보여주고 있습니다. 그는 김대중을 통해 지역 문제와 대결했고, 이중섭을 통해 한국인의 정신세계를 이해했으며, 자신의 유년 시절 기억을 통해 한국의 가족과 국가 정체성의 이해에 도달하려고 노력했습니다. 그의 이러한 시도는 한국 정치학이 갖는 '이론의 과잉화 현상'과 '현실의 왜소화 현상', 그리고 소통 및 논쟁의 부재로 말미암아 '동일한 문제의식이 무한 반복'되는 현상에 정면으로 도전하는 것이었습니다.

전인권 박사의 작업은 그 노력에 걸맞은 사회적 평가를 받기도 했습니다. 전 박사가 1999년 동아일보 신춘문예 미술 평론 부분에 이중섭 연구로 당선된 후 증보 출판한 『아름다운 사람 이중섭』은 2005년 프랑크푸르트 도서전에 한국을 대표하는 100권의 책으로 선정되어 출품된 바 있고, 2003년에 출판된 『남자의 탄생』은 그해 대한출판문화협회가 선정한 '올해의 책'에 뽑히는 영예를 안은 바 있습니다.

유고집의 첫 권으로 출판된 『박정희 평전』은 한국 현대사의 논쟁적 인물인 박정희의 사상과 행동에 대해 전기학을 원용하여 접근해

간 연구입니다. 전 박사는 자신의 학위논문에 대한 수정 작업을 계획하고 있었습니다만, 아쉽게도 끝낼 수 있는 시간을 갖지 못했습니다. 〈간행위원회〉는 그의 글이 현재 상태로도 충분히 우리 사회에 생산적인 논쟁을 불러일으킬 수 있다고 믿고, 독자들이 더 쉽게 읽을 수 있도록 최소한의 교정 작업만을 거친 후 출판한 바 있습니다.

유고집의 두 번째 책이었던 평론집 『전인권이 읽은 사람과 세상』은 정치 평론가이자 미술 평론가로서, 그리고 탁월한 인터뷰 전문가로서 그가 읽어낸 우리 사회의 단면들을 보여주고 있습니다. 독자들은 이중섭과 정경자로부터, 이천수와 채시라를 거쳐, 동원의 사회학과 가부장제 분석에 이르기까지 광범위한 그의 관심사를 따라가면서 우리 사회의 정체성에 대해 다시 생각할 수 있는 기회를 갖게 될 것입니다.

그가 마지막까지 가장 애착을 갖고 작업했던 『1898, 문명의 전환』은 미완의 저작입니다. 그는 이 책에서 한국 시민사회의 기원을 1898년 만민공동회로 끌어올리고, 이해를 원년으로 해서 이후의 한국 현대사를 설명해나가는 매력적인 작업을 시도하고 있습니다. 그는 이 책의 내용을 어떻게 할 것인지에 대한 구상을 각 장별로 남겨두었고, 이 주제에 대해 함께 토론해왔던 정선태 교수와 이승원 교수 두 동료에게 나머지 부분의 완성을 부탁했습니다. 이 책은 약 6년여의 작업을 거쳐 미완의 부분에 대한 보완을 끝내고 이제 공동 저작이자 유고집의 세 번째 책으로 출판됩니다.

사람들은 때로 사랑하는 모든 것을 남겨두고 갑자기 떠나야 할 때가 있습니다.

그러나 만약 떠나는 것이 두려워 사랑하지 않는다면, 이 세상에는 어떤 소중한 것도 남지 않을 것입니다. 전인권 박사는 개인적으로 고단한 삶과 잊을 만하면 찾아오던 병마에도 불구하고, 주위의 모든 사람에게 유쾌하고 즐거운 추억을 남겨준 소중한 사람이었습니다. 우리가 함께했던 많은 토론이 그로부터 비롯되었고, 그의 존재로 인해 토론은 더욱 빛이 났습니다. 그의 따뜻했던 마음과 열정이 이 저작들을 통해 오랫동안 기억되기를 소망합니다.

2011. 8. 1
〈고 전인권 박사 유고집 간행위원회〉를 대표하여
김남국 씀

서문

　분명하진 않지만 9년 전쯤이었을 것이다. 근대 전환기 신문 자료들을 바탕으로 어렵사리 학위논문을 제출하고 난 뒤, 나는 못다 읽은 오래된 신문들을 읽으며 한국의 근대화=문명화 과정과 그 의미에 대해 고민하고 있었다. 그해 여름, 나는 우연히 서울대학교 정치학과 대학원에서 진행 중이던 '독립신문강독회'에 참여할 기회를 갖게 되었다.

　'강독회'에서는 이미 몇 년 전부터 『독립신문』을 꼼꼼하게 읽어온 터였다. 그런 자리에서 한국 근대문학을 공부한 내가 더하거나 뺄 수 있는 말은 딱히 많지 않았다. 같은 텍스트를 읽고도 이렇게 다른 생각을 할 수 있다는 사실에 조금은 당황하기도 했으며, 토론 석상이나 술자리에서 얼핏얼핏 드러나는 정치학자들의 사고방식과 대화법에 적잖이 놀라기도 했다. 그렇게 우리는 서로가 다르다는 것을 인정하고서야 조금씩 속내를 꺼내 보일 수 있었다. 물론 그 과정에서 많은 오해와 논란이 없지는 않았지만.

그때 전인권 선생을 만났다. 늙수그레한 얼굴에 깃든 우수憂愁, 종이나 헝겊으로 만든 가방에 어울리는 허름한 차림새, 경계를 넘나드는 투박한 언어들, 위선적인 태도나 말을 견디지 못하는 결벽증, 흔들리는 필체까지⋯⋯ 그런 그가 나는 좋았다. 내가 그가 자신의 체험을 바탕으로 한국 남자의 정체성 형성 과정을 탐사한 『남자의 탄생』(푸른숲, 2003)을 읽고 부끄러움을 쉽게 감출 수 없었던 것도 그의 외양과 성정을 그 책에서 고스란히 보았기 때문일 것이다.

그후로 몇 년 동안 나와 그는 다른 공부를 하는 다른 사람들과 함께 다른 장소에서 이런저런 책을 읽으면서 시간을 보냈다. 『독립신문』뿐만 아니라 『고종시대사』, 『대한계년사』, 『매천야록』 등등에는 그와 함께한 시간의 흔적들이 곳곳에 배어 있다. 무방비 상태일 때면 가시처럼 내 횅한 정신의 살점을 찔러대는 흔적들 때문에 지금도 눈을 슴벅이곤 한다.

**

이 책은 우리가 함께 공부하면서 고민했던 사유의 편린들을 아홉 편의 글로 갈무리한 것이다. 생명의 끈을 놓기 전, 가쁜 숨을 몰아쉬며 펼쳐놓은 전인권 선생의 생각들을 온전하게 살리지 못한 것이 못내 아쉽다. 전적으로 살아남은 자의 게으름 탓이지만, 생각 같아서는 돌아올 수 없는 길을 떠나버린 그를 다시 불러내, "그렇게 간절했으면 차근차근 매듭을 짓고 갈 일이지 뭐가 그리 급했느냐."고 따지고 싶은, 참 부질없는 생각이 치밀기도 한다.

'부록'으로 실은 「유언」에서 볼 수 있듯 그는 '대한민국 기원의 시공간'이라는 부제가 달린 『1898, 문명의 전환』이라는 책을 구상하고 있었다. 그리고 그 책의 구성은 이러했다.

1장 문명의 전환
2장 문명 전환의 (할)아버지들
3장 아관파천
4장 『독립신문』과 국어의 발견
5장 의회의 발견과 만민공동회
6장 문명의 새로운 양식들
7장 사회진화론과 민족주의
8장 균질화된 개인으로 구성된 민족의 발견

목차 구성에서 드러나는 것처럼 그는 대한민국의 기원을 정치사상사의 관점에서 밝히려는 야심 찬 계획을 갖고 있었다. 그가 '기원'을 추적하고자 한 것은 현재의 정치적·사회적·문화적 상황을 합리화하거나 이에 정당성을 부여하기 위해서가 아니라, 정치학자의 입장에서 기원을 복원함으로써 현재 대한민국이 직면해 있는 제반 상황들을 적극적으로 비판하고 실효성 있는 대안을 제시하고 싶어서였을 것이다.

그러나 그의 생각은 예고 없이 찾아온 병마에 쫓겨 구체화되지 못했다. 이승원 선생과 나에게 '뒤'를 당부했지만, 살아남은 우리 둘 모두 역사적 감각과 문학적 감각 그리고 정치적 감각을 두루 갖춘 그의 사유를 온전히 그려내는 데는 역부족이었다. 그렇다고 그의 마지막 부탁을 외면하고 있을 수만은 없었다. 우리는 그와 함께 공부했던 기억, 공유했던 고민을 다시 불러내 그의 생각의 끈을 이어주고 싶었고, 그런 바람의 결과가 이 책이다.

이 책의 1장~3장과 6장은 전인권 선생이 남긴 것이다. 이 가운데 3장 「『독립신문』의 재해석과 한국의 사회과학」은 『독립신문, 다시 읽기』(푸른역사, 2004)에 쓴 「해제」를 전체 맥락을 고려하여 재수록한 것이다. 3장과 6장은 일부 겹치는데, 글의 전개상 필요하다고 판단하여 그대로 두었다. 4장, 5장 및 7장은 정선태가 썼다. 4장과 7장은 이미 발표했던 글을 수정·보완한 것이며, 5장은 일부를 제외하고 새로 썼다. 그리고 8장과 9장은 이승원이 집필했다.

오래된 마음의 빚을 갚으려 애쓰긴 했으나 그의 구상을 제대로 채워주지 못해 미안한 마음을 금할 길이 없다. 특히 그가 원래 계획했던 목차의 3장, 7장, 8장을 여백으로 남겨두어야 하는 것이 아쉽기 그지없다. 그의 생각의 조각들을 모아 어떻게든 재구성해보려 했지만 쉽지가 않았다. 다만 이 책 전체를 읽고 그의 「유언」을 참조한다면 어렴풋하게나마 윤곽을 그려볼 수는 있을 것이다.

***

그가 이별을 고한 지 벌써 6년의 세월이 지났다. 그동안 이 책이 마무리되기를 기다려준 전은정 선생, 김남국 교수를 비롯한 유고집 간행위원회 멤버들, 그리고 이학사 강동권 사장과 이어질 듯 끊어지는 언어들을 다듬어준 편집부의 임양희 씨께 고맙고 미안할 따름이다.

여기 그를 기억하는 사람들의 마음을 담아 이 세상에 없는 이와 함께 쓴 한 권의 책을 세상에 내보낸다. 어찌 저세상 사람의 뜻을 헤아릴 수 있을까마는 그럼에도 바람처럼 왔다 떠나버린 그가 이 책의 향훈香薰에 이끌려 '인연의 심연'을 한 번만이라도 건너와주었으면 좋겠다.

전인권 선생의 깊은 잠이 내내 평온하길 빈다.

2011년 8월
정선태 적음

차례

책을 내면서 5
서문 9

1장 프롤로그, 1898년의 새로운 의미 17
2장 문명의 전환, 진리의 나라에서 세속의 나라로 25
3장 『독립신문』의 재해석과 한국의 사회과학 55
4장 교육입국론과 '국민' 생산 기획: 『독립신문』의 교육론 88

5장 '국어'의 독립과 국가의 독립: 『독립신문』의 국문론 125

6장 만민공동회, 한국 근대 정치의 원형 144

7장 만민공동회, 근대적 정치 학습의 현장 182

8장 문명의 새로운 양식들, 행동하기와 말하기의 근대 231

9장 문명인 양성소의 탄생, 학교·학생·얼개화꾼의 표상 267

부록: 전인권 유언 301

참고 문헌 321

1장
프롤로그, 1898년의 새로운 의미

1. 역사를 보는 눈

축구에서 골키퍼가 방어하기 어려운 공이 있다. 그것은 상대편 선수가 골문을 향해 슈팅을 날릴 때, 그 선수의 발이 닿는 순간을 포착하지 못한 공이다. 다시 말해 골문을 향해 날아오는 공이 맨 처음 움직인 최초의 상태를 모르면 속절없이 골을 먹게 된다.

축구 경기를 관람하다 보면, 종종 30~40m나 되는 먼 거리에서 찬 공이 골로 연결되는 통쾌한 장면이 연출되기도 한다. 이걸 보고 사람들은 대포알 슈팅이라고 한다. 하지만 골키퍼 입장에서 보면 상대편 선수의 대포알 슈팅에 골을 먹은 게 아니라 자신의 방심 때문에 골을 먹은 것이다. 설마 상대편 선수가 그렇게 먼 거리에서 슛을 날릴 것이라고 예측하지 못했기 때문이다. 결국 상대편 선수가 슛을 날리는 그 순간을 놓쳐서 골을 먹게 된 것이다. 아무리 대포알 슛이라고 해도 그 순간을 놓치지 않는다면, 골키퍼가 골을 먹는 경우는 그렇게 많지 않다. 그만큼 최초의 순간은 중요하다.

한국 역사를 공부하다 보면, 바로 그 최초의 순간에 관한 논의가 크게 헷갈리고 있다. 그래서 대한민국 형성의 기원에 대한 논의도 혼란스럽다. 예를 들어 정치 현상을 이해하는 데 역사는 매우 중요하다. 그런데 한국 대학의 정치학과에서는 역사를 거의 가르치지 않는다. 역사에 대한 이해가 중요한 것은 정치학과만이 아니다. 자기 나라의 삶을 이해해야 하는 인문사회과학의 전 분야에서 역사에 대한 이해는 필수적이다. 하지만 제 나라 역사를 모르고 제 나라 역사에 대한 이해가 낮으니까, 우리의 골키퍼들은 엉뚱한 곳을 향해 팔을 벌리면서 공을 잡겠다고 우왕좌왕한다.

우리가 우리 역사를 잘 모르는 것은 우리 역사에 대해 자부심을 갖지 못한 탓이 크다. 그런데 우리가 이렇게 우리 역사를 무시하는 것은 역사 그 자체가 별 볼일 없어서가 아니라, 역사를 대하는 우리의 태도나 관점이 잘못되었기 때문이기도 하다. 예를 들어 일제강점기에 살았던 사람이 역사를 생각할 때 자부심을 갖기는 어려웠을 것이다. 해방 이후 이승만 시대를 살았던 사람은 어땠을까? 해방은 되었는데, 나라는 좌우익 투쟁에 휘말려서 수많은 사람이 이유 없이 희생되었으며, 미소 냉전의 전쟁터로 변한 한반도에서 수백만 명의 한국 사람이 처참하게 죽은 상황에서 역사에 대한 자부심을 갖기는 어려웠을 것이다.

박정희 시대는 어떠한가? 그 시대 위정자들은 조국 근대화와 민족 중흥에 앞장서겠다고 했다. 그래서 물질적으로 상당한 근대화가 진척된 것은 사실이다. 하지만 분단 현실을 철저하게 악용하는 가운데, 민중을 배제하고 북한 사람들을 배제한 조국 근대화가 사람들의 마음을 움직일 수 있었을까? 그건 그야말로 '당신들의 조국 근대화'였다. 또 박정희 체제는 민주화운동을 철저하게 탄압하고 사람들의 눈과 귀를 차단하여 지금 이 땅을 사람들이 사는 곳이 아니라, 자본과 기계와 도로가 사는 땅으로 만들었다. 이런 상황에서 사람들이 살아온 행적인 역사는 반 푼어치의 값어치도 없는 장식물로 전락해버리고 말았다. 박정희 시대에는 우리 시대의 역사가 아니라, 신라 화랑도-세종대왕-이순신 장군과 같은 박제된 역사가 유행했다는 점은 새삼 음미해볼 가치가 있는 일이다.

이렇게 보면 역사란 누구의 역사이며, 역사를 어떻게 볼 것인가에 대한 관점에 따라서 그 내용이 크게 달라진다. 박정희 시대의 역사는 군사정부에 의해 추진된 관변 역사였고, 기본적으로는 국가 단위의 우승열패를 기준으로 삼은 국가주의적 역사, 물질적 근대화를 기준으로 한 근대화 논리의 역사였다. 지금도 우리의 역사는 이러한 관점에서 크게 탈피하지 못하고 있다. 이러한 역사적 관점에서 볼 때 우리의 과거는 부끄러운 역사이며, 서구 선진국을 따라잡아야 하는 영원한 미완성의 역사가 된다. 그리고 우리는 마치 눈앞에 놓인 가짜 먹이를 보고 뛰는 개처럼 영원히 도달할 수 없는 역사의 창조자가 되어야 한다. 그것은 다시 말해 상대방은 저쪽을 향해 공을 차는데 이쪽으로 몸을 날리며 공을 막으려는 골키퍼의 모습과 별반 다르지 않다.

2. 기원과 정체성

이 책에서 말하는 1898년은 반드시 1898년 한 해만을 의미하는 것은 아니다. 그것은 1876년 개항부터 1910년 조선의 패망까지의 시기를 말할 수도 있으며, 1896년부터 1898년 사이의 3년을 말할 수도 있다. 또한 이 기간은 아관파천이 단행되고 『독립신문』이 발행되었으며 독립협회獨立協會가 설립되고 만민공동회萬民共同會가 개최되었던 시공간일 수도 있다. 더 넓게 말하자면 이 땅에 서구 문명이 알려지고 이에 관한 토론이 본격화된 19세기 초부터 1910년 대한제국의 멸망까지를 지칭할 수도 있다.

만민공동회에 대해서는 누구나 한 번쯤 들어보았을 것이다. 그러나 이 사건에 대해 역사가들은 잘못된 해석을 하거나, 이 사건의 의미를 너무 축소해왔다. 아니, 이 사건만 잘못 해석한 것이 아니라, 구한말의 역사 전체를 잘못 해석해왔다. 그 핵심적인 이유는 대한제국이 패망하여 일제의 손아귀에 넘어갔다는 눈앞의 사실 때문이었다. 나라의 패망에 너무 압도되다 보니까, 나라의 패망보다 더 중요한 사건을 놓쳐버렸던 것이다. 비유하자면 강간을 당한 여인 또는 대학 입시에 실패한 사람이 그것보다 더 중요한 인생이 있다는 사실을 무시하고 자살을 해버린 것과 같다.

그렇다면 1898년을 전후한 시기에 나라를 잃은 것보다 더 중요한 사건은 과연 무엇이란 말인가? 그것은 바로 '문명의 전환'이다. 이 시기는 성리학적 세계라는 '진리의 나라'가 개화 문명이라고 하는 '세속의 나라'로 급속하게 전화된 시기였다. 따라서 조선의 패망이라는 것도 하나의 세계에서 전혀 다른 세계로 이행하는 과정에서 벌어진 일종의 돌발 사건 같은 것이지, 조선에 무슨 근본적인 잘못이 있었던 것은 아니다. 조선이 패망하게 된 가장 큰 원인은 한중일 사이의 지정학적 관계에 있었다.

하지만 19세기 전체를 통해, 아니 특정한 시기를 규정하자면 1898년을 기점으로 문명의 전환은 돌이킬 수 없는 대세가 되었다. 물론 이 문명의 전환은 서구의 충격에서 비롯된 것이지만, 서구의 충격을 주체적으로 수용하려는 노력은 열렬했다. 이 과정을 특정한 인물의 계보로 파악한다면 '오경석-박규수-김옥균'과 '유길준-서재필'을 들 수 있다. 또한 여기에 앞의 인물들과는 다른 길을 걸었지만 서구의 충격을 적극적으로 수용했다는 측면에서 윤치호를 거론할 수도 있을 것이다. 이 외에도 여러 인물이 있지만, 그들 나름의 일관된 사상적 체계와 실천을 겸비했다는 점에서 이 6명만 들었다. 이들은 새로운 나라를 세우려고 했다는 점에서 '건국의 아버지들'이 될 뻔했다. 그러나 이들의 능력은 새롭게 전개되는 복잡한 국제 정세를 극복하기에는 한계가 있었고, 이들의 노력은 실패로 끝나고 말았다. 하지만 이들은 새로운 문명을 이식한 선구자들로서 '문명의 건설자들'이 되었다. 더 나아가 오늘날 대한민국은 이 문명의 건설자들이 주장했던 원리에 따라 건설되었다는 점에서 이들은 대한민국 건국의 선구자들이란 의미를 갖는다.

여기서 문명이니, 문명의 건설자니, 대한민국 탄생의 시공간이니 하는 표현을 쓴다고 해서 내가 그런 사상과 인물에 공감하고 대한민국이 문명의 건설자들이 주장하는 방식대로 운영되어야 한다고 생각하는 것은 아니다. 사상적으로 보면, 앞의 6명보다 더 뛰어난 사람도 많다. 그럼에도 불구하고 정치는 현실적인 것이다. 바로 그 현실은 19세기 후반에 이루어졌던 문명의 전환이 1980년대까지 영향을 미쳤다는 점이다. 박정희는 여러 가지 논점을 비교해볼 때, 정확하게 김옥균과 윤치호의 후예이다. 이들이 모두 일본과 가까웠다는 것도 역사의 필연이다.

3. 문명사적 역사 인식

보통 구한말의 역사(1876~1910)를 통칭해서 개화기, 근대 계몽기라고 부른다. 또한 1894년에서 1910년까지를 근대 전환기라 부르기도 한다. 이 용어들은 이 시기가 단팥이 없는 찐빵처럼 '미완성의 역사'라는 인식을 담고 있다. 역사에 있어 완성된 시기와 미완성의 시기가 따로 있는 것은 아닌데, 이런 역사 인식이 나타나게 된 데에는 크게 두 가지 원인이 있다.

첫째, 이 시대가 나라를 잃은 망국의 시대라는 점이다. 나라를 잃었기 때문에 모든 것이 잘못되었다고 판단하는 것이다. 대학 입시를 비롯한 다양한 시험을 위해 이 시기를 공부하기는 한다. 하지만 이 시대는 시험 문제의 정오표로 단정할 수 있는 시대가 아니다. 따라서 이 시대의 진정한 의미를 이해하는 사람이 많다고는 할 수 없다. 간혹 이 시기의 의미를 강조하는 경우에도 각자의 입장에서 편협한 논리로 이 시대를 옹호하는 경우가 많다.

둘째, 역사를 기억하고 역사를 만드는 시대의 상황도 역사 인식에 중요한 영향을 미쳤다. 한마디로 일제강점이라는 식민지 경험은 구한말의 역사를 이해하고 의미화하는 데 가장 큰 영향을 미쳤다. 바로 전 나라가 망하고 훨씬 강해진 일제의 지배를 받게 되었을 때, 구한말의 실상이 제대로 보였을까? 해방 이후에도 우리 역사는 수난과 고난의 연속이었다. 그런 상황에서 구한말의 역사는 왜소하고 졸렬하며 지리멸렬하기 짝이 없게 보였을 것이다. 그리고 그때 만들어진 역사가 면면히 우리에게 전수되고 있다.

만약 구한말에 대한 우리의 인식이 잘못되었다면, 우리는 어떤 방법을 통해 그 잘못을 교정할 수 있을까? 내가 보기에는 문명사적 관점에서 이 시대를 보는 방법을 개발해야 한다. 문명사적 관점이 무엇이냐고 나에게 물으면, 나의 대답은 궁색해진다. 아직까지 이 문제를 깊이 탐구할 여력을 제대로 갖추지 못했기 때문이다. 하지만 분명한 것은 구한말의 시기에 인간과 우주, 인간과 자연, 인간과 인간, 개인과 국가 등 우리 삶을 형성하는 기본 개념들이 급격하게 변화했다는 사실에 주목해야만 이 시대의 역사를 제대로 인식할 수 있다는 점이다.

우리가 과거의 역사를 살아 있는 역사로 이해한다는 것은 중요한 의미를 갖는다. 역사를 살아 있는 역사로 이해한다는 것은 우리가 그 과거로부터 생겨났음을 뼈저리게 인식하고, 그 역사로부터 우리의 행위를 역사적 행위로 파악하는 일이다. 우리는 과거의 역사를 있는 그대로 인정하지 않고, 역사를 부정했다는 점에서 '정신적 고아들'이었다. 이러한 과거 역사에 대한 정신적 고아 콤플렉스나 트라우마를 극복하기 위한 적절한 치유 방식은 오히려 간단할지도 모른다. 있는 그대로, 날 것 그대로의 역사를 정면으로 대면하는 것이다. 역사를 좌우의 이념이나 진보와 보수의 이념으로 재단하는 것이 아니라, 19세기에서 20세기로 넘어가는 길목에서 전 세계적으로 전개된 '문명화'의 소용돌이 그 자체에 주목하여 과거의 역사를 파악하는 것이다.

2장
문명의 전환, 진리의 나라에서 세속의 나라로

1. 진리의 나라, 조선

지금까지 우리는 서구의 관점에서 근현대사를 서술해왔다. 해방 후 서구식 민주주의를 도입했지만 서구와 같은 개인주의, 안정된 정당 제도, 정치인의 책임 의식이 없다고 논의할 때, 그 기준은 서구였다. 물론 이 같은 주장이 틀린 것만은 아니다. 그러나 서구식 민주주의를 도입하여 적용하는 것은 마치 눈앞에서 움직이는 먹이를 보고 달려가며 훈련을 받는 개처럼 우리에게도 힘겨운 일이었다. 서구의 관점에서 우리 역사를 서술하는 대신 우리가 현재와 같은 모습으로 변하기 이전에 어떤 존재였으며, 그때로부터 우리가 얼마나 변해왔는가를 살펴보는 것도 중요한 문제다.

우선, 조선은 어떤 사회였는가? 조선에 관한 역사 연구가 많지만,

이상하게도 문명사적으로 접근한 경우는 별로 보지 못했다. 근대화 논쟁, 실학에 관한 연구, 유물론적 역사 인식 등도 그 기준은 다분히 서구였다. 물론 나의 주장도 서구 학계의 성과를 재해석하는 내용이 많기는 하다. 나는 우리와 친숙한 인물, 친숙한 역사와 사회에 관한 자료와 현상을 좀 더 세밀하게 분석하여 그 본질을 탐구하는 것이야말로 주체적인 작업이 아닐까 생각해본다.

문명사적 관점에서 볼 때, 조선은 진리의 나라였다. 여기서 말하는 진리란 1+1=2와 같이 논리적으로 거짓이나 참을 증명할 수 있는 과학적 진리를 뜻하지 않는다. 조선은 절대적 진리가 존재한다는 믿음이 존재한 사회였다는 의미에서의 진리이다. 이것은 오늘날 진리에 대한 우리의 관념과는 180도 다른 것이다.

조선은 우주와 자연, 자연과 인간, 인간과 사회를 설명하는 통합적이면서도 유일한 진리 체계를 발전시켰다. 이 진리 체계의 핵심은 성리학이다. 성리학은 단지 지식의 체계에 머물렀던 것이 아니라, 인간이 따르고 지켜야 할 지상 과제이자 최고의 유일한 진리였다. 성리학을 배척할 경우 사문난적斯文亂賊이라고 하여 이단 취급을 받았다. 그뿐만 아니라 성리학은 교육과정을 통해 그 진리를 몸에 익히고 실천하여 육화肉化된 진리로 삼아야 하는 진리의 최종 심급이었다.

더 나아가 성리학은 고대의 유학과 달리, 양반과 평민의 생활을 특수한 방향으로 권장하고 규제하는 사회제도이자 윤리 체계이며 일상적 관습의 기준이었고, 각종 제사와 예식의 의미와 실천의 내용을 규정한 종교 체계이며, 세상의 사물을 관찰하고 규명하는 학문의 제1근원으로서 학문적 방법론이고, 사회적 갈등을 처리하고 권력을 배분하는 방법을 규정하는 정치학의 성격도 갖고 있는 통합적 진리였다.

그런데 인류 문명의 발달 과정에서 보면 성리학이 이처럼 고도로 통합적인 진리 체계를 추구했던 것은 특수한 현상이 아니라 보편적인 현상이다. 인류는 서로 다른 시기에 서로 다른 내용을 갖는 문명을 발전시켜왔다. 그렇지만 어느 문명이든 간에 그 문명이 어느 정도 발전된 단계에 도달하면 성리학과 같이 인간 생활의 모든 측면을 일원적으로 통합하여 통치하는 진리의 체계를 추구하고 발전시켜왔다고 할 수 있다. 즉 모든 문명은 진리의 나라라는 기간을 통과했으며, 지금도 그런 상태를 유지하고 있는 나라가 있다.

대표적인 예가 중세의 기독교 문명이다. 중세 기독교 사회는 마틴 루터가 종교개혁을 선언하기 이전까지 중세 전 기간을 통해 기독교적 진리로 무장된 진리의 나라였다. 이 경우, 기독교는 초대 교회의 기독교와 달리, 종교적 신념의 체계이자 사회제도이자 윤리학이자 정치학이었다. 예를 들어 「마태복음」에 따르면 예수는 "가이사[황제]의 것은 가이사에게, 하나님의 것은 하나님에게"라고 하나님의 나라와 가이사의 나라를 명확하게 구분한다. 그런데 이게 중세로 넘어오면, 두 나라가 통합된다. 다시 말해 진리에 의한 통치, 곧 신정 체제神政體制가 확립되는 것이다. 비슷한 현상은 아랍 문명에서도 발생했으며, 인도 문명도 이와 크게 다르지 않았다.

조선은 신의 개념을 강력하게 배격하는 인본주의적 경향을 갖고 있어 신정 체제라고 할 수는 없지만, 성리학이라는 진리 체계를 통치 이념으로 삼았다는 점에서 '진리의 정치체제'였다고 할 수 있고, 진리에 대한 믿음의 정도는 신정 체제와 유사했다. 이렇게 볼 때, 조선은 플라톤이 주장했던 철인 정치제도를 현실에서 가장 이상적으로 구현한 나라였다. 적어도 조선의 조정과 사대부들의 모임에서 오고 간 토론의 내용들을 긍정적으로 살펴보면, 조선의 왕과 양반들이 얼마나 고결한 삶을 추구했는가를 잘 알 수 있다.

2. 박규수와 고종의 진리

조선을 진리의 나라라고 할 때, 진리에 대한 그들의 믿음과 신념은 자신들의 진리가 붕괴할 위험에 처할 때 가장 극명하게 드러날 수밖에 없다. 그 위기는 1876년 개항을 통해서 구체화되었다. 이때 조선의 후예들은 목숨을 내걸고 투쟁하게 된다. 예를 들어 조선의 '마지막' 선비였던 최익현이 "내 목을 벨 수는 있지만 내 머리카락에 손을 댈 수 없다."고 했을 때, 머리카락은 조선의 성리학적 진리를 상징하는 것이었다. 이 경우 최익현의 태도는 오늘날의 민족주의와는 별로 상관이 없는, 오히려 삶(비신앙)을 택할 것인가 죽음(신앙)을 택할 것인가의 기로에서 죽음을 택하는 기독교 순교자의 태도와 더 닮아 있다.

이 시기에 조선의 조정이나 지식인들이 끝까지 지키려고 했던 것의 핵심은 "서양 침략자들과 싸워 나라를 구해야 한다!"는 식의 민족주의 또는 군사적 태도와는 개념이 좀 다른 것이었다. 이 시기 조정과 지식인들 사이에서 가장 큰 논란거리가 된 내용들을 살펴보면 문제의 소재가 쉽게 파악된다. 바로 그 논란거리가 되었던 문제들이 조선 성리학의 핵심적 진리라는 것은 두말할 것도 없다. 그 계기는 이양선異樣船의 출몰이었다.

이양선

고종 임금: 천하만국 가운데 어찌하여 성인들의 교화敎化[가르침]를 지키지 않는 자들이 있으며, 양이洋夷들의 사교邪敎[잘못된 가르침]가 나오는 것은 어째서인가?

강관講官 박규수: 서양의 여러 이적夷狄들이 중국에서 너무도 멀리 떨어져 있기 때문입니다. 너무도 멀리 떨어져 있기에 중화 문명의 가르침이 아직 미치지 않은 것입니다. [······] 저들의 사설邪說이 끝내 천하의 사람들을 모두 물들게 하지는 못할 것입니다.

고종 임금: 어찌 치우친 것이 바른 것을 해칠 수 있겠소. 치우친 것이 바른 것을 범하는 것은 마치 대낮에 구름이 태양을 가린 것과 같은 것이어서 머지않아 저절로 해소될 것이오.

강관 박규수: 신이 일찍이 중국인들의 말을 듣건대, 저들 이적夷狄들이 항시 중국의 경전을 많이 사들여 번역하여 읽고 있다고 합니다. 그러니 이들도 필시 하루아침에 크게 깨달아 스스로의 비뚤어짐을 자각하고 이들 역시 모두 성인들의 가르침에 귀의

2장 문명의 전환, 진리의 나라에서 세속의 나라로 29

하게 될 것입니다.

(『국역 승정원일기』 고종 7년(1869) 3월 7일)

이 장면은 고종과 당시 고종의 총애를 받던 신하이자 경연을 통해 임금의 학습을 가장 많이 도왔던 당대의 석학 박규수의 대화이다. 오늘날 같으면 영국의 배가 아무런 허락 없이 우리의 영해를 침범했느니 어쩌니 하면서 군사적 대응을 어떻게 해야 하느냐 등의 문제가 부각될 상황인데, 두 사람의 대화에는 군사적인 이야기가 전혀 나오지 않는다. 그들의 대화는 다분히 문명적이다. 임금은 "어떻게 성리학의 가르침을 따르지 않는 자들이 생겨날 수 있느냐?"며, 도대체 이해하기 어렵다는 입장을 취한다. 한마디로 이양선으로 상징되는 서양은 성학聖學 또는 성인聖人들의 교화를 모르는 오랑캐[夷狄]들이란 것이 고종과 박규수의 입장인 것이다. 이처럼 서양인들을 오랑캐로 보는 관점은 개항 전의 여러 문헌에 부지기수로 등장한다.

고종

박규수

고종과 박규수가 서양인을 오랑캐라고 부르는 태도는, 중세 시대에 기독교를 받아들이지 않는 사람들을 이교도라고 부르며, 한편으로는 "이해하기 어렵다"고 안타까워하고, 다른 한편으로는 경멸하거나 박해의 대상으로 삼았던 상황과 일치한다. 여기서 성학 또는 성인이란 표현에 주목할 필요가 있다. 이 표현들은 오늘날 기독교와 관련하여 사용되고 있지만, 본래는 성리학에 기원을 둔 용어였다. 다시 말해 조선 시대에는 중세의 기독교와 유사한 진리의 이해 방식이 존재했던 것이다.

그리하여 고종과 박규수는 서양인들이 거리상 중국에서 멀리 떨어져 살다 보니 야만인(오랑캐)이 되었다고 추론한다. 더 나아가 두 사람은 서양인들이 "중국의 경전을 많이 사들여 번역하여 읽고 있다."고 하니, "필시 하루아침에 크게 깨달아 스스로의 비뚤어짐을 자각하고 이들 역시 모두 성인들의 가르침[성리학]에 귀의하게 될 것"이라고 희망 섞인 예측을 하고 있는 것이다.

3. '오사마 빈 라덴'의 진리

우리는 지금까지 고종과 박규수의 대화를 읽을 때, '세계가 돌아가는 물정을 너무 몰랐기 때문에 어리석고 순진한 대화를 나누고 있다.'는 식으로 해석해왔다. 그런 해석을 내린 사람들은 세상 물정 몰랐던 이런 사람들 때문에 한국 근현대사가 망가졌으며, 나라를 빼앗기게 되었다고 해석해왔다. 하지만 사람의 생각이 어떻게 그처럼 자유자재로 바뀔 수 있단 말인가? 일단 '진리의 나라'에 거주하는 '진리의 인간'들이라면 위와 같이 생각하고 행동하는 것 외에 다른 방법은 없었을 것이다.

고종과 박규수처럼 생각하고 행동하는 사람은 21세기에도 있다. 가장 가까운 사례는 미국에서 '9·11 사건'을 일으킨 오사마 빈 라덴이다. 그가 미국 문명을 바라보는 관점은, 세부적인 내용에서는 차이가 있지만, 130년 전 박규수와 고종이 이양선을 바라보던 태도와 대부분 일치한다. 이 사실은 빈 라덴이 9·11 사건 직후인 2002년 11월 24일 영국 일간지 『옵서버The Observer』에 보낸 '미국인에게 보내는 빈 라덴의 편지'에 잘 나타나 있다. 내가 보기에는 빈 라덴 역시 '진리의 인간'이다.

> [……] 우리의 종교인 이슬람은 [……] 자비와 정의와 성실함과 염치와 청결과 근엄의 믿음이다. 우리는 당신들에게 이슬람에 귀의할 것을 촉구한다. [귀의하지는 않는다 해도] 일단 당신들의 억압과 거짓과 음행 등을 즉각 중지하라! 예의, 염치, 청결의 인간이 되라! 사음邪淫, 동성연애, 마약 복용, 도박, 그리고 고리대금업 등의 사악에 더 이상 빠지지 말라! 안타까운 사실이지만, 지금 당신들의 문명은 인류 역사상 최악의 문명이다.

빈 라덴이 거론하고 있는 미국 문명의 퇴폐적 항목들은 130년 전 박규수가 거론했던 오랑캐들의 특징과 다소 다르지만, 레토릭의 기본 구조는 놀랄 만큼 유사하다. 빈 라덴은 이슬람교가 "자비와 정의와 성실함과 염치와 청결과 근엄의 믿음"이라고 규정한다. 빈 라덴이 말하는 정의正義의 개념은 성리학에서는 잘 발달되어 있지 않고, '예

禮 또는 예의禮義'로 대치되는 경향이 있지만, 나머지 자비와 더불어 "성실함과 염치와 청결과 근엄"은 성리학에서 습관처럼 몸에 익혀야 하는 덕목과 너무도 똑같다.

더 나아가 빈 라덴은 미국인들에게 이슬람에 귀의할 것을 촉구한다. 우리가 보기에는 미국이 중심이고 빈 라덴이 변방에 있는 것처럼 보이지만, 빈 라덴이 보는 관점은 전혀 다르다. 자신은 이슬람교가 지켜주는 유일한 진리의 나라, 세계의 중심에 살고 있으며, 미국은 온갖 악이 창궐하는 오랑캐인 것이다. 그래서 '미국 애들아, 너희들은 반성하고 이리로 와야 해!' 하고 촉구하는 것이 빈 라덴 편지의 중요한 목적이다. 박규수가 서양 오랑캐들이 중국 경전을 열심히 번역하여 읽고 있으니, 곧 성리학에 귀의할 것이라고 고종에게 보고한 것과 똑같은 시각이다. 이렇게 사고하는 사람들이 진리의 인간들이다. 요즘에는 이런 사람들을 보고 근본주의자라고 부르는 경향이 있다.

4. 진리의 내용

중세 시대의 기독교건, 조선의 성리학이건, 오사마 빈 라덴이 생각하는 이슬람교건, 진리의 나라에 거주하는 진리의 인간들이 공통적으로 진리로 여기는 것이 있다. 그 핵심적 내용은 '우리는 문명국이고 우리와 다른 사람들은 야만인'이라는 것이다. 그 문명들은 하나같이 '우리는 문명과 인간다움이 무엇인지를 아는 인간이고, 우리와 다른 문명을 추구하는 사람들은 개와 돼지 같은 금수禽獸'라고 주장한다는 것이다. 진리의 내용치곤 너무 단순하지만, 사실 인류는 금수와 다르다는 것을 증명하거나 내세우는 데 엄청난 노력을 하며 살아왔다.

인류 공통의 욕이 개와 돼지이다. 어떤 문명에서도 '개새끼'나 '돼지 같은 놈'은 큰 욕이다. 왜 이런 욕이 공통으로 사용되었을까 하고 의문을 품어본 적이 있을 것이다. 물론 개는 사람이 시키는 대로 하는 비굴한 성격, 돼지는 먹을 것을 탐하는 욕심을 연상시키지만, 개와 돼지는 그런 의미가 없어도 욕이 된다. 이 욕은 인간은 하느님의 형상을 따라 지어진 만물의 영장이기에 인간이 동물과 같다고 하면 큰일 나는 줄 알았던 시대의 유물인 것이다. 하지만 인간이 동물과 다르다는 진리는 생물학의 발전에 의해 다 무너졌다. 그래서 '개만도 못한 놈'이란 욕도 등장했다.

아무튼 인류는 개와 돼지가 아니라는 사실을 증명하고 실제로 개와 돼지와는 달라지기 위해 고도로 복잡한 논리 체계를 발전시켰다. 그런데 이게 쉽지 않은 일이었을 것이다. 인간은 잠을 잘 때나, 밥을 먹을 때나, 먹이를 구하거나, 성적 대상을 찾아 헤매거나, 먹이와 성적 대상을 놓고 다른 친구와 다툴 때 보면, 동물과 별로 다르지 않다. 아니 동물보다 더 교활하고 동물보다 더 사납다. 먹이를 대량으로 저장하거나 저축하는 법을 모르는 동물들보다 훨씬 탐욕스럽고 이에 따라 불평등도 심화되었다. 인간 세계에서 갈등이 끊이지 않는 것도 이 때문이라 할 수 있는데, 이렇게 보면 인간이 동물보다 나을 게 없다.

결국 '인간은 동물이 아니다.'는 것을 증명하고 납득시키는 문제는 사실 논리의 문제가 아니다. 그것을 진리로 만든 것은 힘이 있고 상대적으로 우월한 조직을 갖춘 권력 또는 국가였다. 권력과 국가는 이미 나와 있는 여러 가지 종교나 철학 이론 중에서 자신들의 지배를 가장 정당화할 수 있는 이론을 빌려다 쓰고, 더 힘이 세어지면 그 이론을 더욱 세련되게 가공해서 사용했다. 이렇게 발전된 이론과 진리는 사람들의 사고를 지배하고, 그 사고에 따라 여러 가지 다양한 문화가 발전했다. 우리는 이러한 국가의 업적을 문명이라고 불렀으며, 그 문명은 절대 불변의 진리를 내세울 때 가장 안정적이었을 것이다. 진리의 나라는 그런 경로를 거쳐 탄생했을 것이다.

5. 성리학의 두 가지 내용

그러면 성리학적 진리는 어떻게 구성되어 있을까? 물론 그 내용은 매우 복잡하다. 또한 한문으로 유교 경전을 읽을 실력이 없는 내가 그것을 말할 자격이 있는지조차 의심스럽다. 하지만 정치학자의 관점에서 볼 때, 성리학은 크게 두 가지 내용으로 구성되어 있다. 첫째, 우주의 원리를 설명하고 인간의 삶과 죽음을 일원적으로 설명한다는 점에서 종교적 성격을 갖는다. 둘째, 사회질서를 유지하기 위한 사회제도 또는 정치제도로서의 성격을 갖는다. 이 두 가지 특성은 서로 긴밀한 관계를 맺고 있어 하나가 붕괴하면 다른 하나도 붕괴할 수밖에 없는 손등과 손바닥의 관계에 있다.

성리학적 세계가 종교의 특성을 가졌다는 것은 지극히 알기 쉽다. 지금도 많은 유적과 관습이 풍부하게 남아 있지만, 조선은 종교의 중요한 특징인 '제사의 나라'였으며, 서양을 포함하여 다른 많은 인류가 오랜 기간 그렇게 살았던 것처럼 '죽은 자를 위한 나라'였다. 가톨

릭의 미사는 한마디로 예수님의 죽음을 추억하고 그분의 부활을 기념하는 제사이다. '성베드로대성당'이니, '성슈테판성당'이니 하는 가톨릭교회는 한마디로 죽은 자를 기념하는 전각殿閣이다. 우리로 치면 '퇴계 이황 사당'이나 '우암 송시열 사당' 같은 것이다.

중세의 서양이나 조선이나 산 자를 위한 전각(집)보다 죽은 자를 위한 전각을 훨씬 크고 세심하게 지었으며, 산 사람들은 거의 죽은 사람을 위해 사는 것처럼 보였고, 죽은 조상들은 살아 있는 후예들의 제사를 받으며 성스러운 존재로 변해갔다. 이 시대의 삶의 방식은 과거 조상들의 삶의 방식을 보다 완벽하게 재현하는 것이 목표였다. 조선은 각종 전례典禮의 절차와 그것에 부여된 의미들이 풍부하게 발달된 나라였다. 그 전례들은 하나같이 과거의 모범을 복원하는 것이었다. 이들에게 미래란 오늘날과 같은 큰 의미가 없었다.

다른 한편 성리학적 세계를 사회제도의 관점에서 볼 때, 그 핵심은 신분제도라는 사실을 강조할 필요가 있다. 신분제도는 좁은 의미에서는 사농공상士農工商으로 신분을 나누는 제도로 이해되고 있지만, 넓은 의미에서는 인간관계 전반을 규율하는 핵심적인 제도이다. 용어를 사용하는 맥락이 약간 다르긴 하지만 피에르 부르디외가 말하는 아비투스를 연상해도 좋을 것이다. 아무튼 신분 사회의 사회제도들은 대부분 군신君臣, 부자父子, 부부夫婦, 붕우朋友, 장유長幼, 더 나아가 국가와 국가 등과 같이 2자적 관계dyadic relation를 규율한다는 특징을 갖고 있다. 이 2자적 관계를 규율하는 법칙을 예 또는 예의라고 했는데, 성리학에서 예―공자는 인간 완성의 최종적 상태를 극기복례克己復禮라고 함―가 그토록 강조된 것은 조선 사회가 신분제도에 의해 규율된 사회임을 보여주는 것이다. 사람들 사이에 예의를 지키는 것이 정의였던 것이다.

조선에서 예의란 오늘날의 에티켓이 아니라, 이와 같은 2자적 관계에서 인간다움을 나타내는 문명적 행위이다. 그 행위[禮]를 알고 지키면 인간이고, 그걸 지키지 않으면 개나 돼지와 같이 되는 것이다. 물론 조선 시대에도 그런 예의에서 벗어난 행동들이 많이 관찰되고, 정치적 힘 앞에서는 모든 것이 무력해지는 상황들을 볼 수 있다. 하지만 그 경우에도 그런 행위를 판단하고 합리화하는 기준은 성리학적 진리였다. 조선 사회는 그와 같은 2자적 관계가 무수한 고리를 형성하고 있는, 2자적 관계의 집적물이다. 따라서 신분이란 좁은 의미의 신분제도에 그치는 것이 아니라, 아버지와 아들, 여자와 남자, 연장자와 연하자, 높은 사람과 낮은 사람, 중앙과 지방, 더 나아가 중국과 소중화(조선), 그리고 조선이란 문명국과 오랑캐 등을 구분하는 핵심 원리가 된다. 그런 의미에서 신분제도는 선과 악, 성과 속을 구분하는 진리의 체계이기도 하다. 중요한 사실은 이 같은 신분제도 역시 종교적으로 신념화되어 있었다는 점이다. 그러니까 양자의 관계를 가장 단순한 그림으로 나타내면 다음과 같다.

성리학적 체계(양자의 통일적 세계)

종교적 측면: 제사의 나라 자연과 우주의 원리를 설명 인간의 죽음을 해결	↔	사회제도적 측면: 신분제도 (예의와 인륜) 인간과 인간의 관계를 규율 사회적 불평등을 합리적으로 설명

6. 신분적 인간과 진리의 문제

신분 사회에 사는 인간들은 모두 진리의 화신이란 특징을 갖고 있다. 왜냐하면 그들은 진리의 나라에 살고 있기 때문이다. 더 이상 신분 사회에 살고 있지 않은 우리는 신분 사회가 현저하게 불평등한 사회일 것이라고만 생각한다. 그러나 신분 사회에서는 임금과 양반만 진리의 화신이 되는 것은 아니다. 신분이 매우 낮은 사람도 각자의 처지에 맞게 진리의 화신이 될 수 있다.

양반은 신분 사회를 대표하는 진리의 화신이지만, 임금 앞에서는 비천하게 행동해야 한다. 하지만 양반은 집과 마을로 돌아오면 진리의 화신처럼 행동할 수 있다. 즉 노예는 노예의 처지에 알맞게 행동하고, 여자는 성리학이 부과하는 여자의 덕목을 실천함으로써 진리를 몸에 익힐 수 있다. 심지어 이제 막 젖을 뗀 아이조차 젖을 먹고 있는 아이에게 우월한 선배임을 자처할 수 있는 것이 신분 사회의 논리이다.

결국 신분제도는 정도의 차이는 있지만 사회의 모든 구성원을 진리의 화신으로 만들 수 있는 기막힌 해법을 가진 제도이다. 물론 자기보다 신분이 높은 사람에 대해서는 진리의 화신임을 주장할 수 없는 한계가 있기는 하나 기본적으로 이 사회에 사는 사람들은 어떤 신분의 진리를 수행해나가는 진리의 화신들이다.

또 신분 사회에 사는 인간들은 특정한 종류의 성스러움sacredness, 권위의 아우라를 갖는다. 신분이 높다는 것은 성스러운 것이며, 신분이 낮다는 것은 비천하고 세속적secular인 것이고, 순수한 상태가 얼마간 오염된 것the polluted이다. 조선 시대에 상업을 천시한 것은 돈과 이윤에는 성스러움이 없다고 보았기 때문이다. 진리란 옳은 것이고 옳은 것은 성스러운 것이다. 이게 신분 사회가 자신의 체계를 정당화하는 핵심적인 논리였다. 나는 이와 같은 설명 방식이 서양의 중세 사회를 설명하는 데에도 그대로 적용될 수 있다고 생각한다.

그런데 이처럼 진리의 화신들이 모여 사는 신분 사회는 한 가지 근원적인 한계를 지니고 있다. 그 한계란 현대적 의미의 정치적 공동체가 성립될 수 없다는 점이다. TV 연속극을 보면, 마치 조선 시대의 사람들이 우리가 갖고 있는 민족적 감정을 가지고 있는 것처럼 묘사를 하는데, 이것은 역사적 사실과 완전히 다른 허구이다. 조선이란 사회는 오늘날 우리가 이해하기 어려운 가정에 기초하고 있는, 우리 사회와 아주 다른 체계를 가진 사회였다. 더 쉽게 말하면 조선 사람들은 우리와 혈통적으로 가깝지만, 사고와 행동 방식은 아주 달랐던 사람들이며, 그 사회는 우리와 완전히 종류가 다른 인간들이 살았던 사회라고 말할 수 있다.

조선 시대의 공동체란 무수한 2자적 관계의 집적물이다. 예를 들어 조선 시대 사람들은 가문을 매우 중시했지만, 그 가문이란 내가 포함된 가문일 경우 중요했다. 다른 사람들의 가문은 소 닭 보듯 하며 중요하게 생각하지 않았고, 나의 가문과 다른 사람의 가문을 동등하게 사고하는 의식도 결여되어 있었다.

또 가문 내부로 들어가면 가문 자체를 유지하는 것도 중요했지만, 그보다 부자 관계, 모자 관계, 모녀 관계와 같이 가문 내부의 2자적 관계가 훨씬 중요한 힘을 발휘했다. 다시 말해 가문을 유지한다고 했을 때에도 아버지나 조상에 대한 개인적 효孝의 형식으로 가문을 유지했던 것이지 추상적으로 가문 그 자체를 보존한다는 식의 공동체적 발상은 약했다. 충忠 또한 마찬가지다. 그것은 임금에 대한 개인적 충의 형태가 나라에 대한 충으로 현실화되었다는 점에서 공동체에 대한 충성이 아니라, 인격적 형태를 띤 충성이었다. 따라서 이런 사회에서는 공동체 그 자체의 안정성과 영속성을 유지하기 어렵다.

이런 유형의 신분적 관념과 행동 방식은 지금도 한국 사회를 짓누르고 있다. 예를 들어 가족이나 회사 및 단체와 같은 공동체에서 문제가 발생하고 의견 충돌이 빚어졌을 때, 조직 논리에 따른 이성적 접근을 할 경우 백 번이면 백 번 다 파국적 결말을 맞이하게 된다. 그 이유는 공동체를 구성하는 개개인들의 공동체에 대한 귀속 의식이 '나는 100명 중의 1명인 구성원'이라는 합리적 형태를 띠는 것이 아니라, 각자 자신의 처지에 맞게 신분 의식 또는 진리의 화신이란 형태를 띠기 때문이다. 그것은 보통의 멤버십과 달리 특정한 상황에서는 특정한 유형의 소유 의식이라는 강렬한 정서 상태를 만들어낸다. 예를 들어 법원과 같은 공공 기관은 말할 것도 없고, 조금 규모가 큰 회사의 수위가 어수룩해 보이는 방문객을 맞이할 때 취하는 태도를 보면 이런 소유권 의식을 쉽게 이해할 수 있다. 이런 상황에서는 공동체 내의 의견 충돌이 심각하면 심각할수록 인간적, 정치적 접근을 해야만 문제를 풀 수 있다. 대통령이 바뀌면 집권당이나 제1야당의 당명이 바뀔 수밖에 없는 것도 정당의 주인이 달라졌다고 보기 때문이다. 아마 한국 정치의 이런 모습은 당분간 달라지기 어려울 것이다.

흔히 한국 사람들은 단결이 잘 되지 않는다고 한다. 이를 두고 파당 의식이 강하기 때문에 그렇다고 말한다. 그러나 한국 사람들이 단결하지 못하는 것은 결코 파당 의식이 강하기 때문이 아니다. 단지 유교 사회의 잔재인 과거의 신분 의식이 여러 형태로 영향을 미치고 있어서 그런 것뿐이다. 하지만 이런 문제가 한국 사회를 어렵게 만들고 있는 것은 사실이다. 우리 사회의 여러 제도는 인간적인 방식이 아니라, 합리적인 방식에 따라 구성되어 있다. 하지만 그 안에 있는 사람들은 합리적으로 행동하지 않는다. 의견 충돌이 생기면 공동체 자체보다 진리의 화신인 신분적 인간들 각각의 위신을 보장하는 방식으로 문제를 해결하려고 한다. 그러다 보면 원칙의 칼날이 무뎌진다.

또 한국 사회가 안고 있는 결정적 문제는, 원칙은 언제나 뒷전이고, 논쟁과 싸움의 방식은 언제나 '도토리 키 재기'라는 점이다. 이것 역시 신분 사회가 안고 있는 전형적인 문제다. 신분 사회에서는 공동체 전체보다 2자 간의 상대적 관계가 문제의 핵심으로 떠오르곤 한다. 저 높은 데 있는 사람과는 전혀 싸울 생각을 하지 않는다. 향단이가 춘향 아씨의 아름다움을 탐내는 적은 없다. 하지만 옆집에 있는 똑같은 처지의 향순이에게는 결코 질 수 없다는 식으로 나온다. 그 싸움이 훨씬 더 치열하다. 그러다 보니 정작 중요한 문제는 항상 뒷전이다. 서로 비슷한 위치의 사람들이 별 차이도 없는 문제를 가지고, 서로 인정 투쟁recognition struggle을 벌이는 것이다. 이게 신분 사회의 삶의 방식이다. 이런 상황에서 근본적으로 문제를 해결하기란 쉽지 않다.

7. 동굴 속 황제

나는 『남자의 탄생』에서 신분 사회에서 나타나는 전형적인 인간형을 동굴 속 황제로 묘사한 바 있다. 신분 사회에서는 이런 유형의 인간이 필연적으로 탄생할 수밖에 없다. 동굴의 우상을 말했던 베이컨의 생각을 빌리면, 한 사람의 신분은 하나의 동굴이 되는 셈이다. 하지만 신분적 인간에게는 '내가 혹시 동굴 속에 있는 것은 아닐까?'와 같은 근원적 반성이 있을 수 없다. 그는 신분이 높은 사람에게는 비천하게 행동하고, 신분이 낮은 사람에게는 진리의 화신처럼 행동하면 그만이기 때문이다.

결국 신분적 인간은 주어진 동굴에서 진리의 화신처럼 행동하는 동굴 속 황제가 된다. 동굴 속 황제는 신분적 인간이 정형화된 형상이며, 성리학이란 진리 체계에 기원을 두고 있기 때문에 '진리의 화신'임을 주장하는 습관habitus을 갖는다. 동굴 속 황제는 결코 때와 장소를 가리지 않고 '나는 이 세상에서 가장 뛰어난 진리의 화신'이라고 주장하지는 않는다. 특히 자신의 스승이나 선배 앞에서는 오히려 '저는 아무것도 모릅니다.'라는 식으로 '나는 진리에 대해서는 아무것도 모른다.'는 태도를 취한다. 그저 자신의 동굴, 자신의 영역 안에서만 황제처럼 행동할 수 있을 뿐이다. 결국 그는 때와 장소에 따라 다르게 행동하는 인간이 된다.

다소나마 신분적 의식에서 벗어난 사람들 눈에 동굴 속 황제의 사고방식과 행동 방식은 온갖 중세적 권위와 신비 등 허영심으로 가득해 보일 것이다. 그리고 이와 같은 허영심의 본질을 가장 잘 꿰뚫어 본 사람은 아마 토마스 홉스였던 것 같다. 홉스는 '만인에 대한 만인의 투쟁'으로 유명한 정치철학자다. 그런데 홉스에 따르면, 만인의 투쟁은 '나는 너보다 우월하다.'는 허영심에서 생겨난다고 한다. 어느 정도의 허영심이냐 하면 남이 나를 인정하지 않으면, 그를 죽여버

림으로써 그 사실을 인정하도록 만들 정도의 허영심이라는 것이다. 인간의 허영심은 살해에 이를 때까지 식을 줄 모르는 셈이다.

동굴 속 황제가 진리의 화신이라고 했을 때, 그것을 홉스 식으로 말하면 허영심이 된다. 동굴 속 황제들이 명품 핸드백이나 고급 승용차를 즐기는 것은 타인보다 자신이 우월하다는 사실을 인정하도록 만들기 위한 것이다. 말하자면 명품 핸드백이나 고급 승용차는 인정 투쟁의 도구인 셈이다. 또 그와 같은 인정 투쟁의 도구를 많이 소유한 사람일수록 '이 세상은 진리의 화신인 나를 중심으로 돌아야 한다.'는 관점을 고수하게 된다. (솔직히 말하면 나는 머리로는 이런 사실들을 너무 잘 깨닫고 있지만, 나의 몸은 습관으로 굳어버린 듯한 허영심에서 잘 벗어나지 못하고 있다는 것을 인정한다. 나의 친구들은 혹시 내가 그런 모습을 보이더라도 너그럽게 용서하고 충고해주기 바란다. 왜냐하면 나는 나름대로 노력하고 있으니까.)

동굴 속 황제에게는 자신을 진리의 화신이라고 주장하는 것 외에 한 가지 더 현저한 특징이 있다. 그는 자신의 심리적 영토가 있다고 생각하고 그것을 끊임없이 넓히려고 한다. 그 같은 속성은 필연적이다. 동굴 속 황제는 신분적 인간이며, 신분적 인간은 타인과의 관계 속에서 자신의 존재를 결정하는 관계적 인간이기도 하다. 또 그는 어떤 관계를 맺음으로써 생겨나는 공간적 느낌을 자신의 존재 영역이라고 생각하기도 한다.

이런 사고방식은 데카르트가 스스로를 생각했던 것과 정반대의 사고방식이란 점에서 유념할 필요가 있다. 데카르트가 "나는 생각한다, 고로 존재한다."고 했을 때, 그가 이 땅 위에서 차지하는 심리적 면적은 점點, 사실상 영(0)이었다. 그는 '면적 영의 인간'이었던 것이다. 이렇게 생각하는 것이 비록 허구일지라도 이것은 근대적 인간의 사유 방식이다. 홉스가 모든 인간이 허영심을 갖고 있다고 했을 때, 한 개인이 갖는 허영심의 비중은 타인의 허영심과 동등한 것이었다.

하지만 동굴 속 황제는 동물들이 똥오줌을 누어 자신의 영역을 표시하듯, 수많은 관계를 맺음으로써 영역을 표시하려고 한다. 그는 자신보다 신분이 낮은 사람과 높은 사람에 대해 서로 다른 관계를 맺는 '다면적 자아'의 소유자이다. 이것을 다른 말로 표현하면 그는 여러 가지 관계를 통해서 얻게 된 여러 개의 자아를 가졌다는 뜻이다. 결국, 동굴 속 황제는 여러 개의 자아로 구성된 '확대된 자아extended self'를 갖게 되며, 그 확대된 자아를 더욱 확장하려 한다. 그리하여 동굴 속 황제는 무슨 일이 잘 풀릴 때 '자아가 확장되는 것 같은 느낌'을 받는다고 말한다. 만약 당신이 '자아가 확장되는 것 같은 느낌'을 받은 적이 있다면, 이는 당신 역시 동굴 속 황제와 비슷한 특성을 갖고 있다는 뜻이 된다.

그리하여 동굴 속 황제에게는 관계 못지않게 접촉이 중요하다. 무엇인가 한번 관계를 맺거나 손을 댔다는 것은 그에게 중요한 사건이다. 누군가와 함께 밥을 먹고, 누군가와 함께 잠을 잤다면, 그것은 말할 수 없이 중요한 사건이다. 그런 관계와 접촉을 통해 사물이나 사람을 알게 되고, 소유하게 되었다고 느끼기 때문이다. 동굴 속 황제가 관계와 접촉을 통해 심리적 영토를 넓히려고 하는 경향은 너무도 뿌리 깊고 근원적이다. 하지만 이 현상의 근본적인 속성을 살펴보면, 어처구니가 없을 정도로 한심하기도 하다. 그 상세한 예는 생략하겠지만, 수많은 동창회나 향우회 등에 나가는 사람이나 수없이 많은 직책을 기록한 명함을 생각해보면, 이 문제의 핵심을 금방 알 수 있다.

결국 동굴 속 황제는 좋은 것, 즉 신분이 높은 사람에게 손을 대고, 접촉하고, 관계를 맺으면 자신의 신분이 높아진다고 생각한다. 동굴 속 황제는 그런 경험을 통해 은총grace을 받는 인간이다. 반대로 나쁜 것이나 열등한 것과 관계를 맺으면, 자신의 신분이 낮아지고, 그것에 오염이 된다being polluted고 생각하기 때문에 그런 관계를 기피한다. 요컨대 어떤 관계로부터 은총을 받고, 오염을 피하려는 동굴 속 황제들의 노력은 우리 사회의 추한 모습을 드러내는, 숨길 수 없는 풍경화로 자리 잡게 된다.

8. 진리의 나라에서 세속의 나라로

내가 보기에 위와 같은 신분적 사회, 신분적 인간, 동굴 속 황제를 위한 사회적·제도적 토대는 1876년 이후 결정적으로 붕괴했다. 물론 그런 잔재들이 지금도 우리 사회에 큰 영향을 미치고 있지만, 조선의 진리 체계가 붕괴되었다는 것은 아주 분명하다. 왜냐하면 성리학을 떠받치던 두 개의 결정적 토대가 무너졌기 때문이다. 다시 말해 종교적 신념에 가까웠던 성리학적 진리와, 그것을 떠받치는 사회적 제도였던 신분 사회가 붕괴했기 때문이다. 문명의 전환이 일어난 것이다.

물론 우리 사회가 중세 시대로부터 어떤 사회로 변했는가 하는 질문은 남는다. 그러나 우선 그 변화가 1876년에서 1904년 또는 1910년 사이에 일어났다는 것을 분명히 해둘 필요가 있다. 조선이 '진리의 나라'였다는 사실은 그렇게 새로운 것이 아니다. 그것은 진리를 구성하는 방법에 많은 차이가 있지만, 기독교 세계를 포함하여 세계 인류의 대부분이 '절대 진리의 나라'를 건설하며 살았던 경험이 있으며, 지금도 그런 요소를 강력하게 유지하는 나라들이 있다는 점에서 볼 때, 인간 삶의 보편적 양식과 정확하게 일치한다. 종교가 어느 정도 발달하면 사회적 영향력을 과시하게 되고, 하나같이 정치적 지배 이데올로기라는 성격도 갖추게 된다. 이때 종교는 인간이 인간을 지배하는 이론을 제공하게 된다. 기독교가 초대교회에서 로마의 국교로 발전하여 정치 이데올로기의 성격을 갖추게 되는 과정은 공자가 살았던 시대의 유교가 송 대에 이르러 신유학 또는 성리학으로 변신하여 유일한 국가 이데올로기가 되었던 과정과 너무도 비슷하다.

내가 강조하려는 것은 이런 과정에서 모든 종교적 교리는 세상의 질서를 계층적으로 이해하려는 경향을 가졌다는 점이다. 조선은 차이니즘(중화사상)을 오랫동안 신봉한 나라였다. 즉 조선 사회는 '가장 성스러운 것 – 덜 성스러운 것 – 비천한 것'이란 높이와 계층의 형식, '중심 – 반중심 – 주변'이라는 공간적 형식, '가장 오래된 것 – 조금 오래된 것 – 최근의 것'이라는 시간적 형식 등을 정교하게 발달시켰다. 이러한 종교적 질서에 대한 인간의 노력들이 얼마나 집요한 것이었는지에 대해서는 엘리아데의 『성과 속』이나 뒤르케임의 저작들을 보면 금방 알 수 있다. 퇴계 이황의 『성학십도』 등을 보아도, 나는 아직 그 세세한 내용을 잘 이해하지 못하지만, 인간과 우주의 관계를 도표화하여 이해하고, 그런 관계들을 윤리적 관점에서 포착하려고 한 흔적이 너무도 역력하다.

조선의 종교를 종교학적 관점에서 보면, 조상숭배가 핵심이다. 그런데 성리학은 조상숭배라는 다소 원시적 형태의 믿음에 여러 가지

철학적 의미를 부여하여 고급 종교가 되었다. 효의 개념이 그런 역할을 하며, 효를 임금과 스승에게 확장함으로써 효를 사회적 관계로 격상시킨다. 이렇게 보면, 성리학의 종교적 특성은 곧바로 사회제도로서 작동되기 때문에 양자는 서로 구분이 안 될 정도로 얽혀 있다.

뒤르케임은 종교의 특성으로 교회와 신도의 존재를 든다. 그는 무당처럼 마술magic을 부리는 사람들을 종교에 종사하는 사람들로 보지 않고 다르게 이해한다. 이들은 신도를 갖고 있는 것이 아니라, 개별적인 고객에게 서비스를 제공하는 것이기 때문이다. 그런 관점에서 보면, 성리학에서는 교회가 없는 것처럼 보이기도 한다. 그러나 좀 더 잘 살펴보면 성리학에서는 가족 자체가 교회였고, 보다 큰 형태의 문중 제사도 일종의 교회가 아니었을까? 한국 성리학의 총본산인 성균관에서도 공자에게 열심히 제사를 지냈고, 지방의 향교에도 비슷한 유형의 제사가 존재했다. 그런 의미에서 보면 학교도 종교적 성격을 띠고 있었으며 궁중은 말할 것도 없었다. 아무튼 성리학은 인간의 죽음과 영생 및 존재 자체에 대한 매우 잘 발달된 설명 체계를 갖고 있었다.

왜 이런 사고방식들이 모든 인류의 보편적인 사유 방식이 되었는가를 이해하기가 그렇게 어려운 것 같지는 않다. 인간은 어떻게 하든지 자연의 공포 앞에서 인간과 우주의 세계를 질서 있게 이해하고 싶었을 터인데, 계층적 질서가 그런 욕구를 충족시켜주었을 것이다. 다른 한편 인간이 인간을 지배하기 위해서는 정당한 논리를 만들어내야 하는데, 이 경우에도 계층적 질서는 지배자들의 그러한 지배를 용이하게 했을 것이다.

성리학을 받아들인 사람들은 화華(문명인)이고 성리학을 받아들이지 않았거나 불완전하게 받아들인 사람들은 이夷(오랑캐 또는 야만인)였다. 이 구분은 동아시아를 관장하는 기본 질서가 되었는데, 이것은 기독교도와 야만인을 구분하는 것과 그 원리가 같았다. 진리의 세계에서는 민족이나 국가라는 개념이 덜 중요했다. 개인이든 국가든 진리를 체현했느냐 하는 것이 중요했다. 문명의 전환기에는 과거의 문명을 수호하려는 사람들이 존재한다. 위정척사衛正斥邪, 옳음[正](진리)을 수호하고 틀림[邪](잘못)을 물리쳐야 한다는 사상은 그 이전의 세계가 진리의 나라였음을 웅변적으로 나타내준다.

여기서 진리란 우주와 자연, 인간과 사회 등 우리가 경험하는 모든 세계를 일원적으로, 통합적으로 설명하는 진리의 체계를 말한다. 이 진리는 유일한 진리의 체계이므로 필연적으로 종교적 성격, 오늘날의 용어로 표현하면 이데올로기적 성격을 갖는다. 이 진리는 고도로 체계화되어 인간 생활의 모든 측면을 규제하고 장려하며 규정짓는다. 예를 들어 장례의 절차에 관한 수백 가지도 넘는 규칙과 의식은 이 진리의 나라가 갖고 있던 자부심의 근원이자, 진리의 표현 형식이었다. 이런 진리가 장례식에만 적용된 것이 아니라, 수백, 수천 가지의 삶의 양식에 스며들어 있었다. 그리고 그중 상당 부분은 오늘날에도 지켜지고 있다.

거듭 강조하지만, 조선이 진리의 나라였다는 것은 인류 문명의 발달 과정으로 볼 때, 특수한 현상이 아니라 오히려 보편적인 현상으로 이해할 수 있다. 다만 인류는 모두 그 진리의 나라가 붕괴되는 현상을 경험하게 되는데, 그 붕괴의 시점과 방법이 달랐을 뿐이다. 서구에서 발달된 진리의 나라는 중세 말기부터 서서히 붕괴된 후, 근대사회에 의해 대체되었다. 여타의 문명들은 대개 19세기 서구 제국주의의 영향으로 자신들이 발전시켜온 진리의 체계가 붕괴되는 현상을 경험했다.

> 고종 임금: 양이들이 우리의 영역을 침범한 것은 매우 통분할 노릇이다.
>
> 우의정 홍순직: 이 오랑캐들은 원래 사나운 만큼 그 수효는 그다지 많지 않다 해도 그 형세는 미칠 듯 날뜁니다. 계속 불리한 형편에 처해 있다는 보고만 들어오니, 더욱 통분합니다.
>
> 고종 임금: 이 오랑캐들이 화친하려고 하는 것이 무엇 때문인지는 알 수 없으나, 수천 년 동안 예의지방으로 이름난 우리가 어찌 금수禽獸의 무리와 화친할 수 있겠는가? 설사 몇 년 동안을 버티게 될지라도 끝까지 거절하고 말 것이니, 만일 화친하자고 말하는 자가 있으면 나라를 팔았다는 법조문을 적용하여 처단할 것이다.
>
> 우의정 홍순직: 우리나라가 예의지방이라는 데 대해서는 온 세상이 다 알고 있는 바입니다. 지금 불순한 기운이 온 세상에 해독을 끼치고 있으나, 오직 우리나라만이 유독 순결성을 보존하는 것은 바로 예의를 지켜왔기 때문입니다. 병인丙寅[1866]년 이후부터 서양 놈들을 배척한 것은 세상에 자랑할 만한 일입니다. 지금 오랑캐들이 이처럼 침범하고 있지만 화친에 대해서는 절대로 논의할 수 없습니다. 만약 억지로 그들의 요구를 들어준다면, 나라가 어찌 하루인들 나라 구실을 하며 사람이 어찌 하루인들 사람 구실을 하겠습니까. 이번에 전하의 지시가 엄격한 만큼 먼저 정벌하는 위엄을 보이면 모든 사람이 다 타고난 떳떳한 의

미를 가지고 있는 이상 불순한 것을 배척하는 전하의 큰 의리에 대해 누군들 우러러 받들지 않겠습니까. 또한 저들이 이 소리를 듣는다면 간담이 서늘해질 것입니다(『고종실록』 고종 8년(1870) 4월 25일).

이 진리의 나라는 언제 붕괴한 것일까? 여기에 대해서는 구구한 설명이 있을 수 있다. 하지만 지금까지 한국의 근대화 또는 자본주의가 언제 성립하였느냐는 식의 유물론적 질문은 많았지만, 조선의 문명이 언제 어떻게 변화했느냐라는 문명사적 질문은 제대로 던져지지 않았다. 이것이 한국 사회의 현 상태를 이해하는 데 결정적 걸림돌로 작용했던 것 같다.

모든 문명은 문명의 초기 단계에서 인간의 종교적 욕구와 경제적 욕구를 동시에 해결할 수 있는 나름의 방법들을 고안하였으며, 나중에는 그러한 관념들을 점점 발달시켜 윤리학과 사회제도까지 규제하는 통합적 진리 체계를 만들어냈다. 예를 들어 초기 기독교가 박해의 과정을 거쳐 로마의 국교가 되었을 때, 기독교는 단지 정치와 대립되는 종교적 의미만을 가진 것이 아니라, 종교와 정치가 통합되는 진리의 토치카로 발전했다. 그런 의미에서 '신'이라는 개념이 다소 상이하기는 하지만, 조선 역시 성리학이라는 종교적 신념이 통치하는 진리의 나라였다고 이해할 수 있다.

여기서 내가 강조하고 싶은 것은 이렇게 탄생한 진리는 서로가 서로에게 의지하는 순환적인 논법을 갖춘 통합적 진리라는 것이다. 예컨대 조상을 잘 모셔야 한다는 것은 조선 시대의 진리이다. 그런데 노예나 평민은 이걸 잘 지키기가 어렵다. 양반은 돈과 권력이 많으니 지키기가 상대적으로 쉽다. 최종적으로 이 진리는 하느님, 하늘[天], 알라와 같은 초월 존재에게 의지한다.

그리하여 어떤 개인이 이 진리의 체계를 깬다는 것은 무척 어려운 일이 된다. 예수 같은 분이 나타나서 "너희처럼 가난한 사람들은 제사를 지내기가 어려우니 비둘기처럼 값싼 물건으로 제사를 지내도, 제사를 지낸 것으로 쳐주어야 한다."고 했지만, 그분은 결국 형장의 이슬로 사라졌다. 또는 만적이나 홍경래처럼 사람을 모아 반란을 일으켜 일시적 성공을 거둔다 해도 그 진리 자체를 흔드는 것은 사실 불가능했다.

이 진리를 깨는 데는 진화론 같은 생물학, 지동설 같은 천문학이 약간 도움이 되었지만 큰 소용은 되지 못했다. 양반이나 귀족이라는 강력한 권위가 그 진리의 체계를 뒷받침하고 보호하기 때문에 과학자의 힘은 큰 역할을 할 수 없었다. 새로운 주장을 하는 과학자를 법정에 데려다가 심문을 하면, "지구는 가만히 있고 하늘이 돈다."라고 대답을 하게 되어 있었다. 우리의 교과서에 과학자들이 위대한 발명과 발견을 한 위인으로 등장하게 된 것은 '진리의 나라'가 붕괴하고 세속의 나라가 등장했을 때부터 가능해진 것이었다.

9. 맺음말

나는 무의식적으로 스스로를 '카펫의 도사'라고 자부하는 경향이 있었다. 물론 세상에는 나보다 카펫에 대해 더 잘 아는 사람이 많다. 그러나 나는 나의 친구와 카펫 이야기를 할 때, 내 친구는 카펫에 대해 잘 모를 것이라고 쉽게 단정하며, 내가 더 잘 아는 것처럼 행동한다.

그 이유는 내가 2년 정도 카펫 회사에 다니며, 매일같이 카펫과 함께 산 경험이 있기 때문이다. 그 일은 벌써 15년이 지났지만, 나는 지금도 카펫만 보면 익숙한 느낌이 들고 카펫에 대해서는 무엇이든 다 아는 것 같은 착각에 빠진다. 접촉과 관계의 경험을 영토의 개념으로 전화시켜놓았기 때문이다. 그래서 여러 가지 실수를 많이 했다.

내 친구 중에 그런 녀석이 또 있다. 그는 자동차 회사의 엔지니어인데, 길을 가다가 어떤 차를 보면, "야야, 저 차 내가 만든 거야!"라며 자랑한다. 그럴 때 녀석의 표정을 보면, 그 회사에서 나오는 몇몇 차종은 모두 자기 혼자 만든 것처럼 말한다. 녀석도 동굴 속 황제이다. 이와 비슷한 사례는 얼마든지 댈 수가 있다.

동굴 속 황제인 내가 공부하는 학자로서 제일 난감했던 것은 책과 지식에 관한 것이었다. 나는 플라톤을 한두 번 뒤적여본 적이 있으면 플라톤을 다 아는 것처럼 착각하는 버릇이 있었다. 그 정도는 양반이다. 막스 베버 전집을 사서 책꽂이에 꽂아놓았다는 이유로 막스 베버를 잘 안다고 착각한 적도 있었다.

책과 지식은 다른 것이다. 책은 책장에 놓여 있는 것이고, 지식은 머릿속에 있는 것이다. 그런데 책이 내 소유가 되면 지식이 머릿속으로 들어왔다고 착각한다는 말이다. 더구나 그 지식조차 나의 소유물, 독점물로 여기기도 했다.

그래서 경제학자나 회사원인 내 친구가 플라톤 이야기를 하면 굳이 틀린 이야기가 아닌데, 괜히 속이 뒤틀리고 이상한 느낌이 들기도 했다. 다시 말해 플라톤이나 막스 베버는 정치학을 전공한 나의 소유물인데 엉뚱한 직업을 가진 경제학자나 회사원이 뭐라고 하면, 다른 집 사람이 내 아파트 열쇠를 들고 있는 것처럼 이상했다는 말이다. 사정이 이 모양이니 나의 학문이 제대로 발전할 수가 없었다.

우리나라 말에는 '미국에 가봤어?' 또는 '최인훈의『광장』읽었어?'라는 식으로 어떤 것에 대한 경험 또는 접촉의 유무를 묻는 어법이 있다. 그런 말에는 미국에 한 번 가보면 미국을 다 알게 되고,『광장』처럼 유명한 명작을 읽어야만 교양인이 된다는 의미가 들어 있다. 그와 같은 어법 역시 동굴 속 황제이자 진리의 화신들이 즐겨 사용하는 것이다.

다시 말해 그 같은 어법은 경험의 유무 또는 많고 적음이 곧 정신적 소유물의 많고 적음을 판별하는 기준이 되고, 정신적 소유물의 많고 적음은 신분의 높낮이를 결정한다고 보는 동굴 속 황제들의 인식 태도를 보여준다.

그것은 무엇이든 한 번 보거나 만지거나 관계를 맺은 적이 있으면 다 제 것이라고 생각하면서 심리적 영토를 넓혀나가는 전근대적, 신분적 인간의 논리를 담고 있다. 아무튼 동굴 속 황제는 한 번 손을 대었다, 한 번 관계를 맺었다 하면, 다 제 것으로 여기는 그야말로 마이다스의 손을 가진, 적어도 심리적으로는 전지전능한 황제라고 할 수 있다.[1]

---

[1] 이 같은 경향은 여러 가지 구시대적 관념을 낳았다. 요즘이야 그런 사람들이 없겠지만, 과거의 동굴 속 황제들은 한 번의 동침은 여자의 모든 것을 가진 것, 여자들은 한 번의 동침이 남자에게 모든 것을 바쳤거나 모든 것을 잃은 것이라고 생각했다. 다른 한편, 동굴 속 황제는 이미 제 손 안에 들어온 소유물을 대수롭지 않게 여

기면서 새로운 소유물을 찾아 나선다. 심리적 영토를 확장해야 하기 때문이다. 그래서 태생적인 바람둥이는 매번 새로운 여자를 정복하며 살아야 온전한 생활을 하고 있다는 느낌을 갖는 동굴 속 황제일 가능성이 높다. 또 우리 사회에는 첫날, 첫 만남, 첫눈, 첫날밤, 첫사랑 등을 강조하거나, 첫 경험만이 순수하다는 생각이 만연해 있다. 처음을 강조하는 것은 그것으로 사건의 전체가 완성되었다고 생각하는 동굴 속 황제식의 사고방식이 아닐까? 세상의 이치를 깨달아보면, 첫 경험은 시작일 뿐이다. 첫 경험만으로는 아무것도 가질 수 없고 아무것도 알 수 없다. 물론 막연하고 순수한 느낌은 있을 것이다. 그러나 그 느낌을 바탕으로 두 번, 세 번, 열 번, 백 번을 반복할 때, 본격적인 삶과 앎이 시작된다. 그래서 반복이 중요하다. 자꾸 새로운 것을 추구하는 것이 아니라, 한 가지를 놓고 꾸준하게 반복하는 것이 중요하다. 그래서 나는 반복을 그냥 반복이라고 하지 않고 '위대한 반복'이라고 말한다. 그래서 우리는 한 번만 하지 말고 여러 번 반복해야 한다.

3장
『독립신문』의 재해석과 한국의 사회과학

1.『독립신문』의 의미

　『독립신문』은 19세기 말 제국주의 열강들의 침략에 맞서 문명개화와 자주독립을 주장하고 근대국가 건설을 목표로 서재필이 주도하여 탄생시킨 근대적 신문이다. 역사와 정치에 관한 훌륭한 저작은 한 나라의 멸망이나 혼란기 또는 새로운 사회를 건설하려는 여명기에 잘 나타난다. 플라톤이나 아리스토텔레스의 저술, 그리고 마키아벨리와 홉스, 로크, 루소가 남긴 저작들이 그러하다. 단일한 저술은 아니지만 『독립신문』도 이에 속한다.

　『독립신문』에 남겨진 기록들은, 우리가 앞길을 분간할 수 없는 역사의 기로에 봉착할 때마다 다시 들춰보면, 100년 전의 역사가 오늘이란 지평 위에 새로운 역사로 놀랍게 환생하는 힘을 가진, 현재 이 땅에서 평범한 삶을 영위하는 사람들에게 "지금 우리는 왜 이렇게 살고 있으며, 왜 현재와 같은 상황에 처했는가?"라는 근원적 질문에 대한 해답을 상당 부분 밝혀주는 '역사의 거울'이요, 지금도 생생하게 살아 있는 '역사적 근거[史料]'이다.

『독립신문』이 이와 같은 힘을 가진 이유는 두 가지 요인에서 나오는 것으로 보인다.

첫째는 이 신문이 존재했던 기간(1896년 4월~1899년 12월까지 3년 8개월)의 특별함이다. 『독립신문』은 고종의 아관파천(1896년 2월) 이후, 러시아의 영향력이 급속하게 증대하고 일본의 영향력은 제한을 받는 등 한반도에서 국제 열강의 힘이 새로운 균형을 이루는 시기를 배경으로 한다. 이 시기는 조선 사회 전체가 회생을 위한 마지막 노력을 다하던 시기였으며, 그 같은 노력은 '만민공동회'라는 한반도 최초의 근대적 시민사회의 출현으로 귀결된다. 그런 의미에서 이 시기는 지금도 작동되고 있는, 한반도를 둘러싼 국내외적 의미의 근대적인 정치 지형이 짜인 시기이기도 하다.

둘째는 『독립신문』이 펼친 활동의 내용과 방법이다. 『독립신문』은 1884년 갑신정변의 혁명적 방법, 1894년 동학농민운동의 민중 봉기가 아니라, 말과 글을 통해 공론장public sphere을 형성함으로써 새로운 국가를 건설하려 하였다. 『독립신문』은 1897년 봄부터 수구파 정부를, 1897년 8월 이후에는 당시 가장 강력한 외세였던 러시아의 침략 정책을 비판했으며, 1898년 3월부터 12월까지 한국 최초의 근대적 민중운동이라고 할 수 있는 '만민공동회'를 주도하였다. 만민공동회는 2002년 6월의 '붉은 악마' 응원과 그해 겨울 미선과 효순 두 여중생을 추모하는 '촛불시위', 2004년 3월 대통령 탄핵을 반대하는 시위의 '촛불집회'와 운동의 형식과 내용이 유사하며, 이 땅에 존재한 '대중적 정치운동의 원형'을 보여주었다는 점에서도 주목할 만하다.

　요컨대 우리의 근대 정치 100년은 최근의 6자회담에서도 여실히 드러나듯 한반도를 자국에게 유리하게 이용하려는 국제 열강과 이로부터 벗어나 독립적이며 자주적인 정치 공동체를 건설하려는 시민사회의 노력으로 요약할 수 있다.『독립신문』은 바로 그 여명기에 주체적인 방식으로 현실에 참여하여 만민공동회라는 놀라운 시민사회를 만드는 데 결정적 역할을 하였다. 만민공동회는 당시 서울 인구가 17만 명이던 시절 1~2만의 성인 남성들(당시에는 여성의 문밖출입이 자유롭지 못했다)이 장작불을 피워가며 최장 19일간에 걸친 철야 투쟁을 하는 등 엄청난 에너지를 보여준 민중운동이었다.

　또 만민공동회는 서울 종로에 연단을 만들고 신분과 나이의 구별 없이 어린이까지 연단에 올라 연설을 하는 등 '한국적 직접민주주의' 또는 '대중의 정치적 의사 표현'의 원형을 보여주었다. 이 당시 종로는 '조선의 아크로폴리스'라고 할 수 있는데,『독립신문』이 근대화가 막 시작되던 여명기에 신문과 대중 집회라는 두 가지 방식을 통해 성숙한 공론장을 형성하여 새로운 국가 건설의 가능성까지 드러냈다는 점은 한국 민주주의를 굳건히 다져야 하는 오늘의 시점에서 반드시 사유해보아야 할 사건인 것이다.

2.『독립신문』의 탄생과 발전 과정

　『독립신문』은 서재필 한 사람의 일사불란한 계획에 따라 만들어진 신문은 아니었다. 서재필은 미국 의사가 되어 조선에 돌아올 당시 "정계에 아무러한 야심이 없고 환국한 주요 목적이 인민을 가르치고 인민을 지도 계몽하는 데" 있었다고 자서전에서 밝혔다. 또 귀국을 하고 보니 "청국을 의뢰하는 사대당을 몰아내고 청국의 간섭을 받지 않고 자주독립의 완전한 국가를 만들어보려는 것"을 생각하게 되었다고 한다(김도태, 1972: 230). 서재필은 당시의 상황에 대해 훗날 한 강연회에서 이렇게 말했다.

> 우리[수구파와 개화파를 말함]가 이와 같이 싸우는 틈에 언제나 외국인이 이 틈을 타서 우리나라에 들어와 우리를 지휘하기 시작하였다. 처음에 중국이 왔고 다음에 일본이 왔다. 50년 전 러시아가 조선을 도모할 때에 당시 내가 조선에 있어 그 일을 알고 신문을 발행하여 일반 민중에게 알렸다. 처음에 관원들에게 말하니 관원들이 내 말을 듣지 아니하였다. 임금에게 말씀을 드리니 임금이 또한 듣지 않았다. 그리하여 내가 생각하기를 임금과 양반은 내 말을 듣지 아니하니 평민과 같이 일할 수밖에 없다고 하여 드디어 『독립신문』을 발간하여 민지계발民智啓發로부터 국권만회를 창도하였다(『신한민보』1948년 10월 14일).

여러 가지 자료로 미루어 볼 때,[1] 서재필이 현실 정치에 관심이 없

---

[1] 서재필은 굳은 의지의 소유자로 야심만만하고 일과 목표를 중심으로 살았으며 정도를 걸으며 쟁취하고 싶었지만, 권력욕도 있었던 것 같다. 예를 들어 그는 갑신정변 참여 때문에 부모, 형제, 처, 아들 등이 역적으로 몰려 희생되었지만 평생 가족에 관한 이야기를 좀처럼 하지 않았고, 미국에서 선교사가 되어 조선에 나가겠다

었다는 말은 신뢰할 수 없지만, 그가 "민지계발로부터 국권만회를 창도"하고, 그것을 위해 신문 발행을 계획했다는 것은 의심의 여지가 없다. 또 기존의 연구들은 『독립신문』이 개화파와 정부의 전폭적인 지원을 받으며 창간되었고, 어떤 의미에서는 정부의 시책을 전달하는 신문으로 출발했다고 평가하고 있지만,[2] 이런 주장도 세심하게 재평가해야 한다. 이 같은 주장들은 서재필도 인정하고 있는 다음과 같은 사정에 기인했다.

> 나는 우리나라 독립이 오직 교육, 특히 민중을 계발함에 달렸다는 것을 확신하였기 때문에 우선 신문 창간을 계획하고 당시 내무대신인 유길준에게 그 사정을 말하였더니 자기 개인의 힘으로는 할 수 없으나 국고에서 5천 원을 지출하겠다는 승인서를 받

면 대학과 신학교의 학비를 대주겠다는 제안을 거절하고 고학의 길을 택해 의과대학을 마쳤으며, 땀 흘려 일하지 않는 사람이라는 이유로 갑신정변의 동지이자 아저씨인 서광범을 같은 워싱턴에 살면서도 만나지 않는 등 냉혹하다고 할 정도로 비범한 성격을 갖고 있었다.

또 윤치호의 일기에 나타난 증언은 의미심장하다. "서재필 박사는 야심만만하고 만사 지시하기 좋아하는 사람이다. 그는 정력적이고 결단력을 갖고 있고 빈틈이 없는 성격의 소유자이다. 확실히 그는 조선이 자랑할 만한 사람이다."(『윤치호 일기』 1897년 8월 8일) "서재필의 능력과 야망이 크다는 것은 의심할 여지가 없다. 그와 나 사이는 매우 가까운 편이고 다른 사람들도 그렇게 볼 것이다. 그러나 내일이라도 내 주머니 속에 돈을 갖지 못한 채 다른 나라 도시에서 만나게 된다면, 그는 전혀 모르는 사람처럼 나를 대할 것이다. 그가 보인 우정은 사무상의 필요에 의한 것이지 인정에 의한 것이 아니다. 어떻게든 그는 크게 출세할 타입의 인물이다."(『윤치호 일기』 1897년 11월 2일)

2 이런 견해의 대표적 사례는 이나미(2001: 43~44) 참조. 또 지나치게 뼈아픈 비판이 될 것 같아 출처를 밝히지는 않겠지만, 민중주의적 사관의 입장에 서 있는 논자들은 『독립신문』의 위치를 친미, 친일의 매판적 성격을 갖는 것처럼 보는 경우가 꽤 많다.

서재필

앉다. 이것을 토대 삼아 우선 인쇄기를 일본 오사카大阪에서 구입하기로 하고 장소는 정동 미국 공사관 뒤에 마침 정부 소유의 빈집이 있으므로 그것을 사용하기로 하였다(김도태, 1972: 241).

서재필이 정부로부터 신문사 창설비 3,000원과 개인용 주택 구입비 1,400원을 지원받은 것은 사실이다. 또 『독립신문』은 창간 초기 1896년 1월 1일에 단행된 단발령을 계기로 일어난 을미의병을 '비도匪徒'로 규정하는 등 정부 시책에 적극 협력하는 것처럼 보인 것도 사실이다. 그러나 5,000원을 지급하겠다는 유길준의 약속은 민비 시해 사건 이후 일본의 기세가 등등하던 김홍집 내각 시절의 일이었다. 이 약속 직후인 1896년 2월 11일 아관파천이 단행되었고, 바로 그날 아침 김홍집, 정병하, 어윤중이 출근길에 군중의 손에 맞아 죽을 정도로 국내 정세가 급변했다. 조선 정부는 친러파로 바뀌었고 국고 5,000원의 지급도 어떻게 될지 모르는 운명에 처했다. 그러나 다행히 유길준은 "쫓겨나면서도 그 돈만은 지출해줄 준비를 하였던 관계로"

(김도태, 1972: 244) 서재필은 정부로부터 5,000원을 받을 수 있었을 뿐이었다.

요컨대 『독립신문』은 창립 초기 불안한 정국의 영향 아래 정부 당국과 상당한 갈등을 겪으며 탄생했다.[3] 또 『독립신문』은 3년 8개월의 발행 기간 동안 신문의 성격을 한마디로 규정하기 어려울 정도로 시기마다 다양한 모습을 보여준다. 『독립신문』의 발전과 신문의 성격 변화에 관한 연구가 하나의 커다란 주제라고 할 수 있을 정도이다. 기존의 연구와 나의 견해를 바탕으로 『독립신문』의 변화에 대한 시기 구분을 해보면 다음과 같다.

제1기: 창간(1896년 4월 7일)~1897년 2월

제2기: 1897년 2월~1898년 2월

제3기: 1898년 2월 21일~1898년 12월 30일

제4기: 1899년 1월 1일~폐간(1899년 12월 4일)[4]

---

[3] 아관파천 직후 서재필이 고종 및 정부 대신들과 갈등 관계에 있었음은 다음과 같은 사실로 보아 명백하다. 서재필은 아관파천 직후 미국 공사 실Shill의 주선으로 러시아 공사관에 있는 고종을 배알할 기회가 있었다. 그때 고종은 "어떻게 하면 좋아?" 하고 물었고, 서재필은 "대궐로 돌아가십시오. 한국은 폐하의 땅이요, 한국 인민도 폐하의 인민이옵니다. 이 땅과 백성을 버려서는 안 됩니다. 인민과 땅을 떠나서야 나라가 설 수 없지 않습니까? 이 땅과 이 나라를 버릴 수는 없습니다."라고 말하면서 환궁론을 주장했다. 그러나 고종은 "글쎄, 그렇지만 무서워 어디 갈 수가 있어야지." 하면서 반대했다. 그때 서재필이 돌아서 나오는데, 법부대신 이범진이 고종에게 "저놈이 그저 역적이올시다. 이 위험한 때에 폐하께 어서 대궐로 돌아가시라는 말이 어디 있습니까?" 하고 격렬하게 비난하는 말을 들어야 했다(김도태, 1972: 242~243).

즉 서재필은 『독립신문』을 창간하기 전부터 친러 수구파의 견제를 받고 있었으며, 이 같은 갈등은 신문을 발행하는 기간 동안 한 번도 해소된 적이 없었고, 『독립신문』이 폐간된 이유도 결국 수구파들의 모함이었다는 점을 상기할 필요가 있다.

『독립신문』은 크게 네 단계의 서로 다른 성격을 보여주며 발전했다.

제1기는 창간 이후부터 고종이 1897년 2월 21일 러시아 대사관을 나와 경운궁(현재의 덕수궁)으로 환궁하는 때까지이다. 이 시기는 창간 초기 정부의 입장을 시민에게 알리는 역할에 주력하던 시기와 1896년 7월 '독립협회'의 창설과 함께 문명개화에 대한 계몽적 역할을 강조하기 시작한 두 시기로 나뉜다.

제2기는 한글판과 영문판[5]을 분리하고, 직접적이면서도 적극적으로 현실 문제에 대한 개입을 강화한 시기이다. 아관파천과 환궁 이후의 시기에는 구미 열강이 고종의 엄호와 수구파 정객의 도움 아래 철도, 광산, 삼림, 주요 항구 등 각종 이권을 속속 차지했다. 1897년 새해가 되자 『독립신문』은 임금의 환궁을 촉구하고, 러시아와 미국 등 외국 세력과 결탁하여 이권 챙기기에 급급한 수구파 정객들을 비판하고 나섰다.

또 『독립신문』은 1897년 8월 러시아가 군사교관과 재정 고문을 보

---

4 신용하 교수는 이 시기 구분을 다음과 같이 했다(신용하, 2001: 359). 제1기: 창간(1896년 4월 7일)~1896년 7월 2일, 제2기: 1896년 7월 4일(독립협회 결성일)~1898년 5월 11일, 제3기: 1898년 5월 12일(서재필의 미국행으로 윤치호가 사장이 된 날)~1898년 12월 30일(만민공동회 해체 사건), 제4기: 1899년 1월 1일~폐간(1899년 12월 4일).

5 창간 당시 『독립신문』은 국배판 4면으로, 마지막 1면은 'The Independent'라는 제하에 영어로 쓴 지면을 할애했다. 그러다가 1897년 1월 5일자부터 국문판과 영문판을 분리하여 두 가지 신문을 발행했다. 영문판은 당시 조선에 관심을 가졌던 외국인들에게 조선의 참모습과 사정을 알리기 위해 발행되었고, 영국과 러시아 등 세계 각국으로부터 신문 구입이 쇄도하여 외부 세계에 조선을 알리는 데 큰 역할을 하였다.

내어 조선 침략을 강화하자 이에 반대하는 글을 싣기 시작했다.『독립신문』이 정부에 대한 공격을 강화하자 이 운동에 참여했던 고위 관리들은 서서히 탈퇴하고, 서울에 주재하는 러시아와 미국의 외교관들은 각종 수단을 동원하여 서재필의 추방을 모의하였다. 그 결과 그해 12월 서재필은 미국으로 추방될 위험에, 그리고『독립신문』은 폐간될 위험에 빠지게 되었다. 이 문제는 5개월 후 서재필이 조선을 떠나고 신문 경영을 윤치호에게 인계하는 것으로 결론이 내려졌다.

제3기는 1898년 초부터 독립협회가 해산되는 그해 말까지이다. 1898년은 '『독립신문』과 만민공동회의 해'라고 할 수 있을 정도로 『독립신문』의 전성기였다. 이 시기『독립신문』은 정부의 수구파 관료들에 대한 공격과 외세의 배격은 물론 새로운 국가 건설을 위한 노력을 맹렬하게 펼쳤다. 또 윤치호가『독립신문』의 경영을 맡은 이후 1898년 7월 1일부터 격일간지에서 일간지로 발전하여 만민공동회를 더욱 힘차게 지원할 수 있었다. 이 같은 노력은 독립협회가 주도한 만민공동회와 결합하여 최초의 근대적 시민사회를 창출하는 것으로 나타났다. 만민공동회는 무려 19일간의 '장작불집회'로 철야 투쟁을 연출하며 새로운 사회 건설에 매진했던 한국적 시민사회의 원형이다.

제4기는 1898년 12월 말 만민공동회가 강제로 해산된 이후 폐간에 이르기까지『독립신문』의 논조가 조락의 길을 걷던 시기이다. 만민공동회의 해산은 친러 수구파 정부를 견제할 시민사회의 실종을 의미한다. 이후 조정은 국제적 세력균형 아래 각종 이권을 챙기려는 각국 정부와 이에 아부하는 대신들로 채워지고,『독립신문』도 현실에 대한 개입 능력을 상실한 채 단순히 문명개화론을 설교하는 신문으로 머물게 된다.

『독립신문』에 대한 탄압은 1897년 8월부터 나타났다. 당시 정부는 『독립신문』을 관보官報식으로 바꾸려고 했고, 러시아인들은 『독립신문』을 인수하여 자신들의 선전 도구로 삼으려 했으며, 미국 대사도 본국에 전문을 보내 서재필의 소환을 시도했다. 서재필은 1년 정도 더 버티다가 1898년 5월 14일에 당시까지 온건 개화파의 성격을 지니고 있던 윤치호에게 신문 경영을 부탁하고 미국으로 돌아갔다. 윤치호는 자신의 일기에서 그 당시 서재필의 심경을 다음과 같이 전한다.

> 그는 나에게 『독립신문』의 국문판과 영문판을 모두 인수하라고 말하였다. 그는 이렇게 말하였다. "인민을 위하여, 당신을 위하여 그리고 내 자신을 위하여 그렇게 하시오. 그것은 대사업이며 현 정부 밑에서 협판協辦[오늘날의 차관]을 하는 것보다 나은 일입니다. 러시아인들이 나에게 1만 원에 신문사를 팔라고 요청하고 있소. 그러나 나는 신문사를 러시아인에게 파는 것보다는 굶는 편이 낫습니다. 당신이 신문사의 책임을 인수하게 되면 정치나 정치적 인물들은 조심하시오. 신문을 지속해서 최소한 1, 2년만 유지시켜주십시오. 그러면 그 사이에 무슨 변화가 일어날 것입니다(『윤치호 일기』1898년 5월 6일).

그때까지 서재필은 『독립신문』이 민중에게 미친 영향력을 눈으로 보고 몸으로 체험하고 있었으며, 얼마나 많은 사람이 정치의식 면에서 '독립'되고 있었는가를 목격했던 것이다. 윤치호는 이 부탁을 받

윤치호

아들여 주필 겸 신문사 경영자가 되었다. 서재필의 부재중에도 『독립신문』이 제2차, 제3차 만민공동회를 주도했다는 것은 놀라운 일이다.

그러나 만민공동회가 해산된 직후인 1899년 1월 1일 윤치호는 정부의 탄압에 굴복하여 자신의 위상에 맞지 않는 덕원부사德源府使와 원산감리元山監理의 겸직을 수락하여 지방으로 내려가고, 『독립신문』 사장직을 사임한다. 이후 『독립신문』은 H. G. 아펜젤러가 주필로 활동했고, 6월 1일부터는 영국인 엠벌리가 맡았으나 이때는 이미 신문 본래의 기능은 상실한 상태였다. 이후 『독립신문』은 정부의 의한 매수라는 절차를 밟았고, 1899년 12월 4일자 신문 발행을 마지막으로 폐간되었다.

3. 『독립신문』의 영향

『독립신문』의 출현은 여러 가지 측면에서 조선 사회에 커다란 충격을 주었다. 신용하 교수는 『독립신문』의 영향을 '계몽 활동'으로 요약하고, 그 구체적인 내용을 7가지로 정리했다. 즉 『독립신문』은 (1) 국민의 개명 진보를 위한 계몽적 활동, (2) 자주독립과 국가이익의 수호, (3) 민권 수호 운동, (4) 한글 발전에의 공헌, (5) 부정부패의 고발, (6) 독립협회의 사상 형성과 기관지 역할, (7) 세계와 한국의 연결과 한국인 시야의 세계적 확대 등의 기여를 하였다고 했다(신용하, 2001: 362~371).

그러나 『독립신문』은 이처럼 몇 가지 제한된 영역으로 나누어 설명하는 것으로 요약될 수 없는 총체적 영향을 미쳤다. 단적인 예를 들자면 『독립신문』은 정치 공동체를 구성하는 인적 구성의 원리에 대해 조선 시대 또는 당시 정부와는 근본적으로 다른 태도를 취했다. 그 같은 태도는 『독립신문』이 한글 전용을 채택한 데에서 잘 드러난다. 그때 정부가 발행하는 순 한문 신문인 『한성순보』가 있었지만, 순 한글로 기사를 작성하고 상업 광고를 게재하며 시골에 사는 평민과 여성까지 독자로 여기는 대중적 신문은 『독립신문』이 처음이었다.

> 우리 신문이 한문은 아니 쓰고 다만 국문으로만 쓰는 것은 상하귀천이 다 보게 함이라. 또 국문을 이렇게 구절을 띄어 쓴즉 아무라도 이 신문 보기가 쉽고 신문 속에 있는 말을 자세히 알아보게 함이라. [……] 우리 신문은 빈부귀천을 막론하고 이 신문을 보

고 외국 물정과 내지 사정을 알게 하라는 뜻이니 남녀노소 상하 귀천 건채 우리 신문을 하루걸러 몇 달간 보면 새 지각과 새 학문이 생길 걸 미리 아노라(『독립신문』 1896년 4월 7일(제1권 제1호)).

『독립신문』이 한글을 채택한 표면적 이유는 상하 귀천을 막론하고 민중이 읽기 쉬운 신문을 만들어 민중을 계몽하기 위한 것이었다. 또 한글 전용은 그 당시 '야만의 언어로 전락한 한자'를 버리고 '문명의 언어인 한글'을 채택해야 한다는, 청나라를 타자화他者化하는 오리엔탈리즘적 사고도 한몫했다.[6] 그러나 기본적으로는 한자가 배우기는 데 여러 해가 걸리고 늙어 죽도록 다 배울 수 없는 양반과 기득권층의 언어이며, 모든 인민이 주인인 문명국가에는 모든 국민이 소통할 수 있는 하나의 언어가 존재해야 한다는 근대적인 국민국가 사상을 바탕으로 한다.

그런 의미에서 『독립신문』이 국어를 발견한 것은 마르틴 루터가 귀족이나 성직자의 고급 언어였던 라틴어로 된 성경을 일반 평민들의 저속한 언어였던 독일어로 번역한 것과 똑같은 의미를 갖는다. 그리고 독일어의 발견이 종교개혁과 근대의 시작을 알리는 사건이었

---

[6] 잘 알려진 것처럼 『독립신문』의 '독립'은 일차적으로 청나라로부터의 독립이라는 의미가 강했고, 『독립신문』의 한글 채택에는 청나라의 글자인 한문을 배격한다는 의미가 강했던 것도 사실이며, 이에 대한 비판적 견해도 많다. 그러나 『독립신문』의 '독립'은 인민 각자의 생활상의 경제적·정신적 독립에서 출발하여 청나라는 물론 러시아와 일본으로부터의 독립을 포함하는 것이었으며, 한글을 강조하는 경우에도 위와 같이 '상하 귀천', '빈부귀천', '남녀노소', '서울/지방'을 불문하고 하나의 국민으로 소통해야 한다는 것과, 한글 자체의 우수성을 역설하는 내용이 자주 강조되었다(정선태, 이 책의 5장을 참조).

음은 주지의 사실이다. 다시 말해 『독립신문』의 한글 채택 역시 '국어의 발견' 또는 '국민의 발견' 나아가 '근대적 국가의 발견'이라고 할 만큼 획기적인 사건이며, 국민국가를 바탕으로 하는 근대국가의 건설이 국어의 발견을 통해 나타난 것이었다.

> 우리가 독립신문을 오늘 처음으로 출판하는데, 조선 속에 있는 내외국 인민에게 우리의 주의를 미리 말씀하여 아시게 하노라. 우리는, 첫째 편벽되지 아니한 고로 무슨 당에도 상관이 없고, 상하귀천을 달리 대접 아니하고, 모두 조선 사람으로만 알고, 조선만을 위하며, 공평히 인민에게 말할 터인데, 우리가 서울 백성만 위할 것이 아니라 조선 전국 인민을 위하여 무슨 일이든지 예언하여주려 함. 정부에서 하시는 일을 백성에게 전할 터이요, 불평한 마음과 의심하는 생각이 없어질 터이옴. [……] 우리는 바른 대로만 신문을 할 터인 고로, 정부 관원이라도 잘못하는 이 있으면 우리가 말할 터이오. 탐관오리들을 알면 세상에 그 사람의 행적을 펼 터이오, 사사 백성이라도 무법한 일을 하는 사람은 우리가 찾아 신문을 설명할 터이옴. [……] 오늘은 처음인고로 대강 우리 주의만 세상에 고하고, 우리 신문을 보면 조선 인민이 소견과 지혜가 진보함을 믿노라(『독립신문』 1896년 4월 7일(제1권 제1호)).

'국어의 발견', 그리고 '국민의 발견'은 『독립신문』이 독자를 바라보는 관점에서 일관되게 나타난다. 서재필은 『독립신문』이 특정한 정파나 조정에 귀속되어서는 안 된다고 생각했다. 그리고 정치와 개혁의 주체는 양반과 정치인들이 아니라 민중이라는 인식을 분명히 했다. 바로 여기에 당시의 상식과 정치의식을 완전히 뒤집는 획기적인 사상의 전환이 존재한다. 물론 『독립신문』이 상정했던 민중과 국민이 어떤 성격의 민중과 국민이었는가에 대해서는 진지한 연구가 요구되지만, 그것이 사농공상의 신분제를 철저하게 부정한 토대 위에 프랑스혁명이 상정했던 민중과 다르지 않음은 분명하다. 그런 의미에서 『독립신문』은 한반도에서 본격적인 근대사회가 출현했음을 알리는 것이며, 『독립신문』의 창립 취지는 근대적 가치에 바탕을 둔 근대적 신문의 성격에 꼭 맞았다.

『독립신문』이 미친 또 다른 결정적 영향은 '근대적 공론장의 형성과 민주주의의 도입'이다. 『독립신문』은 비록 일본에 의해 추진된 개혁이지만 갑오개혁과 을미개혁의 토대 위에 말과 글, 그리고 대중에 의한 정치적 의사의 형성이라는 새로운 유형의 공론장을 만들었다. 그런 의미에서 『독립신문』이 한국 최초의 근대적 언론 매체이자 대중매체라는 기존의 평가는 정당하다. 새로운 공론장 형성은 『독립신문』을 읽는 독자들의 태도에서 명확히 드러난다. 이에 대한 전형적인 사례를 당시 강원도 양구군 우망리장에 사는 시민 김기서, 조성룡, 김리선 등 3인이 『독립신문』에 보낸 편지를 통해 살펴볼 수 있다.

> 요사이 본 군수가 한 장시를 설립하고 친히 장에 와서 상고商賈[장사치]와 인민이 많이 모인 후에 당세 형편을 일통 연설하고, 국문과 한문 번역 잘하는 사람으로 하여금 소리를 크게 질러 『독립신문』을 읽히니, 오는 사람과 가는 손이며 장사하는 사람과 촌 백성들이 어깨를 비비고 둘러서서 재미를 붙여 함께 듣고 모두 차탄[찬탄]하는지라. 이다음부터는 물건 매매하는 장시 인민뿐 아니라 『독립

신문』들으러 오는 백성들이 길이 멀고 가까운 것을 헤아리지 않고 귀를 기울이고 다투어 모여들어 서로 말하여 가로되, 오직 우리 대한 전국에 크고 작은 일과 천하만국의 아침과 저녁 일이 환연히 눈앞에 벌여 있고, 학식과 법률을 가히 자식과 손자를 가르쳐 어둡던 데를 버리고 밝은 데로 향하는 것을 번연히 가르쳐 깨닫겠노라고 말들을 하기에, 기쁘고 다행함을 이기지 못하여, 본시本市에 사는 백성들이 서로 의논하고 앙포하오니, 『독립신문』을 본 군本郡에 보낼 때에 일체로 한 장을 더 붙여 보내시면 신문 값은 또한 본군 군수에게로 붙여 보내오리니, 조량하심을 엎드려 바라노라고 하였더라(『독립신문』 1898년 11월 9일 (제3권 185호)).[7]

다시 말해 강원도 양구군 군수, 옛날로 치면 고을 원님이 시장에 나와 『독립신문』을 읽고, 시장에 나온 많은 사람이 '어깨를 비비고 둘러서서' 그 이야기를 들었다는 것이다. 이 같은 광경은 일반 민중 사이, 민중과 관원 사이의 커뮤니케이션에 혁명적인 변화가 일어나고 있었음을 보여주는 증거이다. 또 『독립신문』은 한 사람이 한 부의 신문을 읽고 휴지통에 버리는 신문이 아니라, 여러 사람이 돌려 읽고, 글을 아는 사람이 글을 모르는 사람에게 읽어주는 식으로 열독률이 매우 높은 신문이었다. 새로운 지식과 정보에 대한 욕구가 폭발하던 격동의 시기에 『독립신문』 한 부의 실제 독자가 대략 200~300명이었다는 추정은 틀린 말이 아니었다(오세웅, 1993: 81; 신용하, 2001:

---

[7] 『독립신문』에는 이처럼 신문을 열정적으로 애독하고 서로 의견을 나누는 광경이 일일이 기록할 수 없을 정도로 많이 등장한다.

361~362).

또 『독립신문』은 발간되자 국내외적으로 많은 관심을 모았다. 처음에는 300부 정도밖에 발행되지 못했으나 3,000부까지 발행되는 데 오랜 시간이 걸리지 않았다.[8] 당시 한국을 유심히 관찰하고 돌아간 비숍 여사도 『독립신문』에 대해 다음과 같이 회상한다.

> 일단 신문이 나와 사회의 진상을 알게 되자 국민들은 미몽迷夢에서 벗어나 관리의 악정과 재판의 부당함에 엄정한 비판을 가해서 여론을 일으킬 수 있게 되었다. 신문이 나오자 뒤가 컴컴한 부정을 태양 앞에 내세워 사회에 경종을 울리는 동시에 한편으로는 합리적인 교육과 정당한 개혁을 장려하여 인지人智의 개발에 큰 도움을 주었다. 이에 부정한 관리와 불량한 관원들은 모두 혀를 내두르면서 놀라고 두려워하였다. 국문 신문을 옆구리에 끼고 거리를 다니고 있는 풍경과 또한 각 점포마다 이 신문을 펴 놓고 읽고 있는 광경이란 참으로 1896년 이래의 새로운 현상이

---

[8] 신문 발행 부수에 대한 이 같은 추정은 서재필의 자서전에 바탕을 둔 것으로 지금까지 통설로 알려져왔으나, 김유원은 『독립신문』 영문 기사에 근거하여 창간 초기 신문 발행 부수가 2,000부였다는 주장을 하고 있다. "Among Koreans the best praise is the rapidity with which the first issue was sold, and not merely so, for many doubtless bought from idle curiosity but number of permanent subscribers enrolled at first sight bids fair to compel us to increase our issue from 2,000 to 3,000 immediately." 즉 이 기사는 신문 판매 속도가 빨라 곧 신문 부수를 2,000부에서 3,000부로 늘리지 않을 수 없다고 말하고 있다. 이 기사는 창간호가 나온 후 이틀 만에 발행된 제2호의 신문 기사로서 신빙성이 높다. 또 서재필의 자서전은 신문 발행으로부터 50년이 지난 이후에 서술되었으므로 자질구레한 사실관계에서 정확하지 않은 경우가 많아 김유원의 주장을 의미 있게 받아들여야 한다(김유원, 1999: 64~65 참조).

었다(Bishop, 1898: 271).

이와 같은 새로운 공론장의 형성은 결국 한반도 최초의 근대적 시민사회의 출현이란 결과를 낳는다. 시민사회의 출현은 1898년 3월부터 12월까지 3차에 걸쳐 열린 만민공동회를 말하는 것이다. 만민공동회는 그동안 근대화 운동 또는 개화 운동의 한 분파나 한 가지 사례로 다루어져왔으나, 이 사설 선집의 발행을 계기로 전면적인 재검토가 요구된다. 만민공동회가 저평가된 데에는 여러 가지 요인이 있지만, 가장 크게는 우리가 우리 자신의 역사에 대해 자신감을 갖지 못하고 한국의 근대성을 결핍으로 바라보는 식민지성에 따른 결과가 아닐 수 없다. 이는 매우 중요한 문제이므로 장을 달리하여 논의하겠다.

4. 근대적 정치운동의 원형으로서 만민공동회

만민공동회의 개요

만민공동회는 촛불집회가 최근의 한국 민주주의를 상징하게 된 것과 유사하게 '장작불집회'에서 시작되었다. 그 장작불집회는 오늘의 촛불집회만큼이나 평화적이고 진지했으며 '다이나믹 코리아의 원형'이라고 해도 좋을 만큼 열정적 에너지가 넘치는 사건이었다. 또 붉은 악마와 촛불시위가 인터넷으로 무장한 '신인류·신세대'에 의해 창조된 새로운 현상이라는 해석도 있지만, 이미 100여 년 전 그 열정과 에너지가 더하면 더했지 결코 못하지 않은 대중적 운동이 존재했다는 사실은 우리의 역사적 지평을 구한말로 확대하는 획기적 발견이 아닐 수 없다.

만민공동회는 1898년 크게 세 차례 열렸다. 제1차 만민공동회는 1898년 2월 21일 구국 선언 상소를 올리는 것에서 단초가 마련되었다. 3월 10일에는 약 1만 명의 성인 남성들이 종로에 모여 만민공동회를 개최하고, 러시아의 절영도絶影島 저탄소貯炭所(현재의 부산 영도) 조차租借를 반대·규탄하고, 전년 8월부터 문제가 되었던 군사교관과 재정 고문의 철수 및 노한은행露韓銀行의 철거를 요구했다. 이 만민공동회를 지켜본 각국 공사들과 외교관들은 큰 충격을 받고 한국 민족과 서울 시민들의 급속한 성장에 경악을 금치 못했다고 한다.

이틀 후 3월 12일에는 서울 남촌에 사는 평민 수만 명이 만민공동회의 성공에 고무되어 다시 한번 만민공동회를 개최하였다. 이들은 출동한 시위대 군인들을 투석전으로 물리치고, 이틀 전과 마찬가지로 절영도 조차 반대, 러시아 군사교관 및 재정 고문의 철수를 결의했다. 이 사건은 정부 관료와 서울 주재 외교관들에게도 큰 영향을 미쳤고 대한제국 정부는 절영도 조차를 거부하기에 이르렀다. 이에 따라 러시아는 절영도 대신 청국의 요동반도로 해군기지를 이동하기로 결정했고, 3월 17일에는 군사교관과 재정 고문의 철수를 통고했으며 노한은행도 철폐하였다.

제1차 만민공동회와 관련된 사건들은 각국 정부로 하여금 한반도 상황을 재평가하도록 했으며, 한반도에서 제국주의 열강이 힘의 균형을 유지하도록 하는 데 주체적 역할을 하였다. 그리고 이때 마련된 국제균형은 러일전쟁이 일본의 승리로 끝날 때까지 6년 동안이나 계속되어 자주독립의 마지막 기회를 마련한 셈이었다. 『독립신문』은 이 사건과 관련된 모든 사실을 보도하고 만민공동회를 적극 지지하는 논지를 전개하였다.

만민공동회와 관련하여 가장 의미 있는 사실은 이 운동이 그저 많은 사람을 모이게 했다는 데 그치지 않고, 인간의 근대적 기본권을 바탕으로 하는 민주적 정치제도의 건설을 목표로 투쟁했다는 점이다. 독립협회는 4월 3일 제25회 토론회에서 의회 설립을 논의한 후, 이를 시민들에게 적극 계몽하기 시작했다. 4월 30일 『독립신문』은 의회가 설립되어야 하는 이유에 대해 장문의 사설을 게재했다. 그러나 의회 설립이 수구파 관료와 고종 황제의 반대에 부딪치자, 『독립신문』과 독립협회는 의회 설립이 시기상조라고 판단하고 노선을 수정하여, 우선 중추원을 개편한 '상원'을 설립하는 전략을 채택했다. 7월 27일 「하의원은 급하지 않다」는 사설은 이 같은 배경에서 나왔다.

제2차 만민공동회는 1989년 10월 '김홍륙 독차 사건' 관련자를 수사하는 과정에서 발생한 인권침해를 규탄하는 것으로 시작되었다가 친러 수구파 정권의 퇴진과 개혁파 정부의 수립을 요구하는 운동으로 발전했다. 이때 만민공동회는 10월 1일부터 12일까지 종로에서 12일 동안 철야 집회를 하며 연좌법과 노륙법(연좌제의 일종으로 죄인의 아들에게 사형을 내리는 제도)을 부활시키려는 수구 친러 정부를 퇴진시키는 운동에 들어갔다. 만민공동회는 임금을 독살하려 한 범인들이라도 법률에 의해서만 처벌되어야 하며 고문이란 있을 수 없다는 천부인권의 관점에서, 지금 보아도 획기적인 주장을 펼쳐서 수많은 논쟁을 불러일으켰다.

수구파 정부는 물론 성균관 유생들조차 '임금의 독살 미수 사건'이란 현실 앞에 연좌제의 부활을 지지하고 나섰지만, 『독립신문』과 독립협회는 그러한 현실에도 불구하고 근대적 법치주의에 충실하였다. 이 12일 동안 고종 황제와 만민공동회가 벌인 지루한 공방전은 마치 1987년 6월 항쟁 당시 전두환 군사정부와 시위 군중의 공방전과 매우 닮았다는 점에서도 여러 학문 분야의 주목을 요한다. 고종 황제는 점점 늘어나는 시위 군중과 영향력에 눌려 10월 12일 마침내 독립협회가 신임하는 박정양을 정부 수반으로 삼고, 군부대신 민영환, 탁지부대신 조병호, 법부대신 서정순, 궁내부대신 윤용구를 임명하여 개혁파 정부를 탄생시켰다.

제3차 만민공동회는 그때까지 여러 차례 고종에게 상소를 올리며 추진되던 '의회설립운동'을 대중투쟁의 형태로 본격화한 것이었다. 의회설립운동은 1898년 10월 27~29일 정부 대신과 서울 시민 등 4,000여 명이 참가한 관민공동회官民共同會에서 결의되어, 그해 11월 5일 50명의 위원을 선출하면 완성될 일이었다. 그 의회는 기존의 중추원을 개편하여, 임금을 견제하는 의결 기구이며, 비록 제한선거지만 선거 절차를 통해 위원을 선출하는 귀족원 형태의 상원이었다.

그러나 당시 집권 세력인 친러 수구파는 11월 4일 밤부터 11월 5일 새벽, 상원 개설이 임금을 밀어내고 "대통령 박정양, 부통령 윤치호, 내부대신 이상재" 등을 주축으로 하는 공화제 건설 음모라는 '익명서匿名書 조작 사건'을 일으켜 일종의 '가짜 쿠데타 상황'을 조성한 후, 고종에게 독립협회를 해산하고 17명의 독립협회 간부를 체포하는 등 실제의 계엄 상태를 조성하도록 했다. 그러나 서울 시민들은 아침이 밝자 이미 20차례 이상 그렇게 모였던 것처럼 만민공동회를 열고, 11월 5일부터 23일까지 무려 19일 동안 지도자 석방과 의회설립운동을 위해 철야로 투쟁했다. 바로 이때 종로에는 2차 만민공동회 때 그랬듯이 더 추워진 날씨 속에 매일 밤 장작불이 타올랐다. 물론 늦가을 찬비가 내리면 장작불은 꺼지고 모인 사람들의 옷은 젖었지만, 회중은 찬비를 맞으면서도 동요하지 않았다고 기록은 전하고 있다.[9]

불의 역사와 한국 민주주의

당시 서울 인구는 17만 명으로 추산되는데 그중 1~2만 명이 모이는 것은 보통이었으며, 종로의 상인들도 가게 문을 닫고 시위에 참여했다. 밥장사는 장국밥을 300그릇, 500그릇 날라 오고, 술장사는 가게에 있던 모든 술을 가져오고, 어떤 부자는 집 판 돈 500원을 모두 기부하고, 심지어 거지조차 닷 푼의 기부금을 내놓는 등 일종의 운동공동체가 형성되었다. 서대문, 자하문 밖은 물론 과천에서 배를 타고 건너온 나무꾼들이 기부한 장작은 밤하늘을 훤하게 비추었고, 구경꾼까지 포함하여 사람들이 산처럼 모이자 조병식 등 수구파는 두려워하였다. 이 당시 종로는 '조선의 아크로폴리스'였으며, 이들의 투쟁은 단기적으로 대성공을 거두었다.

이와 같은 만민공동회의 출현은 새로운 사고, 새로운 방법, 새로운 가치에 기초한 새로운 사회가 태동되고 있음을 알리는 것이었다. 1898년 12월 1일 『독립신문』 사설에 보면 "만민들이 충분忠憤을 이기지 못하여 풍찬노숙風餐露宿하며 무한 고생하고"라는 구절이 나오는데, 이는 바로 1만여 명은 보통으로 모였던 군중이 보름 넘게 철야 투쟁을 전개했던 사실을 상기시킨다. 이 사건은 동학농민운동과 성격

---

[9] 이는 제3차 만민공동회 4일째인 11월 8일의 상황을 말한다(신용하, 2001: 457 참조).

을 달리하는 근대적 민중의 출현을 알렸다.

또한 만민공동회는 조선이 더 이상 군주 국가에 머물 수 없으며, 민중과 권력 엘리트가 공정한 게임을 하기 위한 '사회계약'을 필요로 하는 근대사회에 진입했음을 말해주는 것이었다. 만민공동회가 한국적 유형의 사회계약, 더 나아가 '한반도 최초의 근대적 헌법'을 성립시켰다는 점을 발견하고 주장한 사람은 김홍우 교수이다. 그는 「한국사회과학론의 화두로서 독립신문」이란 긴 논문에서 『독립신문』이 "왜 한국사회과학론의 화두가 되어야 하며, 될 수 있는가."를 규명하기 위해 『독립신문』의 사설 전체를 12가지 내용으로 분류했는데, 그중 8번째 항목에서 '군신 간의 새로운 상약相約'을 거론하고 있다. 김 교수는 여기서 『독립신문』이 존재했던 3년 8개월간을 "새로운 사회계약이 맺어지는 과정"으로 정리하고, 이 과정을 다시 (1) 사회계약의 예시적 단계, (2) 사회계약이 숙성되는 과도적 단계, (3) 사회계약의 체결 단계, (4) 사회계약의 파기 단계 등 4단계로 구체화한다.[10]

이렇게 볼 때, 만민공동회는 한국의 민주주의 역사에서 전형성

---

10 김홍우 교수는 그중 가장 핵심적인 '(3) 사회계약의 체결 단계'를 다시 세 개의 모멘트로 나누며, 제1모멘트는 1898년 2월 24일 "공론이 공변되어야 하며 간세배들의 농간"에 관한 상소를 올리는 것, 제2모멘트는 위의 상소에 대해 "고종이 조정의 일을 망령되이 의논하지 말라."는 '비지批旨'를 내리자 7월 13일 "독립협회 회원들이 다시 모여 의논하고 두 번째"의 상소를 올리는 것, 제3모멘트는 9월 4일자 "정부에 대하여 몇 가지 약조를 받아서 생명"과 "재산"을 "보호하는 기초"로 삼아야 한다는 『독립신문』 사설에서 시작된다. 이 세 개의 모멘트는 영국의 마그나 카르타(1215)를 방불케 하는 과정이었으며, 1898년 11월 28일자 『독립신문』 사설인 「국태민안·축어」를 군·민간에 사회계약이 맺어지는 현장이라고 규정하고 있다. 김홍우 교수의 「한국사회과학론의 화두로서 『독립신문』」은 미발행 논문이며, 그는 이 논문을 지금도 계속 발전시키고 있다.

typicality과 총체성totality을 동시에 갖춘 최초의 근대적 대중운동이었다. 또한 그것은 한국의 대중적 정치운동의 목표가 주권자인 국민 사이, 또는 주권자와 주권자의 대의기관 사이에 사회계약을 맺는 것이었으며, 그와 같은 사회계약을 맺는 한국적 태도와 방식까지 알려주는 것이었다.

요컨대 한국 민주주의는 만민공동회 이래 '직접민주주의의 방식'으로 사회계약의 수준을 한 걸음씩 진전시켜왔다. 국민을 대표하는 제도나 정치 엘리트들은 대중이 마련해준 공간에 눌러앉아, 자신들만이 굉장히 중요한 사람이라는 터무니없는 자부심과 권력을 추구하기에 바빴다. 오직 참다못한 대중, 민중만이 역사의 수레바퀴를 돌렸다. 이것이야말로 대한민국이란 정치 공동체가 공유하고 발전시켜온 한국 민주주의의 중요한 특징이 아닐 수 없다. 바로 그 같은 전통이 6월 항쟁과 촛불시위를 낳은 것이다.

한국적 민주주의의 이 같은 특징은 민주주의와 불의 관계를 역사적으로 고찰할 때 간명하게 파악된다. 만민공동회가 무참히 파괴된 이후 조선은 나라를 잃었다. 나라를 찾은 후에도 독재가 계속되자, 민중이 한곳에 모여 대중 집회를 가질 수 없었다. 종로에서 타오르던 장작불fire은 세상을 밝히는 계몽의 불light이란 의미도 갖고 있었지만, 이제 그 불은 종로에 머물지 못하고 여러 곳을 떠돌아 다녀야 했다. 불의 모양도 평화스러운 장작불에서 시대에 따라 여러 형태로 변질되었다. 일제강점기 독립투사들이 들었던 불은 횃불이었다. 그 불은 종로에 머물 수 있는 불이 아니라, 식민지 당국에게 쫓겨 다니는 불이란 의미에서 횃불일 수밖에 없었다.

해방 이후 우리가 본 불은 미국과 소련에서 만들어진 무기에서 내

뿜는 전쟁의 불과 좌우 투쟁 과정에서 낮과 밤을 바꾸어가며 동족을 수색하기 위한 횃불이었다. 그다음 우리에게 인상적으로 남아 있는 불은 4·19 때 부통령 이기붕의 집에 던져진, 분노한 군중에 의한 방화였다. 그러나 대중의 일시적 승리는 더 큰 반동을 불러왔다. 5·16 쿠데타가 그것이다. 그러자 이번에는 대중이 화염병을 들었다. 억압은 언제나 불의 저항을 받았다고나 할까, 처음에는 맨몸과 돌멩이였으나 억압이 심해지자 맨주먹은 화염병으로 바뀌었다.

그런가 하면 참다못한 사람들은 스스로의 몸에 시너를 뿌리고 분신의 불을 지르기도 했다. 그 시작은 전태일이었다. 요컨대 한국 민중은 만민공동회 이후 100년 동안이나 한곳에 모여 평화스러운 불을 피우며 자신들의 정치적 의견을 형성하는 집회를 가지지 못하고 거리를 행진하거나 쫓겨 다녔고, 대학 캠퍼스나 생산 공장을 피난처 삼아 화염병을 제조했다. 쫓기다 쫓기다 그것도 안 되면 자신의 몸에 불을 질러야 했다.

그러나 1960년의 4·19, 1987년 '6월 항쟁', 2002년 월드컵의 '붉은 악마'와 미선·효순 양을 추모하는 '촛불집회' 및 2004년 '대통령 탄핵에 반대하는 촛불집회'와 '4·15총선' 등의 결과를 이끌어낸 시민사회를 목격하고 난 지금, 1898년 만민공동회가 근대사회의 출현을 알리는 첫 번째 징후였다는 것은 더욱 분명해지는 듯하다. 100년도 넘게 쫓겨 다니던 한국 민주주의의 장작불 fire은 다시 세상을 밝히는 작은 촛불 light로 환생하여 거처할 집을 마련했다. 100년 전에는 종로였지만, 그 사이 약간 이동하여 광화문으로 이사했을 뿐이다.

그것은 한편으로 한국 민주주의가 다시 거처할 집을 마련했다는 안도감을 주지만, 다른 한편으로는 많은 기억을 떠올리게 하는 슬픈

이야기이기도 하다. 그것은 그동안 수없이 많은 형태의 불과 그 불을 들었던 사람들을 상기시킨다. 횃불, 화염병, 촛불……. 그리고 그 잘못된 불의 역사가 그토록 길었어야 했는가 하는 회한과 더불어 이제는 정말 시작할 수 있겠구나 하는 근원적 희망을 제공한다. 그리고 『독립신문』이 마련한 공론장과 만민공동회의 장작불집회의 재발견은 이 희망이 그리 터무니없는 것은 아니리라는 생각을 갖게 한다.

5. 『독립신문』의 재해석과 한국의 사회과학

『독립신문』과 만민공동회의 재발견은 오늘을 사는 우리에게 중요한 의미를 지닌다. 근대의 출발로서 『독립신문』과 1896~1899년의 중요성에 대한 발견은 역사에 대한 우리의 관심을 일제강점기를 넘어 구한말로 이동시킨다. 이 경우, 구한말은 한낱 패배의 역사가 아니라 현재의 삶과 긴밀한 관계를 갖는 역사로 되살아난 구한말이다. 더 나아가 『독립신문』은 현재의 한국 사회를 이해할 수 있는 텍스트이며, 한국 사회과학의 새로운 화두로 떠오른다.

이런 관점에서 보면, 『독립신문』은 그동안 '깊고 오랜 고독 속'에 잠자고 있었다. 『독립신문』의 존재는 초등학생조차 잘 알고 있지만, 일반인들은 물론 역사학자나 사회과학자들도 관심을 두지 않았고, 설혹 관심이 모아진 경우에도 이 신문의 가치는 인정받지 못했다. 이처럼 『독립신문』이 충분한 조명을 받지 못한 데에는 여러 가지 원인이 있다. 가장 큰 이유는 무엇보다 식민지와 분단, 그리고 압축 성장으로 이어지는 격동의 현대사 속에서 우리의 공동체적 삶이 내재적·정신적 차원에서 총체성을 확보할 수 없었던 탓이 크다.

지금까지 『독립신문』에 대한 연구가 전혀 없지는 않았다. 1970년대 중반 이광린과 신용하의 저작 이후 『독립신문』과 서재필 연구는 역사학, 사회학, 국문학, 교육학, 의학, 특히 언론학 분야에서 나름대로 인기 있는 주제였다. 그러나 『독립신문』 연구는 한국의 사회과학 일반이 안고 있는 문제점을 그대로 노출시키는 것이기도 했다. 그 문제점은 두 가지로 나타난다.

하나는 『독립신문』 연구가 '개별' 사회과학 분야의 특수성을 지나치게 강조하려는 경향에 지배되어 사회과학과 일반인들로부터의 소외를 초래했다는 것이다. 1980년대에는 『독립신문』 연구의 영역 확장이 있었지만, 이 연구들도 개별 사회과학의 특정한 관점에 국한되는 경향을 보였다.[11]

다른 하나는 한국 사회과학의 연구 경향과 깊은 관계가 있다. 김홍우 교수에 따르면, 한국의 사회과학은 보편적 사회과학 이론에 몰두함으로써 (1) '이론의 과잉화 현상'과 '이데올로기적 편향성', 다른 말로 하면 '한국적 현실의 왜소화와 왜곡화 현상'을 드러내고 있다.

---

11 『독립신문』에 대한 본격적인 연구가 나타난 것은 1970년대 후반부터다. 1970년 처음으로 영인본이 발간되어 연구의 저변 확대가 이루어졌고, 1975년 미국에서 서재필 기념재단이 설립되었다. 1960년대 후반 신문방송학과에서 석사를 배출하기 시작하여 1970년에는 그 수가 기하급수적으로 늘어난 것이 연구 성과가 늘어나게 된 가장 큰 이유다. 1970년대 이후 신문방송학과에서는 학술적인 전기, 인물론의 형식으로 많은 논문이 발표되었다. 1970년대 『독립신문』과 서재필 연구를 결정적으로 한 단계 높인 저자는 신용하다. 그는 『독립협회 연구』(일조각, 1976), 『독립협회와 개화운동』(세종대왕기념사업회, 1976) 등의 저서를 잇달아 발표하였는데, 이는 "『독립신문』과 독립협회에 관한 가장 깊이 있는 연구"로 평가된다. 1980년대 이후의 『독립신문』과 서재필 연구는 국어국문학, 교육학, 역사학, 법학, 의학 등 다양한 학문 분야로 확장되었다.

살아 있는 현실보다 특정한 패러다임과 민족주의 또는 사회주의 등 각종 이데올로기가 분석의 기준이 된 셈이다. (2) 고질적인 '소통 부재'의 현상과 이로 인한 동일한 문제의식의 무한 반복이다.[12] 결국 한국의 사회과학은 범주화된 이야기들로 가득 찬, 진부하고 메마르며 실감나지 않는 사회과학이 되고 말았다. 김동춘은 이와 같은 한국 사회과학의 진부함을 또 다른 어투로 고백한 바 있다.

> 80년대 이래 한국의 비판적 사회과학은 한국 자본주의를 어떻게 파악할 것인가 하는 문제를 둘러싸고 씨름하였다. 그런데 어느 모로 보나 자본주의화된 면모가 분명해진 80년대 말 이후 한국 자본주의에 대한 분석이 사라지는 기현상이 발생했다. 한국 자본주의를 분석하는 방법론 논쟁(사회구성체 논쟁)이 한창일 때 필자는 그것이 곧 경험적인 연구나 역사 연구로 발전하리라 기대했었다. 그러나 기다려도 기다려도 눈에 띄는 본격 연구는 나타나지 않았다. 탈자본주의, 정보화, 세계화, 경쟁력 강화 등의 미래 담론은 쏟아져 나왔으나 30년 고도성장을 거쳐 착근한 한국의 기업 구조, 재벌, 축적 구조, 소비 패턴, 금융 등 한국 자

---

12 김홍우 교수는 『한국정치학회보』 제1집(1966년)부터 제35집(2001년)까지 게재된, 한국 정치와 관련된 모든 논문을 검토한 후 '이론 또는 이데올로기 지향'과 '소통의 부재' 이 두 가지를 한국 정치학, 더 나아가 한국 사회과학의 중요한 태도로 지적했다. 두 특징은 동전의 양면과 같이 깊은 관련이 있다. 그 결과 한국 정치학은 실제로는 동일한 문제의식을 가진 연구자들이 언필칭 이론 진영을 달리하며, 시간과 공간이 변함에 따라 비슷한 수준의 분석을 무한 반복하고 있다고 결론지었다. 또 솔직한 토론에 대한 두려움 속에 한국 사회과학의 고질적 한계는 은폐되고 있다고 지적했다(김홍우, 1998: 5~21; 1999; 미발행).

본주의를 둘러싼 핵심적인 쟁점에 대한 역사 연구, 비교 연구, 조사 분석 작업은 80년대 수준에서 별로 진척되지 않은 채 일본과 미국의 모모 논자들의 주장을 자신의 것으로 한 '주장'들만 들려왔다. 필자는 역사보다는 구조를 앞세웠던 방법론적 경향, 즉 '나의 눈' 혹은 실천적 문제의식보다는 '이론'의 잣대를 앞세우는 고질적인 학문적 종속성이 90년대 들어 한국 자본주의 연구의 실종과 깊이 연관되어 있다고 생각한다(김동춘, 1997: 13).

김동춘은 '김홍우 교수의 소통 부재' 대신 역사보다 구조를 앞세우는 방법론의 한계를 지적한다. 또 다른 글에서는 90년대를 "사회과학이 후퇴한 시기"라고 평가하면서 과거에도 한국 사회과학의 텍스트는 한국 사회가 아니었듯이 "문화로 관점이 이전된 오늘에도 한국 대중의 상식과 경험, 감성과 정서"가 연구의 대상이 되는 것이 아니라, "문화 현상에 관한 프랑스 학자들의 담론들만 논의의 대상이 되고 있다."고 비판한다.[13] 또 자신의 현실을 자신의 눈으로 사유하고 성찰하지 못하는 한국 인문사회과학의 풍토에 대한 비판은 일군의 여성 학자들에 의해 먼저 더 신랄하고 진지하게 제기되어왔다.[14]

이런 상황에서 『독립신문』이라는 텍스트와 1896~1899년이라는

---

[13] 더 나아가 그는 "실천적 대상으로서 동시대의 현실 및 역사로서의 사회 현실을 출발점으로 삼지 않는 학자의 머리에서 '이론'이 만들어질 수 없"으며, "이들은 기존 설명 틀이나 이론의 한계에 봉착했을 때, 외국의 다른 이론을 수입하는 방법을 선호할 것"이라고 주장하며 동시대의 현실과 역사로서의 사회 현실을 강조한다(김동춘, 1998: 350).

[14] 남성 학자들이 진지하게 받아들여야 할 주장을 몇 가지만 예시하면 다음과 같다. 조혜정(1994), 조은·윤택림(1995), 양현아(2001).

시기의 재발견이 갖는 의미는 상당하다.『독립신문』은 무엇보다 국가의 멸망이라는 시대의 극한점에 서서 공동체의 운명과 방향을 고뇌하고, 쓰러져가는 공동체의 운명을 위한 현실적 대안과 실천을 모색했으며, 그러한 모색을 낱낱이 기록하고 있다는 점에서 '사회과학의 보고寶庫'이다. 그 외에도『독립신문』이 오늘을 살아가는 이들에게 '사회과학의 화두'가 될 수 있는 이유는 다음과 같다.

첫째,『독립신문』이 존속했던 시기는 근대적 사유가 대중적으로 유포되던 최초의 시기이며, 한반도를 둘러싼 근대적 형태의 국내적·국제적 정치 지형이 그 모습을 드러낸 시기이다.『독립신문』과 관계를 맺었던 사람들은 그 시대로부터 30년 전 사람보다 21세기를 사는 우리와 더 유사한 정치적 사유를 했다. 이는 역으로『독립신문』의 시기가 현재를 존재하게 한 역사적 모태 또는 역사적 원형임을 의미하며, 더 과감한 주장을 한다면 대한민국의 정치적 기원은 상해임시정부가 아니라,『독립신문』과 만민공동회에서 논의된 정치적 주장들이란 해석이 가능하다. 그런데『독립신문』이 바로 우리의 모태와 원형에 대해 누구나 읽을 수 있는 평이한 용어로 시대를 증언하고 있다.

둘째,『독립신문』은 한국 사회과학의 출발점이 될 수 있는 '현장'과 '역사'를 제공한다. 김동춘은 우리의 사회과학이 "먼저 지난날 역사적 기억을 성찰하는 가운데 우리의 위치를 확인하는 작업을 통해서만 그 발전을 기약할 수 있"으며, 이것은 "단순히 과거로 돌아가는 것이 아니라 그동안 잘못된 역사 속에서 잃어버린 자신, 즉 '주체'를 미래의 전망 속에서 복원하는 것"이라고 했다. 이 경우,『독립신문』보다 더 적절한 역사 기록을 찾기는 힘들다. 이러한 역사와 현장의 발견은 자연스럽게 한국 사회과학이 공유할 수 있는 내재적 관점in-sight/in-site과 통찰력insight 및 총체성totality을 제공할 것이며, 각 사회과학 분과 사이의 소통을 증대시킬 것이다.

셋째, 『독립신문』은 '조선병'에 관한 다양한 양상을 보여줌으로써 한국의 사회과학이 왜 '한국'이란 특수성을 경유하여 '사회과학 일반'의 보편에 도달해야 하는가를 존재 그 자체로 보여준다. 역사와 현장을 이해해야 하는 까닭은 역사가 반복될 뿐만 아니라 과거와 현재의 대화를 통해 미래를 예측할 수 있기 때문이다. 물론 기존의 연구들도 사회과학의 토착화, 구체 분석, 자기반성을 위한 다양한 문제 제기와 연구를 수행해왔고 실제적인 성과가 없지 않았다.[15] 하지만 한국의 사회과학은 지금도 '이론의 풍성함'과 '현실의 빈약함'에서 벗어나지 못하고 있다. 이런 현상은 근대화의 여명기에 나타났던 생기발랄한 문제 제기의 방식과 여러 과제를 적극적으로 사유하지 않고, 넘쳐나는 외국 이론의 홍수에 압도되어 새로운 이론의 수입에 급급했기 때문이다.

마지막으로 『독립신문』은 민주주의적·공동체적 삶의 궁극적 존재 기반이 주권자인 국민 사이, 주권자인 국민과 대의기관 사이의 건강한 사회계약에 근거하는 과정을 보여준다. 만민공동회는 「국태민안·칙어」와 같은 임금과 백성 간의 상약, 곧 사회계약을 끌어내기에 이르렀다(김홍우, 미발행). 또 최근의 대통령 탄핵을 반대하는 촛불집회 역시 주권자인 국민과 대의기관 사이에 발생한 계약 위반이 핵심

---

[15] 『독립신문』 연구와 관련하여 최근 나타난 의미 있는 작업은 다음과 같다. '서재필기념재단'에서 발간한 『개화 독립 민주』(2001), 『서재필과 그의 시대』(2003)와 '수유연구실+공간 너머'에서 개설한 '독립신문 강좌' 등을 들 수 있다.

적 논점이었다. 「국태민안·칙어」는 고종의 약속 파기와 보부상 단체의 공격으로 1898년 12월 하순 결정적 타격을 입고 유명무실해지고 말았는데, 이후 대한제국은 수구파 관료와 외국 세력의 노리개로 전락했다가 러일전쟁을 계기로 망국의 길에 들어서게 된다. 곧 주권자와 대의기관 사이의 사회계약은 건강한 정치 공동체를 지키는 마지막 보루임이 드러난다.

이처럼 『독립신문』은 '아직 결정되지 않은not-yet-determined' 역사의 현장에 서서 다양한 수준의 진단과 처방을 제시했으며, 이 과정에서 이 땅에 처음 도입된 여러 사회과학 영역의 분화와 연관성을 자연스럽게 드러냈다. 또 『독립신문』은 사회과학적 상상력을 자극하는 근대적 소재와 담론들, 예컨대 미셸 푸코는 정신병원과 감옥에서 근대적 몸의 정치body politics를 발견했지만, 한국과 같은 후발 국가에서 몸의 정치학의 시발점인 공중위생과 조혼의 문제, 신식 교육과 학교 및 여성해방에 대한 강조, 생업과 노동 규율의 도입, 관민 간 소통의 왜곡과 여기서 야기된 논쟁 등 흥미로운 내용들을 풍부하게 담고 있다.

한편에서는 대한 사람들이 "빨리 꿈에서 깨어날 것[啓蒙]"을 촉구하면서도, 다른 한편으로는 꿈 이야기를 빌려 새로운 미래를 제시해야 하는 절망적 상황과 이율배반을 동시에 보이는가 하면, 대의를 위해 분기하고 나라를 위해 목숨을 바칠 것을 역설하는 등 의지를 강조하는 대목도 자주 등장한다.

그리하여 『독립신문』은 구한말의 부끄러웠던 역사 가운데 희미하게 타올랐다가 꺼져버린 '하나의 역사적 유물' 또는 우리의 근대사를 장식하는 '최초의 한글 신문'에 머물지 않고, 지금 오늘의 한국 현실을 사유하고 '한국'이란 맥락에 근거한 사회과학 이론을 아우르는 현장이자 화두로 재해석되고 있다.

4장
교육입국론과 '국민' 생산 기획: 『독립신문』의 교육론

1. 교육 또는 '문명 세계'에 이르는 길

　근대 계몽기 '교육'은 지식인들과 오피니언 리더들을 사로잡은 가장 중요한 화두 가운데 하나였다. 이 시기 교육은 '개나 돼지'와 다름없는 조선 인민을 일약 '인간'의 수준으로 끌어올릴 수 있는, 그리고 조선과 조선인이 앓고 있는 온갖 '야만적 질병'을 치유할 수 있는 일종의 '만병통치약'으로 간주되었다고 해도 지나친 말이 아니다. "아는 것이 힘, 배워야 한다!"는 구호가 근대 계몽기 격동의 시공간을 가득 채우고 있었던 것이다. 정부가 수행해야 할 일차적인 직무도 인민을 교육하는 데 있었다. 다음 논설을 보면 『독립신문』이 얼마나 교육에 많은 관심을 기울였는지 선명하게 알 수 있다. 먼저 1896년 5월 12일자 논설을 보기로 하자.

정부에서 학교를 지어 인민을 교육하는 것이 정부에 제일 소중한 직무요, 다른 일은 아직 못하더라도 정부에서 인민 교육은 하여야 할 것이라. 나라가 지금은 이렇게 약하고 백성이 어두워 만사가 남의 나라만 못하고 남의 나라에 업신여김을 받으나 조선도 인민을 교육만 하면 외국과 같이 될지라. 지금 장성한 사람들을 남녀 물론하고 교육을 시키려고 하면 매우 어렵거니와, 자식들을 남의 나라 아이들같이 교육을 시켜 그 아이들이 자라서 남의 나라 사람같이 될 터이니, 그때나 조선도 남의 나라 같이 되기를 바랄 터이라.

그러나 만일 자식들을 교육을 아니 시키면 그 아이들이 장성한 후에도 자기 아비나 할아비보다 더 지식 있는 사람이 못 될 터인즉, 그러면 나라가 자기 아비나 할아비 때보다 어찌 낫게 되리오. 자식을 사랑하는 사람은 지금부터 자식을 교육시키는 것이 옳고, 만일 자식이 학문이 있는 사람이 되면 그 자식이 다만 집만 보호할 뿐 아니라 나라를 보호할 터이요, 그 사람들이 나라를 지금보다 낫게 만들 터이니, 실상을 생각하면 자식 교육하는 것이 곧 나라를 위함이라.

만사를 제쳐두고 정부는 교육에 앞장서야 한다고 주장하는 이 논설에서 우리는 근대 계몽기 지식인들의 다급하고 초조한 마음을 읽을 수 있다. 여기에서도 에누리 없이 '남의 나라'와 같이 되고자 하는 동일화 욕망이 얼굴을 내밀고 있다. '남의 나라'란 말할 것도 없이 '문명개화국'을 뜻한다. 요즘 말로 하면 '선진국'쯤 될 터인데, 지금도 "선진국에서는 이러이러한데 우리는 그렇지 못하다."는 수사법이 횡행하는 것을 보면, '남의 나라' 또는 '남의 나라 사람'과 같이 되고자 하는 욕망의 뿌리는 어제오늘에 형성된 것이 아닌 듯하다.

교육은 개인을 문명 상태로 이끄는 데 머물지 않는다. 자식에게 몇 천 몇 만 평의 땅을 물려주는 것보다 교육을 시키는 것이 제대로 된 자식 사랑이라는 구절들을 곳곳에서 발견할 수 있지만, 인민의 교육은 단순히 개인의 '입신출세'를 위한 수단을 넘어 '나라를 위하는 길' 이기도 했다. 교육입국敎育立國, 교육을 받은 인민이 있고 나서야 나라가 바로 설 수 있다는 말이다. 그럴진대 어찌 교육을 게을리 할 수 있겠는가. 그래서 『독립신문』은 말한다. 추운 겨울을 날 수 있는 식량을 거두기 위해 이른 봄 씨앗을 뿌리는 농부처럼 자식을 교육시키는 것이야말로 부모들의 가장 중요한 임무이자 사명이라고. 땅에 거름을 주는 마음으로 인민을 교육시키는 일이 곧 모든 폐단을 일소하고 국가를 바로 세워 '남의 나라'와 동등하게 될 수 있는 길이라고.

한마디로 말해 교육은 개인의 행복과 국가의 문명개화를 이끄는 핵심적인 힘이었던 것이다. 이렇게 약하고 가난한 나라가 강하고 부유하게 되고, 어리석은 백성이 현명해져서 외국과 동등한 대접을 받기 위해서는, 새 학문을 배워 개화한 자주독립국 백성과 같이 되는 수밖에 없다는 논지를 펼치고 있는 『독립신문』의 다음 논설(1896. 10. 10)은 교육이야말로 이른바 '조선병'을 고칠 수 있는 만병통치약이라고 말한다. 그러면 신식 교육을 받은 사람들이 이끄는 나라의 풍경을 엿보기로 하자.

> 그 사람들이 자라 정부에서 정치도 마땅히 의논하고 제조장을 세워 각색 물화를 제조하며 장사하는 집이 동리마다 일어나, 외

국 물건을 수입하며 내국 물건을 수출할 줄을 알고, 화륜선을 지어 세계 각국에 조선 국기 단 상선과 군함이 바다마다 보이며, 국중에 철도를 거미줄같이 늘어놓아 인민과 물화 운전하기가 편리하게 되며, 도로와 집들이 변하여 넓고 정淨한 길에 공원지가 골목마다 있고, 마거馬車와 전기 철도들이 개미같이 왕래하고, 백성이 무명옷을 아니 입고 모직과 비단을 입게 되며, 김치와 밥을 버리고 우육과 브레드를 먹게 되며, 말총으로 얽은 그물을 머리에 동이지 아니하고 남에게 잡혀 끄달리기 쉬운 상투를 없애고 세계 각국 인민과 같이 머리부터 우선 자유롭게 될 터이요, 국중에 법률과 규칙이 서서 애매한 사람이 형벌 당할 묘리도 없고, 약하고 무세無勢한 백성들이 강하고 유세한 사람들에게 무리하게 욕볼 묘리가 없으며, 정부 관원들이 법률을 두렵게 여겨 협잡이 없어질 터이요, 인민이 정부를 사랑하여 국중에 동학과 의병이 다시 나지 않을 터이요, 조선 대군주 폐하께서 남의 나라 공관에 가셔서 위태함을 면하실 경계가 아니 생길 터이니 [……]

아마 『독립신문』이 그린 '꿈속의 조선'의 모습이 이러했을 것이다. 외국과 활발한 통상이 이루어져 조선 국기를 단 상선과 군함이 오대양을 누비고, 철도가 거미줄처럼 전국을 연결하며, 무명옷 대신 모직과 비단을 입고 김치와 밥 대신 쇠고기와 빵을 먹는 백성들이 깨끗하게 단장된 길과 아름다운 공원에서 한가롭게 산책하는 세상! '남에게 잡혀 끄달리기 쉬운' 상투를 잘라버리고 서양식 헤어스타일로 단장한 사람들이 대낮같이 환한 법률 아래서 평등하게 살아가는, 그리고 동학도들과 의병들이 자취를 감추고 한결같이 정부를 사랑하는 그런 '아름다운 질서'가 갖추어진 세상! 그곳이 바로 『독립신문』이 그토록 꿈에 그리던 휘황한 문명 세계일 터, "전국에 있는 인민이 학교에서 적어도 십 년은 공부를 하여 무슨 학문이든지 한 가지씩 성취한 후"에야 그 세상에서 살 수 있을 거라는 게 『독립신문』의 확신이었다. 그러니 교육이야말로 그 무엇보다 시급한 일이 아닐 수 없다. 다음은 1899년 1월 6일자 「교육이 제일 급무」라는 제목의 논설이다.

> 옛사람이 가라대 백성을 가르치지 않고 싸우게 하는 것은 백성을 해롭게 하는 것이라 하였으니, 지나간 일 년에 경력한 것을 보아도 인민이 교육이 없으면 아무 일도 할 수 없는 것을 깨달을지라. 그 연고를 말하면 첫째는 백성들이 구습에 젖고 교육이 없는 고로, 다만 목전 이해만 알고 정치상 큰 도리는 모르는 고로 당장에 돈냥 이해와 몸에 편하고 아니 편한 것만 생각하고 법률과 강령을 어긴 것은 말하여도 심상히 여기며, 둘째는 교육이 없는 고로 무슨 일을 하든지 조직하는 규칙을 모르며 알고서도 시행하지 못하여 미리 일을 헤아리지 못하고 끝에 낭패하거나, 셋째는 교육이 없는 고로 시비곡직是非曲直을 분간하지 못하여 세력 있는 사람이 역적이라 하면 역적으로 여기고 충신이라 하면 충신으로 여기어서, 일정한 주견이 없이 문자상에 딸려 다녀서[다른 사람의 말에 이끌려서] 옳은 일을 하는 사람이 있어도 그 뒤를 받쳐주지 못하고, 그른 일을 하여도 세력만 있으면 다 추종하며, 넷째는 구습에 편당 싸움하던 문견에 익고 넓은 학문이 없는 고로 의심과 혐의를 주장하여 열 사람만 모이면 그 속이 합하지 못하여, 서로 의심하고 서로 미워하고 서로 방해하여 조그마한 애증으로 큰일을 그르

치며, 다섯째는 교육이 없는 고로 속이 넓지 못하여 사람을 용납하지 못하여 의견이 다르거나, 큰 목적을 가지고 작은 당파 싸움에 아까운 재주와 세월을 허비하는 폐단이 있으니, 이 여러 가지는 다 우리가 교육이 없는 까닭이라. 그로 보면 대한에 한 가지 바랄 것은 교육밖에 없도다.

혹 말하되 교육은 너무 오활하여 가르칠 동안에 나라가 망한다 하나, 이것은 하나만 알고 둘을 모르는 말이라. 지금부터 제백사除百事하고 남녀 동몽 교육에 힘쓰며 신문과 연설과 토론으로 장정한 사람의 문견을 확장하여 아무쪼록 사람의 의견을 넓게 하면 당장에 위태한 국세를 구원하지 못하더라도 후망後望이나 있거니와, 더디다고 동몽 교육을 치지도외하면 지금 일도 아니 되고 이다음에 바랄 것도 없으니, 관민들이 이 일을 깨달아서 금년에는 아무쪼록 학교를 넓게 배설配設하여 교육에 힘써 다른 데 허비하는 국재國財를 모두 남녀 교육에 쓰기를 지극히 원하노라.

반복되는 말이긴 하지만, 이처럼 조선이 지금처럼 위태로운 상황에 처하고 백성들이 도탄에 빠져 허덕이는 이유가 '신식 교육의 부재'에 있다고 진단한 『독립신문』은 조선과 조선 백성이 기사회생할 희망을 교육에서 찾는다. '대한'에서 바랄 것이라고는 교육밖에 없다고 못 박고 있는 것이다. 너무도 당연한 진단과 처방이라 할 수 있을 터이다. 그런데 무작정 교육이 유일한 희망이라고 외칠 수만은 없는 노릇이다. 말할 필요도 없이 구체적인 사례가 있어야 설득력을 얻을 수 있다. 여기에서 또 두 '선생'이 등장한다. 청나라와 일본이 그들이다. 하나는 반면교사이고 하나는 모범적인 스승이다. 1896년

4월 25일자 논설을 보면 다음과 같다.

> 청국에 사서삼경을 잘 아는 사람이 조선보다 많이 있고 토지와 인민이 조선보다 커 그러하되, 구라파 속에 청국 십분지 일밖에 못 되는 나라도 세계에 대접받기를 청국보다 십 배나 더 받고 정부와 백성이 백배나 강하고 부유하니, 그것은 다름이 아니라 구라파 각국에서는 적든지 크든지 인민들이 남녀 없이 적어도 십여 년을 학교에서 각색 새 학문을 배운 연고요, 청국은 그저 오랜 사서삼경을 공부하는 까닭이라. 그런 고로 싸움하면 청국이 늘 외국에게 지는 것은, 문명개화한 나라 사람들은 군사를 조련할 줄 알고 이로운 병장기와 화륜선과 철도와 전신과 전화와 편한 의복과 유익한 음식과 정결한 거처를 만들 줄 알고, 나랏일에 죽는 것을 영광으로 아는 연고로 사람의 몸이 강하고 마음이 굳세고 지혜가 높아지거니와, 청국은 이중에 한 가지도 공부 안 한 즉 인민이 약하며 천하며 어리석으며 더러우며 나라 위할 마음이 없으며 남에게 천대를 받아도 천대인 줄 모르고 업신여김을 받아도 분한 줄을 모르는지라.
> 일본 같은 조그마한 나라가 싸움을 하여서 청국 병정 무찌르기를 풀 베는 것같이 하고 청국 내지와 항구에 들어가기를 평지 밟는 것같이 하며, 대만 같은 큰 나라를 빼앗고 배상을 이억 팔천만 원을 받았으니, 그것은 다름이 아니라 일본도 삼십 년 전 같으면 나라 형세가 청국과 똑같았으니 어찌 조그마한 나라가 청국 같은 큰 나라를 이기리오마는, 일본 사람들이 서양 각국이 부강한 곡절을 알고, 곧 백성 교육하는 일을 힘써 학교가 하나도

없던 나라가 지금 전국에 공립 소학교가 오만여 개요, 중학교가 팔천여 개요, 대학교가 삼십여 개니, 못 만들던 화륜선을 만들고, 못 놓던 철도를 놓고, 못하던 장사를 하고, 이기지 못하던 싸움을 이기고, 없던 돈이 많이 생기고, 한 층으로 지은 나무집이 삼 층 사 층으로 지은 벽돌집이 되어가며, 방바닥에 꿇어앉던 사람들이 교의交椅에 걸터앉게 되고, 더럽고 보기 흉한 두루마기 입던 사람들이 정하고 튼튼한 양복을 입게 되고, 나무신이나 짚신을 끌고 다니던 사람들이 가죽으로 만든 양혜洋鞋를 신게 되니, 이것은 모두 학교에서 인민이 학문을 배운 까닭이라.

'사서삼경'만 외우다가 일본에 무참하게 패하고 외세에 갈가리 찢긴 청나라로부터 무엇을 배울 것인가. 백성들이 신식 공부를 하지 않아 천하고 약하며 더럽고 어리석은 청나라는 너무나 '훌륭한' 반면교사였다. 『독립신문』이 중국을 바라보는 시각은 조선을 이 지경으로 만든 '원수'를 바라보는 것과 다를 바가 없다는 느낌을 지우기 어렵다. 과연 중국이 그처럼 '야만적'이었는지 여부는 확신할 수 없지만, 분명한 것은 『독립신문』이 배워서는 안 될 부정적 타자를 설정함으로써 자신의 말에 설득력을 더하고자 했다는 점이다. 청나라와 대조되는 나라가 바로 일본이라는 것은 우리가 이미 보아온 바와 같다. 화륜선을 만들고 철도를 놓으며 급기야 '대국'과의 전쟁에서 승리한 일본을 견인한 힘도 다름 아닌 신식 학문을 가르치는 학교였다는 것을 이 논설은 분명하게 보여준다. 일본은 조선이 따라야 할 모범이자 긍정적 타자였던 셈이다. 조선은 같은 '동양권'에 속한 청나라와 일본, 이 두 개의 거울에 비친 자신의 모습을 보면서 정체성을 구상했다고 말해도 좋을 것이다. 어쨌든 다시 문제는 교육이다. 신식 교육을 등한시하다 불행하고 가엾은 상황에 처한 청나라를 좇을 것인가, 왕성하게 서양의 지식을 흡수하여 문명국으로 내닫고 있는 일본을 따를 것인가. 대답은 명확하다. 그러나 다른 모든 것과 마찬가지로 조선 교육의 현실은 막막했다.

2. 조선 교육의 현실

아니 암담했다고 말하는 게 옳을 성싶다. 국세가 잔약屠弱하고 국재國財가 턱없이 부족한 까닭에 해군과 육군을 확장하여 나라의 위엄을 떨쳐볼 수도 없고, 물질적 풍요를 도모하고자 하지만 인민이 무식하여 필요한 재물財物을 만들 줄 모르는 현실. 이렇듯 암담한 상황을 타개할 수 있는 방법이라곤 교육밖에 없다는 것을 절감하고 있었음에도 불구하고 사정은 그렇게 호락호락하지 않았다. 무엇보다 '대한 인민의 인기人氣가 잔약'하다는 게 최대 걸림돌이었다. 『독립신문』 논설란에 종종 등장하는 독자 중 한 사람인 '몰라요 씨'는 「교육 방법」이라는 제목의 1899년 1월 9일자 논설에서 그 심각성을 다음과 같이 지적하고 있다.

> 대한은 인기가 잔약하여 무예를 천히 여기며 입으로는 문학을 숭상하나 실상은 학문도 남에게 자랑할 것이 없으며 어렸을 때부터 집안에서 배우고 글방에서 보고 세상에서 행하는 일이 모두 일신이나 이롭게 할 뿐이요, 사회 공익은 생각도 아니하며,

재주로 남보다 나으려고는 못하되 나보다 나은 자를 시기하여 해롭게만 하며, 말로는 널리 사랑함이 어진 것이라 하면서 행하는 일들은 다 머리털 하나를 빼어 천하를 이롭게 할 일이라도 조금만 일신 안위에 관계되면 하지 아니하며, 자손들이 돈견豚犬같이 무식하고 용통하여[소견머리가 없고 매우 미련하여] 경계도 모르고 명예도 모르더라도 꾸어다놓은 보릿자루같이 안방구석에나 들어앉았거나 주색잡기 하여 부모에게 욕을 들리는 것이 차라리 효자요, 사회 공익을 위하여 분주하는 것이 일은 옳아도 위태한 고로 불효라 하여 좋은 의견이 있어도 말도 못하게 하니, 자녀들을 이러하게 교훈하는 세상에 무슨 인재가 나리오. 대한 부모 된 이들이 자녀에게 자유 권리를 주어 그른 일 외에는 무엇이든지 마음대로 행하여 공익을 사리보다 더 중히 여기게 교훈하여야 전국 사람들이 쓸데없는 문구 예절을 버리고 실상으로 사업과 명예와 무예를 높이 여기게 되지 아니하면 대한은 어느 때까지든지 지금같이 잔약하여 아무것도 못될 줄 아노라.

　일신상의 이로움만을 도모할 뿐 사회와 공익을 위해서는 아무것도 하려 들지 않을 뿐만 아니라 자신보다 나은 자가 있으면 무엇이든 배우려고 애쓰기는커녕 시기하고 질투하는 조선인들의 '품성'이 가장 큰 걸림돌이었던 것이다. 개나 돼지같이 무식하고 소견머리 없는 이들이 주색잡기로 허송세월하는 현실에서 교육을 통한 인재의 양성은 참으로 지난한 일일 수밖에 없었을 터이다. 결국 '몰라요 씨'는 자식들을 개돼지같이 '사육'하려는 부모들이 버티고 있는 한 교육의 힘을 빌려 '인민의 기상'을 북돋우려는 노력은 번번이 허사로 돌아갈 수밖에 없을 것이라고 진단하고 있는 셈이다. 그가 보기에 "동양의 조그마한 나라이로되 풍속이 무예를 숭상하는 고로 사람마다 기성氣性이 활발하며 남에게 지기를 부끄러워하며 명예를 가장 높이 여기어 옳은 일을 하면 위태하더라도 그 부모가 동심同心하여 권하는 고로 사람마다 다투어가며 이름 있는 일을 하려"드는 일본인과 비교할 때 '조선 인민의 기상'은 허약하고 비루하기 짝이 없다. 그는 이런 상황에서 어떻게 제대로 된 교육이 이루어질 수 있겠느냐고 반문하고 싶었을 것이다.

그래도 교육의 힘을 빌리지 않고서는 '문명개화'로 나아갈 길이 전혀 없다는 점에는 변함이 없다. 어렵지만 교육을 통해 인민의 기상과 습속을 바꾸는 것 말고는 다른 방법이 없다는 것을 『독립신문』은 잘 알고 있었던 것이다. 즉 "야만은 그 사람의 천품이 본시 야만이 아니라 교육을 입지 못함으로 지식이 열리지 못하여 사람의 도리를 행치 아니하는 자를 지목함인 고로, 오늘은 야만의 이름이 있더라도 내일에 가서 사람의 도리를 닦은즉 이도 또한 개화하는 지경 가운데 인민이 될"(1898. 8. 13) 것이라고 믿고 있었다. 그러나 개화의 여부를 결정하는 데 가장 큰 힘을 발휘하는 것이 교육이라는 점, 다른 문명개화한 나라를 보더라도 무엇보다 내부의 인민을 교육하는 데 힘써야 한다는 것 등을 아무리 강조해도 정부의 주무대신들이 별 신경을 쓰지 않는다는 게 문제이다. 어찌 답답하지 않을 수 있겠는가. 1896년 9월 5일자 논설을 떠올려보기로 하겠다.

조선에 학교에 다니는 사람들이 전국 인구 수효와 비교하여 보면 오천 명에 하나가 학교에 가지를 못하니, 후생後生을 가르치지를 아니하면 필경 조선은 잘되어보는 날이 없을 터이니 어찌 한심한 일이 아니리오. 문명개화한 나라들에서는 전국 인구 수효 중에서 학교에 가는 사람들이 백 명에 구십오 명 이상이고, 부모들이 자질子姪 사랑하는 근본이 그 아이들을 아무쪼록 학교에 보내어, 학문을 배워 자기들보다 지식이 높고 재주가 더하여 세계에 나가 벌어먹고 살 도리를 [하게] 하여주거늘, 조선 부모들은 자기의 자질들을 자기보다 나은 사람들이 되게 교육할 생각들을 아니하고 가르치는 것이 다만 이왕 것만 가르쳐, 설령 그 아이들이 재품才品이 있더라도 자기 아비나 할아비가 모르고 못하던 학문과 사업을 할 수가 없을 터이니, 이렇고서야 어찌 나라가 진보가 되리오. 조선이 잘되고 못되기는 조선 젊은 사람에게 매였는데 만일 이 젊은 사람들을 교육을 못 시켜놓으면, 조선은 몇 십 년 후라도 지금에서 조금이라도 나아질 여망이 없는지라.

조선 사람들과 만나 말을 하여보면 그 사람들 말이, 우리도 외국 모양으로 나라를 다스려 부국강병이 되며 조야朝野에 학문과 재주 있는 사람들이 많이 있어 남의 나라에 대접을 받게 되고 싶다고 하여 그러하되, 사람들 말이 우리가 어떻게 하여야 이렇게 될 줄을 모르는 고로 못한다고 하니, 이 사람들 말이 매우 옳고 이 사람을 책망할 수가 없는 것이, 배우지 않은 것을 하기를 바라는 것은 무리한 일이라. 그러하나 이 사람들 책망할 것이 하나 있는 것은 이 사람들이 자기들의 말대로 자기들이 못나서 못한다니, 자기들의 자질들이나 교육을 시켜 몇 해 후에 그 자질들이 정부에 서서 일을 하면 자기들보다 얼마큼 낫게 할지라. 그러하면 그 자질들이나 교육을 시켜 몇 해 후에나 조선이 잘되게 주의하는 것이 이 부모의 직분이요 나라 인민의 마땅한 행실이라. 자기들이 모른다고 한탄을 하여 그러하되 후생이 낫게 될 도리를 아니하니, 이것은 나라를 위하는 것도 아니요 집안을 사랑하는 것도 아니라.

오천 명 중 한 명밖에 학교를 가지 못하는 조선의 현실과 95퍼센트 이상이 학교에 다니는 문명개화국들의 현실 사이의 아득한 거리! 물론 95퍼센트라는 수치는 과장된 것임에 틀림없다. 이처럼 문명개화국의 사례를 들 때면 『독립신문』은 이해하기 힘들 정도로 과장하는 경우가 적지 않다. 그렇다 하더라도 현실과 이상 사이의 거리를 앞에 두고 개명 지식인들은 깊은 절망에 빠지지 않았을까? 특히 정부의 재정 부족은 그들의 의욕을 너무나 쉽게 꺾어버리곤 했다.

먼저 교육 예산이 턱없이 부족했다. 1899년 2월 1일자 논설 「금년 예산표」를 보면 탁지부의 재정이 압도적으로 많고, 군부와 내부의 예산이 그다음이며, 황실 비용이 학부 예산보다 네 배 이상이라는 점이 눈에 띈다.[1] 그리고 이 예산 내역을 보면 1899년 당시 어떤 학교들

---

[1] 참고로 그 내용을 정리하면 다음과 같다. 총세입 6,473,222원, 총 세출 6,471,132원, 세입 여액 2,910원//세출 경상부歲出經常部: 황실비 650,000원, 의정부 35,506원, 외부 166,743원, 내부 1,262,892원, 탁지부 2,037,907원, 군부 1,407,351원, 법부 38,925원, 학부 141,627원, 농상공부 259,004원, 중추원 25,628원, 호위대 50,986원, 양지아문 11,660원//세출 임시부歲出臨時部: 외부 480원, 내부 36,200원, 농상공부 6,223원, 예비금 300,000원//예산 중 학문상 관계되는 긴요한 사항: 중학교 7,400원, 여학교 3,750원, 의학교 6,030원, 각 도 소학교 4,680원, 사립학교 2,740원, 각 항구 소학교 2,160원, 경성학당 360원, 정동학당 2,904원, 오군五郡 소학교 1,800원, 양부兩府 소학교 720원, 각 공립 소학교 15,660원, 사립 소학교 2,740원, 한성사범학교 2,790원, 고등소학교 740원, 관립 소학교 4,020원, 한성부 소학교 600원, 성균관 2,870원, 일어학교 1,179원, 영어학교 2,348원, 한어학교 1,179원, 법어학교 1,324원, 덕어학교 1,224원, 아어학교 1,224원, 외국어학교 교사 봉급 26,500원, 인천 부산 일어학교 2,400원, 일본 유학생 7,920원, 외국 유학생 13,420원, 의화군 전하 3,000원, 전 의관 이준용 씨 2,500원.

『독립신문』 창간호

이 있었는지 그 윤곽을 그려볼 수도 있다. 학제가 아직 정비되지 않은 상황에서 각급 학교의 위상이 혼돈스러운 양상을 보이고 있다. 예컨대 소학교만 하더라도 각 도 소학교와 각 항구(港口) 소학교, 5군 소학교와 양부(한성부와 평양부)의 소학교, 공립 소학교와 관립 소학교 등으로 나뉘어 있어 교육 시스템의 확립이 시급한 과제였음을 알 수 있을 것이다. 그리고 6개 외국어학교와 유학생에 대한 재정적 지원이 어떤 수준이었는지를 가늠할 수 있을 것이다.

어찌 됐든 그 중요성에 비해 교육에 쓰이는 돈은 턱없이 모자랐다. 『독립신문』 1899년 5월 24일자 논설 「교육비 청구」에서는 "학부에서 학교를 더 설립하고 서책을 더 간행할 마음이 없는 것은 아니나 탁지부에 재정이 부족한 고로 교육비를 지출할 수가 없다고 한다."고 전하면서 현실을 개탄하고 있다. 급기야 『독립신문』은 군부의 예산을 줄여서라도 학부의 예산을 증액하여 일본처럼 교육에 전력을 투구해야 한다고 말한다. 다음은 1899년 1월 14일자 논설「교육 예산」이다. 여기에서도 일본은 하나의 모델이 된다.

일본 학부에서 금년에 할 일을 예산하였는데 그 요긴한 것은 (一)동경학사회원東京學士會院을 제국학사원帝國學士院이라 하여 격치, 화학 등 학문상에 긴한 논설을 받아 가장 월등한 것을 상 줄 일과 기이한 신발명하는 사람을 권장할 일과 외국 교육회로 더불어 왕복할 일과 서책 저술할 일에 힘쓰고, (二)대학교와 기계 학교에 교사로 쓸 양으로 외국에 보내는 관비 유학생은 본래 오십 명을 칠십오 명으로 늘리며, (三)위원을 선정하여 일본 언어의 변개한 것을 상고하여 규칙 있게 작정하고, (四)각 학교를 확장하며, (五)대판기계학교에 해군 건축과海軍建築課를 설시하고, (六)일본체육회日本體育會에 정부에서 오 년 한하고[오 년의 기한을 두고] 매년 일만 오천 원씩 보조하며, (七)법국 경성 파리스에 위원을 보내어 내년 만국박람회에 보내는 일본 교육 물품을 감독하고, (八)만국기후관상회萬國氣候觀象會에 위원을 파송할 일이라더라.

일본같이 진보한 나라도 교육에 힘쓰기를 점점 더하니 대한은 정부가 발분망식發憤忘食하고 할 일이 교육이라. 학부에서 금년에는 (一)부내 관원을 합력시켜 편집과 번역을 부지런히 하여 서책을 많이 염가로 경향 민간에 반포하고, (二)경성과 오강五江에 소학교를 많이 배설하여 동몽에게 하루바삐 개화 서책을 가르치고, (三)오서五署 내에 여아소학교를 배설하여 계집아이들에게도 긴요한 문자를 가르치고, (四)각 어학교의 소학교 학도들에게 군대 조련으로 체조를 가르쳐 무예를 숭상하는 풍속을 권장하고, (五)각 학교에 토론회를 배설하여 학문 지식에 유익한 토론과 연설을 자습하게 하고, (六)농공상학교를 배설하여 농사하는 법과 손재주와 장사하는 도리를 차차 가르치고, (七)서적관書籍館을 한곳에 설시하여 대한의 유명한 서책과 각국 서적을 모아 사람의 지식을 열 뿐만 아니라 이후 박물관 기초를 만들고, (八)각 도 각 군에 삼 년 한하고[삼 년의 기한을 두고] 각색 신문을 관비로 전파하여 백성의 이목을 열게 하고, (九)총명 자제(불구 문벌 사정하고[문벌과 사정私情에 얽매이지 않고])를 이삼십 인 뽑아 서양 각국에 파송하여, 유용한 기업技業을 한 십 년 하고 배우게 하였으면 국가에 대행大幸이겠도다.

이 여러 사업하자면 돈이 듦이라. 어디서 자본을 지출하려 하나 들은즉 군부에서 참령 수효를 많이 늘린다 하니 이는 식구 구제하기에는 매우 좋되, 민국에는 유해무익하니 그 예산을 학부로 부쳐서 이상 말한 사업에 쓰고, 부족한 것은 탁지로 지출하여 보충하였으면 좋을 줄 아노라.

예나 지금이나 돈이 문제이다. 『독립신문』은 이처럼 조선의 활로를 교육에서 찾고, 일본을 모델로 하여 구체적인 프로그램을 제시하기도 했다. 그러나 다시 문제는 돈이었다. 그래서 말한다. 군 장교를 늘릴 돈이 있으면 교육에 투자하라고. 쉽게 말하자면 국방부 예산을 돌려 교육부 예산으로 쓰자는 얘기이다. '대한 인민'들의 무지몽매함과 '재정 부족'이 나라를 살릴 교육을 가로막는 이중의 난관이었던 셈이다. 희망을 이야기하기에는 너무나 암담한 조선의 현실이라 아니할 수 없다.

3. 기본적인 소양을 배양하라

거듭 말하거니와 『독립신문』이 보기에 부국강병과 문명개화의 원천이라 할 수 있는 교육만큼 시급하고 중차대한 것은 없었다. 조선을 나라답게 만들 수 있는 힘과 조선인들이 외국인들로부터 '천대'를 받지 않을 수 있는 기본적인 조건을 갖추기 위해 교육은 더 이상 미뤄서는 안 되는 일이었던 것이다. 그렇다면 누구에게 무엇을 배울 것인가. 그런데 1897년 9월 14일자 논설은 교육을 나무 심는 일에 비유하면서, 무엇을 배우는 것보다 인간의 '품성'을 바로잡는 게 급선무라는 점을 다음과 같이 말하고 있다.

> 우리가 권하는 것은 다른 것이 아니라 아무쪼록 어린 사람들을 가르쳐 세상에 쓸 사람이 되게 만드는 것이니, 사람이 나라에 쓰이게 되려면 다른 학문보다 먼저 내 마음과 남을 속이지 아니하는 공부를 하여야 할지라. 조선 안에 옳고 그른 것을 아는 사람이 많이 있으나 옳은 것을 옳은 줄로 알면서도 그대로 행하지 못하는 것은 다른 것이 아니라 마음이 강하지 못하여 그러하는 것이니, 그러하면 배울 것이 첫째 옳고 그른 것을 알 것[아는 법]을 배워야 할 것이요, 둘째는 옳은 것을 행하고 그른 것은 아니 행할 힘을 얻어야 할지라. 이것은 어디서 나는고 하니 세계 학문을 배워 고금 각국 사기를 배워, 아이 때부터 마음에 박히기를, 그른 일하는 놈을 천히 여기며 남이 하기 어려운 일 하

는 사람들을 사랑하고 앙망仰望하게 가르치면, 사람이 악한 걸 미워하고 착한 걸 사랑하는 마음이 마음에 박혀 설령 못된 일을 하고 싶은 마음이 나더라도 제 마음을 제가 천히 여기는 생각이 나 하고 싶은 못된 일을 하지 아니할 터이고, 평생에 높고 사랑 하던[평소에 마음속으로 존중하던] 옳은 일을 행할 터이라. [……] 지금 일기가 다시 선선하여 각처에 학교가 열리고 젊은 사람들이 공부할 때가 돌아오는지라. 집안에 어린 사람들 있는 집들은 그 젊은 사람들을 위하여 다른 것을 할 것 없이 아무쪼록 학교에들 들여보내어 학문을 배우게 하되, 학문 중에 제일 긴한 것은 착한 걸 사랑하고 악한 걸 미워하며 기운이 있어 착한 일을 능히 행하고 악한 일을 능히 아니하는 힘을 배우게 하는 것이 다른 학문보다 천 배가 더 중한지라. 만일 사람이 학문은 있더라도 능히 선악을 가려 일을 할 힘이 없으면, 그 사람은 국중에 조금도 유조치 않고 오히려 해라. 근일에 보면 혹 사람들이 좋은 연설을 듣고 그 연설이 옳은 줄까지 아는 사람들이 있으나 그대로 행하지 못하는 것은 근력이 없는 까닭이니, 국중에 십분지 구는 당초에 이·해·선·악을 가릴 줄도 모르는 인민들이요, 일분쯤은 이·해·선·악을 가릴 줄 아나 그대로 행할 근력들은 없으니, 그 나라가 어찌 문명 진보하리오.

한 사람이 국가를 위해서 뭔가 일을 할 수 있기 위해서는 다른 학문보다 '내 마음과 남을 속이지 않는 공부'가 무엇보다 중요하다는 말이다. 이 논설에 따르면 옳은 것과 그른 것을 분별하고 정의를 따를 수 있어야 제대로 된 공부를 할 수 있다. 즉 악한 것을 미워하고 선한 것을 사랑할 줄 아는 마음, 옳은 일을 행하고 그렇지 않은 일을 하지 않는 정신, 부끄러움을 부끄러움으로 아는 품성이 모든 학문과 공부의 토대가 된다. 여기에서 다른 학문을 행할 수 있는 의지력=근력이 생길 것이라고 주장한다.

그런데 이와 같은 '교육론'의 이면에는 조선인의 90퍼센트는 이해利害와 선악善惡을 가릴 줄 모른다는, 이를테면 '조선 인민'을 싸잡아 무시하는 듯한 고압적인 자세가 버티고 있다. 이는 계몽주의자들이 일반적으로 취하는 태도이긴 하지만, 기독교와 강한 친연성을 지니고 있던 『독립신문』의 논조가 '선교'의 목소리와 크게 다를 게 없어 보인다는 점이 많은 사람을 불편하게 할 수도 있을 것이다. 민족의 자주성을 강조하는 '민족교육론'과 동떨어져 있다는 점에서 특히 그러하다. 『대한매일신보』에서 볼 수 있듯 근대 계몽기의 민족의 우수성에 대한 강조는 지나치다 싶을 정도로 '과격한' 면이 적지 않다. 그런데 『독립신문』의 경우는 민족 구성원에 대한 시각이 너무나 부정적이라는 점에서 이른바 '민족지'들과 선명한 대조를 보인다(정선태, 2005 참조). 이에 대해서는 많은 논란이 있을 수 있지만 여기에서는 『독립신문』이 조선인들의 '품성 교육'에 일차적인 중요성을 부여했다는 점을 지적해두는 선에서 멈추기로 한다.

이처럼 『독립신문』은 선악과 의리를 분별할 수 있도록 인민을 교육하고, 이를 디딤돌로 하여 충군애국과 문명 부강으로 나아갈 수 있을 것이라는 주장을 지속적으로 펼치며, 그때마다 새로운 학문의 습득을 가로막는 기존의 교육 방식, 즉 중국 중심의 교육에 신랄한 비판을 가한다. 『독립신문』은 청나라=중국에 대한 '독설'에 가까운 비난과 함께 기존의 한문=중국 중심의 교육에 대해서도 비난의 고삐를 늦추지 않았다. 그 일면을 해삼위, 즉 블라디보스토크에 살던 '유지각한' 유진률 씨가 쓴 글(1898. 9. 19)에서 볼 수 있다.

> 한문에 깊이 병이 들었다 함은 한문을 못쓸 글이라 하는 것이 아니라, 자고로 한문을 공부한 사람이 무슨 이치를 숭상하여 세계에 뛰어난 일 한 것이 하나도 없고, 한문 속에서 지금 하는 일이 죽도록 공부하여도[한문에 빠져 지금처럼 죽도록 공부해봐야] 시전, 서전, 논어, 맹자 권이나 읽고 시부詩賦나 지으면 유식하다 하나, 그 하는 일을 상고하여보면 새로 한문 속에서[한문 속에서 새로운] 정치 학문과 부국 술법은 하나도 없고[얻지 못하고] 헛되이 청춘적 세월을 보내어 옛적 사기나 기록할 따름이니, 사기를 공부하는 것이 왕사往事를 알면 지금 형편을 옛적에 비하여 보고 미래사를 조금 아는 지혜가 나는 고로, 다만 내 나라 사기만 공부할 것이 아니라 각국 사기를 공부하여 어느 시대에 어느 나라에서 무슨 일이 어떻게 결말이 났는지를 보아 그 좋은 일은 가히 취하여 본받을 것이요, 그른 일은 아무쪼록 국중에 다시 생기지 아니하게 하는 것이 사기를 공부하는 효험이어늘, 한문에 물든 선비들은 서양 글을 야만의 글이라 하여 읽지도 아니하고 썩은 나라 글만 읽어 옛적에 하던 일만 하니 무슨 지식이 나리오. 비하건대 우물에 있는 고기가 대해 있는 줄을 모름이라.

우물 안에 사는 물고기가 드넓은 바다가 있는 줄 꿈에도 모르는 것처럼, 아직도 한문에 깊은 병이 들어 청춘 시절을 헛되이 보내고, 서양 글은 야만의 글이라 하여 배척하는 조선인들. '썩은 나라' 글만 읽어 옛것만 추수하는 사람들이 판을 치고 있는 현실에서 조선이 저 도도한 시대의 물결을 어떻게 헤치고 나갈 수 있을 것인가라는 반문을 제기하고 있는 셈이다. 계속해서 이러한 사태를 용납하다가는 서양 열강의 '먹잇감'이 된 중국의 전철을 밟을 수밖에 없을 것이라는 위기감이 『독립신문』의 계몽적 지식인들을 짓누르고 있었던 것이며, 이에 대한 반발에서 한문뿐만 아니라 중국의 모든 것을 '매도'하는 상황이 벌어지고 말았던 것이다. 그리하여 이제 새로운 교육을 담당할 '교사'는 외국인, 즉 서양인이나 일본인일 수밖에 없다고 『독립신문』은 말한다. 여기에도 문제가 없진 않았다. 1897년 9월 21일자 논설이다.

> 무론 내외 국민하고[내외 국민을 막론하고] 조선 사정을 조금이라도 알아 밝은 생각이 있는 이들은 조선이 불가불 구습을 버리고 문명 진보한 교육을 받아 국중에 법률과 기강이 서고 외국과 동등하게 행세를 해야 조선 군민이 세계에 대접받을 것은 다 알려니와, 조선 사람만 가지고는 교육이 될 수 없는 것이 조선에 선생 노릇할 사람이 없는지라. 그런 고로 불가불 외국 교사를 연빙延聘하여 조선 교육을 확정廓正케 할 밖에 수가 없으나 외국 사람을 연빙하더라도 그 사람을 도와 아무쪼록 그 사람 하는 사업이 되도록 힘껏 도와주며, 본래는 외국 학문이더라도 한번 배워 그 일을 알거든 외국 것으로 생각지들 말고 조선 것으로 생각하며 조선 것을 만들어야 할 터인데, 조선서는 외국 교사를 연빙하여 무슨 일을 시킨다 하더라도 그 사람을 도와주지는 아니하고, 아무쪼록 그 사람을 속이며 은근히 그 일에 해롭도록 일을 하니 외국 사람들이 암만 정성껏 일을 하고 싶어도 일을 할

수도 없고, 또 옳게 일하는 사람은 조선 인민이 고맙게 생각하기는커녕 도리어 미워하고 원수같이 여기니 어떤 외국 사람이 남의 나라를 그렇게 사랑하여 남에게 미움 받고 험담 들어가며 기어이 조선에 유조토록 일을 하리오.

'조선에는 선생 노릇할 사람이 없다.'는 게 『독립신문』의 진단이었다. 외국인을 초빙하여 가르침을 청하는 것 말고 선택의 여지는 많지 않았을 것이다. 그런데 고명한 외국 선생을 초빙하여 배우는 마당에 또 그 고질적인 '조선인 기질'이 발동한다. 새로운 학문을 열심히 배우기는 고사하고 선생을 속이고 선생의 일을 방해하는 데만 급급하다는 것이다. 참 딱한 일이 아닐 수 없다. 모든 것을 바쳐 성심성의껏 공부해도 모자란 판에 속임수와 협잡이라니, 새로운 것의 학습을 강조해마지 않았던 『독립신문』으로서는 정말이지 답답하고도 착잡한 심경을 떨쳐버리기 어려웠을 터이다. 그래서 옳고 그름을 분별하고 선과 악을 판별할 줄 하는 '기본적인 소양'을 그토록 중요시했던 것인지도 모른다.

4. 교육, '국민 만들기' 프로젝트

요즘의 아이들은 만 일곱 살만 되면 모두가 '합법적인 감옥'인 초등학교에 '갇힌다'. 학교를 '감옥'이라 부르면 이의를 제기하는 사람들이 적지 않겠지만, 조금만 생각을 달리하면 학교야말로 전국의 아이들을 같은 시간 같은 장소에 '집합'시켜 똑같은 내용을 가르친다는 점에서 강제적이며, 강제적인 까닭에 감옥이라 불러도 큰 잘못은 아닐 것이다. 물론 의무교육제도는 균질적인 국민을 생산하기 위한 기획에서 나온 근대의 산물이다. 그렇다면 소학교(초등학교) 교육이 국민의 의무로 부과되기 전, 아이들의 생활을 어떠했을까. 1899년 3월 11일자 논설 「교육 없는 아이」를 보면 다음과 같다.

> 근일에 대한 정부에서도 교육에 조금 힘써서 서울과 혹 시골 관찰부에도 학교라고 설시한 데가 더러 있으나 그것 가지고는 어림도 없는지라. 여자로 말하면 90년 전 영국과 같이 십 분에 일이 글을 아는 자가 되기는 고사하고, 언문도 똑똑히 아는 자가 천 분에 일도 못 될 것이요, 남자로 말하면 글 아는 자가 90년 전 영국과 같이 삼 분에 일은 고사하고 백 분에 일이 못 되는지라. 90년 전 영국과 같아지려면 오늘부터 지성으로 교육에 힘써야 [할 것이며], 지금 영국만 하려면 앞으로 90년을 더 나가야 될 터인데 그때만큼도 몇 십 분이 더 못하니 어찌 답답지 아니하뇨. 지금 서울 안에 있는 아이들로 말할지라도 공연히 벌이도 아니하고 몰려다니면서 따니[돈치기의 한 가지. 두 명 이상이 쇠돈을 바람벽에 힘껏 쳐서 멀리 튕겨 나가게 한 다음, 멀리 떨어진 순서대로 그 앞의 돈을 맞혀서 따먹는다]와 돈이나 치고 어디 구경이나 있다 하면 극심스레 쫓아다니다가 장성토록 아무것도 배운 것이 없이 한 무용지동물이 되어버리니, 이는 이 아이들이 잘못한 것이 아니요, 그 부형과 인민을 교육하는 정부의 허물이라. 물은 골을 터주는 데로 흐르고 아이는 인도하는 데로 가나니, 아이들을 공연히 이렇게 내놓아 제 마음대로 돌아다니며 작란하게 하지 말고 그 부

형 된 이와 교육을 맡은 관인들은 십분 주의하여 다 잘 인도하기를 바라노라.

'문명 대국' 영국과 비교하면 조선의 교육 현실은 초라하기 그지없다. 문명국을 따라잡아야 한다는 초조감, 영국을 따라잡으려면 90년 동안 심혈을 기울여도 될까 말까 하다는 불안감이 계몽 지식인들을 휩싸고 있었다. 그런데 조선의 아이들은 어떠한가. 생산적인 일이라곤 아무것도 하지 않고 떼거리로 몰려다니면서 '돈 따먹기'나 하고 구경거리나 찾아다니며, 다 자라도록 배운 것이 없어 '아무짝에도 쓸모없는 동물'이 되어버린다. 이 논설은 '국가의 미래'인 아이들을 짐승이나 다름없는 상황에 방치하는 것은 부모들과 정부의 잘못이라고 질타한다.

요즘 어린이들과 청소년들은 아침 여덟 시만 넘으면 일제히 학교로 간다. 우리 역시 그 과정을 거쳤기 때문에 그게 자연스럽다고 생각하기 쉽다. 하지만 근대적 교육제도가 정비되기 전 보통 아이들은 '제 마음대로 돌아다니며 작란'하거나 부모들의 일을 거드는 게 전부였다. 물론 양반 자제들은 개별적인 지도를 받기도 했으며, 몇몇 뜻있는 부모들은 아이들을 서당에 보내 천자문과 명심보감을 배우도록 배려하기도 했을 것이다. 그러나 전면적으로, 국가의 기획에 따라 또래 아이들을 동시에 한곳에 '감금'하기 시작한 것은 넉넉잡아도 100년이 되지 않는다. 한국의 경우 식민지 시대에 들어서야 아동교육이 본궤도에 올랐다는 것만 언급해두기로 하겠다.

1890년대에 들어서면서 조선에는 육영공원을 비롯하여 다양한 성격의 근대적 학교가 설립되었지만, 규모나 질적인 면에서는 아직 걸음마 상태를 벗어나지 못하고 있었다. 그뿐만 아니라 국가적 차원의 교육 시스템도 정비되지 못한 상황에서 교육의 중요성을 강조하는 계몽적 지식인들의 목소리는 간곡한 하소연으로, 때로는 우회적인 '협박'으로 흐르곤 했다. 20세기로 접어들기 직전인 1899년 4월 3일 자 『독립신문』에는 「교육론」이라는 제목의 논설이 실린다. 이 글을 쓴 '어느 유지각한 친구'는 "나라를 늙지 않게 만드는 방략은 후생을 교육하는" 것이라고 말하면서, 개명한 백성이라면 국가적 차원에서 체계적 교육 시스템을 마련하지 못한 현실을 한탄만 하지 말고 자발적으로 나서서 자식들을 교육하는 것이 도리라고 설득한다. '유지각한 친구'의 말을 계속 들어보기로 한다.

> 그러나 교육하는 방법은 순서를 바꿈이 불가하니, 대개 쉬운 것으로부터 어려운 것으로 옮기며 간략한 것으로부터 번거로운 것으로 나가는 것은 통행하는 규칙이라. 그런 까닭에 보통과 전문의 학교가 있으니, 보통은 소학교와 중학교와 대학교 등이니 사람이 나서 아는 바 이치와 행하는 바 일을 각종 학문 중에서 대강 그 요령만 따서 배우는 것이요, 전문은 보통 학문을 다 배운 후에 그 학업을 결과하는 학교라. 남녀를 물론하고 연한을 정하여 몇 해가 되면 소학교로부터 중학교에 올라가며 중학교로부터 대학교와 대학교로부터 전문학교에 들어가서 졸업한즉, 그때는 확실히 평생을 그저 허송세월할 이치가 있으리오. 필경 무슨 사업이든지 할지니, 나라에 유조함과 자기 집안에 영광됨이 이에서 어찌 더 크리오.
> 현금現今 대한 정부에서 아무쪼록 인민을 개명시키기를 위가 넉넉지

못하여 학교를 널리 베풀지 못하며, 대한이 본래 천하 각국과 오래 교통치 못하여 한갓 혼자만 살던 나라라. 이러므로 자연 문견이 넓지 못하여 능히 다 못하던 나라인 고로, 다만 이전 학문만 알고 태서와 개명한 학문에 능통한 사람이 적으매, 비록 학교를 세우더라도 능히 교육을 담부擔負할 교사가 흔치 않으며 또한 가르칠 책도 구비치 못한즉, 형편이 이같이 되었다고 교육을 아니할 수는 없는지라.

근일에 학부에서 전에 없던 의학교와 여학교를 설시하려 하며 또 천문과 측량 학교를 베풀고자 하여 교사를 구하니, 이는 교육상에 대단히 유의함이니 스스로 치하함을 마지않거니와 정부에서 이같이 힘쓰는 것도 다 백성을 위함이요, 국고에 돈이 없는 것도 다 대한 인민이 부지런히 못하고 다만 정부에서 자기들을 살려주기만 기다리고 아무 일도 아니하는 까닭이라. 정부에서도 힘을 다하려니와 백성도 직분을 지켜야 될 터인데, 백성은 백구白鷗를 노래하고 가만히 드러누웠은즉 정부 혼자 어떻게 하리오. 대한에 시급한 일은 교육이요 교육에 시급한 일은 교사 얻는 데 있는즉, 정부에서는 국재國財가 족[하]지 못하여 외국에 널리 학도를 보내지 못하니 인민이라도 가히 자제를 교육할 만하거든 돈을 아끼지 말고 외국에 보내어 각종 학술을 배워 졸업한 후에 대한에 나와 자기 나라 동포들을 교육하였으면 이 같은 큰 사업은 사람이 가히 할 만한 줄로 아노라.

우리의 '유지각한 친구'는 인민을 계몽하여 장차 나라를 지탱할 동량으로 키우는 일이 급선무임에도 불구하고 국가의 재정이 부족하여 학교를 세우지 못할 뿐만 아니라, 학교를 세우더라도 교육을 담당할 교사와 책자들이 턱없이 부족한 현실을 탄식한다. 그러나 그렇다고 팔짱만 끼고 있을 수만은 없지 않겠는가. 국고에 돈이 없는 것도 다 인민이 게으르고 자신의 직분을 다하지 못한 결과라고 비판하면서, 문명개화에 눈뜬 사람들에게 하소연한다. 정부만 쳐다보지 말고 자제를 교육할 만하거든 유학을 보내서 대한 인민의 앞날을 책임질 교사로 키워내라고. 그것이야말로 집안의 자랑일 뿐만 아니라 대한의 앞날을 밝게 할 '큰 사업'이라고. 이 큰 사업의 출발은 무엇보다 아이들을 어릴 때부터 체계적으로 가르치는 것이어야 한다.

옛말에 충신을 효자의 문[집안]에서 구하라 함과 같이 어느 나라든지 개화는 그 학교에 가서 구할지라. 학교의 성쇠를 보면 나라의 강약을 점치지 않고도 알 것이니, 개화 각국에 가서 보면 첫째 부러운 것이 그 찬란한 궁궐도 아니요, 그 화려한 누대樓臺도 아니요, 그 굉장한 시정도 아니요, 그 부강한 해륙군도 아니요, 그 성대한 교육이라. 도처에 소학교 없는 데가 없어서 동몽童蒙들을 교훈하여 다만 글자만 가르칠 뿐 아니라 산술과 그 나라 사기와 정형情形을 다 알게 하며 또 신의信義 두 글자를 주장으로 가르쳐서 사농공상 간에 다 그 직업을 총명히 하게 하여 이 아이들이 성인[이] 되면 배웠던 바를 잊어버리지 않고 각기 그 직분을 다하는 고로 사가私家와 국가가 대대로 흥왕하나니, 우리나라도 이 잔약한 형세를 면하고 진보를 하려면 궁궐을 화려하게 하는 데도 있지 않고 해륙군이 많은 데도 있지 않고, 제일 소학교를 많이 배설하는 데 있나니, 아직 고등학교나 대학교에는 돈 한 푼이라도 쓰지 말고 우선 소학교를 많이 배설하여 동몽들을 교육하기를 바라며, 황성 내에 지금 관립 소학교가 아홉 처소에 학도 수효는 도합 팔백삼

십팔 인이요, 일 년 경비는 도합 일만 사천사백여 원이니 이것이 없는 것보다는 조금 나으나 아직도 심히 부족하니, 우리 생각에는 학부에서 하는 일은 한 국장局長과 몇 주사主事면 넉넉할 듯하며, 만일 불가불 학부를 둘 터이면 아무쪼록 그 경비를 적게 하여 남는 돈은 이왕 있는 소학교를 더 흥왕케 하며 없는 소학교를 더 세웠으면 국민들에게 대리大利가 되겠도다.

이 논설의 필자는 화려한 궁궐이나 찬란한 누각보다, 그 굉장한 시정의 풍경이나 부강한 군대보다 아동교육이 우선되어야 한다고 말한다. 고등학교나 대학교는 차치하고 '소학교'만이라도 세워서 동몽=아동들을 가르쳐야 한다고 덧붙이다. 1898년 8월 13일자 논설에서 '유지각한 친구'가 말하고 있듯이 "야만은 그 사람의 천품이 본시 야만이 아니라 교육을 입지 못함으로 지식이 열리지 못하여 사람의 도리를 행치 아니하는 자"를 지목한 것이라고 한다면, 아이들을 방치하는 것은 '야만'을 조장하는 일과 그렇게 다르지 않다. 그런데 1898년 당시 서울의 관립 소학교 수는 아홉, 학생 수는 838명이었다. 당시 서울 인구가 어림잡아 18만에서 20만 정도였다고 한다면 대단히 미미한 숫자임에 틀림없다. 나머지는 거리를 떠도는 '야만인들'임에 틀림없을 터, 그래서 학부의 경비를 줄여서라도 소학교를 세우라고 주장한다.

『독립신문』은 아동교육의 중요성과 더불어 실업교육과 외국어교육에 많은 관심을 기울인다. 특히 외국어교육의 중요성에 대한 관심은 다른 언론 매체보다 훨씬 높다. 1900년 이전 서울에는 이미 영어학교, 일어학교, 한어(중국어)학교, 덕어(독일어)학교, 법어(프랑스어)학교, 아어(러시아어)학교 등 여섯 개의 외국어학교가 있었다. 그런데 문제가 생기고 만다. 다음은 1898년 7월 8일자 논설 「각국 어학교」의 일부이다.

> 황성에 외국어학교가 다섯 곳이오, 덕어학교가 설시되면 여섯 곳이라. 그 학교들을 한곳에 모았으면 첫째는 나라 경비도 얼마가 덜 들고 둘째는 각 학교 학도들이 공부를 겸하여 하며 셋째는 학도들이 많이 교제하여 지식도 더 늘겠고 넷째는 규율과 의복이 의정하여 착란치 아니할 것이요, 다섯째는 다 동문수학하는 마음으로 형제 같은 정이 나서 서로 붕당이 없을지라. 지금은 그렇지 못하여 혹 학교가 광대한 데도 있고 협착한 곳도 있으며 규모[규율]가 엄한 데도 있고 너그러운 데도 있으며, 복색이 학교마다 다르고 각기 당파가 나뉘어 서로 보기를 타국 사람들같이 보니, 우리나라에 본래 당파가 분운紛紜하고 사혐私嫌에 이끌려 대의를 잊어버리는 악습이 있거늘, 이런 악습을 파하려면 문명한 각국 학문 배운 사람들이 선진이 될 것이어늘, 그 사람들이 도리어 각국 붕당이 되니 이는 국가를 위하여 대단히 애석한 일이라.
> 그런고로 우리가 바라기는 속히 큰 학교를 설시하여 여러 어학교를 일통하면 여러 가지에 다 유익하고 한 가지도 해는 없을 터이라. 혹 가라대 당금 전정錢政이 군색하여 큰 학교를 배설할 수 없다 하나 우리는 그렇지 않다 하노니, 들은즉 육군 대사들이 쉽게 떠난다 하니 우리나라에서 구주 각국에 대사 보낼 일도 아직 없고 가더라도 조금도 국가에 영광을 돋우거나 부강지술을 더할 일은 없을 듯하되, 그 소비는 필경 여러 만 원일 터이니 이 돈을 쓸데없는 데 버리지 말

고 본국에 학교를 확장하는 데 썼으면 다만 국가에 영광만 될 뿐 아니라, 장래 국가를 흥왕하는 자본이 되어 인재를 교육하는 이로움이 돈으로 헤아리지 못할 터이오, 또 한 가지는 우리나라에 군사는 삼사천 명 병정이면 황실 호위와 인민 보호에 족족 유여할진대 다시 몇 대대를 늘린다 하니, 여기 쓰는 돈을 학교 확장하기에 쓸 지경이면 큰 학교를 짓고서도 돈이 남을지라.

『독립신문』의 외국어 교육의 필요성에 대한 강조는 완강하다 싶을 정도로 단호하다. 유럽에 육군 대사를 외교사절로 보내느니 거기에 드는 돈을 아껴 외국어를 가르칠 수 있는 학교를 지으라고 말한다. 그리고 군사를 양성하는 데 쓰이는 돈도 아깝다면서 군대를 늘리는 데 드는 비용을 학교를 신축하는 데 사용하라고 촉구한다.

근대 계몽기의 외국어 교육은 영어·불어·독일어·러시아어·일본어 등 소위 문명국의 언어에 집중되어 있었다. 문명국의 언어를 배우는 일은 문명을 습득하는 일과 정확히 등가라고 인식했기 때문일 것이다. 그런데 문제는 각각의 외국어학교에 다니는 학생들이 '붕당'을 이루는, 이른바 '조선인의 고질적인 폐단'이 얼굴을 내밀기 시작했다는 점이다. 다시 말해 러시아어를 배우는 '학도'들은 친러파가 되고, 일본어를 배우는 '학도'들은 친일파가 되는 식으로 '패거리'를 짓기 시작했던 듯한데, 이를 두고 『독립신문』은 '대의를 망각하고 사혐私嫌에 이끌리는' 파당 행위라며 비판하고 나선 것이다. 그리하여 『독립신문』은 '종합 외국어학교'를 만들어야 한다고 제안하고 있다. 그러나 '종합 외국어학교'를 만들자는 『독립신문』의 구상은 실현되지 못하였으며, 1900년대에 들어서, 특히 러일전쟁을 거치면서 일본의 영향력이 거세지자 외국어교육의 균형추는 일본어 쪽으로 급격하게 기울고 만다. 제국주의 일본의 세력 확대와 함께 일본어 열풍이 조선을 강타하기에 이르렀던 것이다.

5. '학도', 문명개화의 초석

문명개화와 부국강병을 성취하기 위해서는 모든 것을 뒤로하고 '무지몽매한 인민'들을 교육하는 데 온 힘을 쏟아야 한다고 일관되게 주장했던『독립신문』의 입장에서 보았을 때 새로운 교육으로 무장한 '학도'들이야말로 문명개화의 동량이자 초석이었다. 조선의 미래가 오로지 학도들에게 달려 있다는 주장, 학도들을 양성하지 않고서는 조선의 미래를 보장할 수 없으리라는 신념이 그만큼 확고했던 것이다. 그리하여『독립신문』1899년 6월 28일자 논설「학도는 개명의 기초」는 다음과 같이 단언한다.

> 집을 튼튼히 지으려면 불가불 조강燥強한 땅에 터를 닦을 적에 흙을 단단히 다지고 주추를 견고케 세워야 그 집이 오래되도록 무너지지 않는 법이지, 만약 그렇지 못하여 비습한 땅에 터도 변변히 다지지 않고 주추도 되는 대로 아무렇게 세우면 몇 해를 지나지 아니하여 장마가 지고 큰 바람이 불면 그 집이 요동하여 필경은 무너지나니, 집의 견고하기는 전혀[전적으로] 터와 주추에 있는 것과 같이 나라의 개명되는 것은 학도를 교육하는 데 있도다.
> 세계상에 제일 개명된 나라를 의논할 양이면 첫째는 영·미국을

의논할 터인데, 영·미국 사람들은 지금도 인재 교육하기를 제일 힘쓰나니, 고로 그 두 나라에는 전국에 학교가 없는 곳이 없어서 몇 천만 곳이 되는지 모르는데, 사람마다 만약 자식을 학교에 보내어 가르치지 아니하면 문밖에 출입을 못할 줄로 알고, 정부 관인이나 여항 백성이나 항상 걱정하는 말이 아직도 학도를 교육하는 것이 진선진미盡善盡美치 못하다 하여 한탄하기를 그치지 아니하니, 영·미국 사람의 개명에 진보코자 함이여. 그런고로 오주五洲 세계에 제일 문명한 나라도 영·미국이요, 제일 부강한 나라도 영·미국이라. 이것은 우리가 홀로 영·미국을 칭찬하는 것이 아니라 대한 군자들도 다 듣고 보고 아는 바이어니와, 어느 나라이든지 타국에 수치 맞는 것을 달게 여기고 남에게 속방 되는 것을 부끄러워하지 아니할 터이면 더 말할 것이 없으되, 만약 그렇지 않고 세계에 문명한 나라들과 동등국이 되어서 동서양에 한번 큰소리할 생각이 있을 것 같으면 전국 학도를 힘써 교육하지 않고는 다른 계책은 도무지 없도다.

    견고한 집을 짓기 위해서는 단단하게 터를 다지고 튼튼한 주춧돌을 놓아야 하듯이 '국가'라는 큰 집을 세우는 데 있어서도 사정은 다르지 않다. 나라 안에 주전소鑄錢所를 만들어 돈을 발행하고 군사를 뽑아 기르는 것보다 몇 배 중요한 것이 교육이라는 얘기이다. 왜냐하면 "학교를 널리 설립하여 인재 교육하기를 힘쓰지 아니하면 사람마다 무식하고 우매하여 충군애국이 무엇인지 모르고, 다만 창자에 가득한 것이 서로 속이고 서로 해롭게 할 탐욕뿐"일 것이기 때문이며, 아무리 돈이 넘쳐나더라도 "재정이 풍비豐備할 수도 없거니와 설혹 풍비할지라도 사치하고 참람(僭濫)된 생각만 생겨 그 재물이 도리어 화근이 될 것"이기 때문이며, 군대가 아무 강하다 하더라도 "사사로운 싸움에는 날래고 나라 싸움에는 겁을 낼 터"(「학도는 개명의 기초」)이기 때문이다. 충군애국의 정신을 함양하는 것이 교육의 첫째 목표이며, 이를 토대로 하여 문명개화의 길로 나아가야만 한다는 주장이다. 요컨대 『독립신문』은 이 논설에서 나라의 흥망성쇠가 모두 인재를 교육하는 데 달려 있으며, 따라서 문명개화의 기초는 '학도'라는 확신을 재확인하고 있는 것이다.

그런데 국내의 교육 조건이 워낙 열악한 상황에서 배우고자 하는 욕구를 충족시킬 수 없었던 선구적인 학도들도 꽤 있었다. 이들은 동경 유학의 길을 택했다. 이들 동경 유학생들이 모여 발간한 잡지가 있었는데 바로 『친목회회보』이다. 이 잡지를 받아 본 『독립신문』은 1896년 10월 8일자 논설에서 다음과 같이 '유학생에게 거는 꿈'을 피력한다.

> 일본 유학하는 조선 학도들이 친목회를 모아 거기 유학하는 학도 중에서 일 년에 한 번씩 연보를 출판하여 여러 권을 친구들에게 보내었는데, 우리 신문사에 제 일, 제 이 호가 왔는지라. 이 책을 근일에 우리가 자세히 읽어본즉, 그 속에 매우 지각 있는 말도 많이 있고, 말을 읽어보면 조선 학도들도 분한 마음이 나서 조선을 문명 진보하게 하려는 마음도 있는 것 같고, 자기 임금을 사랑하고 도탄에 든 동포 형제를 구원해줄 생각도 있는 것 같은지라. 우리가 바라건대 일본 유학하는 조선 학도들은 말로만 이렇게 말고 실상 마음을 고쳐 임금과 백성 사랑하는 마음이 뼈에 박혀 일시를

공히 허비하지 말고 공부를 잘하여, 무슨 학문이든지 시작한 것을 중간에서 폐하지를 말고 끝끝내 기어이 성취하여, 이담에 본국에 돌아오면 다만 자기 몸들만 잘될 생각을 말고 조선 인민의 본보기가 되어, 이 무식하고 불쌍한 인민을 건지고 모두 그 인민의 선생이 될 주의를 가지고 학문을 성취하면 우리가 그 사람들을 참 사랑할 터이요, 그 사람들도 우리를 친구로 생각하기를 바라노라. [……] 오늘 우리가 말하는 주의는 조선 학도들을 특별히 위하여 말하는 것이니, 본국이나 외국에 있는 조선 학도들은 이왕 조선에 찌든 학문은 다 내어버리고 마음을 정직하고 굳세게 먹어 태서 각국 사람과 같이 되기를 힘쓰되, 다만 외양만 같을 뿐이 아니라 학문과 지식과 행신하는 법이 그 사람네들과 같이 되면, 조선은 자연히 아세아 속 영길리나 불란서나 독일이 될 터이니, 옳게 되기를 좋아하는 사람들이여 어찌 우리 말을 듣지 않으리오. 우리가 조선이 잘되고 안되기는 조선 학도들 손에 달린 줄로 믿고 있으니, 원컨대 학도들은 자기들의 소중한 직무를 생각하여 주야로 안팎이 새 사람이 되게 공부하기를 바라노라.

"불쌍한 인민을 건지고 모두 그 인민의 선생이 될 주의를 가지고 학문을 성취"해야 한다는 『독립신문』의 바람은 간절하다. 조선이 아시아 속의 영국이나 프랑스 또는 독일과 같은 나라가 될 수 있도록 유학생들은 겉모양뿐만 아니라 학문과 지식 그리고 행동 방식까지 서양 사람들과 같아지도록 노력해야 한다고 강조한다. 그러나 유학생을 선정하여 파견하고 이들이 유학 생활을 하는 과정에서도 적잖은 잡음이 있었던 모양이다. 1899년 1월 20일자 논설 「외국 유학생도」를 보면 저간의 사정을 미루어 짐작할 수 있다.

무식한 정부가 무식한 백성을 데리고 국가를 편안케 하려 함은 눈먼 사람이 눈먼 동무를 끌고 험한 길을 가는 것 같으니, 대한 이 황실과 제국을 만세에 보존하려면 이전 그른 법을 버리고 태서의 좋은 규모와 학문을 배워야 할지라. 불가불 고문관(고문관도 여러 층이지마는)도 두려니와 타국 사람만 믿고 있으면 본국 인재를 쓸데가 없으니 태서 학문 가르치는 학교를 많이 배설하여 국중의 영재를 거두어 기르는 일이 시급함을 누가 모르리오. 그러하나 본국에서만 태서 학문을 가르치려면 일이 지원至遠하고 배움이 아직 통투通透치 못한 고로 일본서도 연년이 오륙십 명씩 각국에 파송하여 관비로 교육하니 대한서도 속히 이 법을 본받아 서양 각국으로 총명한 소년들을 택선擇善하여 보냄이 상책인 것은 이왕에도 우리 신문에 여러 번 기재하였더니 근일 풍문에 정부에서 과연 그리하려 한다 하니 반갑기로 생도를 택송擇送하는 일에 대하여 우견을 대강만 말하노라.

(一) 사오 년 전에 일본으로 유학생을 뽑아 보낼 때에 소년들의 총명 여부는 보지 않고 상을 보아 그때 집무한 사람의 눈에 맞으면 보내었다 하니, 이 말이 확실한지는 모르나 이번에는 풍설이라도 이러한 몰지각한 일은 없기를 바라고, 문벌과 세력의 유무는 불구하고 가장 총예聰叡한 소년들만 선택하여 타국에 가서 본국 수치도 되지 않게 하려니와 학업하여 환국한 후에 가히 유용한 인물이 되게 하기를 믿노라.

(二) 타국에 가는 생도가 다만 그 나라 말마디나 배우고 오는 것은 공사에 무익하며 또 본국에 시급히 쓸 재주를 공부 아니하면 오활하니, 소위 정치학이니 만국공법이니 하는 학문은 이름은

좋으나 대한에 시급히 쓸데 없으니 돈 허비시킬 것 없고, 우선 경무·사범師範·육군 교련과 군제軍制·의술醫術·법률·우체·측량測量·광산·농공 등 민국에 가장 급한 일만 먼저 힘써 배우는 일이 적당하겠도다.

(三) 서양 각국에 가면 그 언어 문자 배우기에 오륙 년은 들고 또 무슨 전문학을 졸업 하려면 소불하少不下 오륙 년이라. 적어도 십 년씩은 유학을 시켜야 가망이 있을 터이니 그렇지 않고 다만 개화의 피부皮膚만 보고 오면 눈만 높고 손은 낮아서 서투른 의원이 사람 상하게 하는 것같이 서투른 문견으로 나랏일을 해롭게 할 폐단이 있으리니 생도를 보내거든 그 졸업할 기한을 넉넉히 하여 보낼 것을 바라노라.

이 논설에서도 말하고 있듯이 『독립신문』은 여러 차례에 걸쳐 유학생 파견의 필요성을 밝힌 바 있다. "무식한 정부가 무식한 백성을 데리고 국가를 편안케 하려 함은 눈먼 사람이 눈먼 동무를 끌고 험한 길을 가는 것"과 다를 바가 없을 것이며, 그런 '무식하고 미련한 사람들'이 판치는 조선에서 가르치는 것만으로는 도저히 가망이 없다고 생각했기 때문이다. 여러 차례 강조했듯이 황실을 보존하고 국가를 보존하는 방법은 단 하나밖에 없다. 태서의 학문과 제도를 배우는 것이 그것이다.

그런데 유학생을 선정하는 과정에서 비리가 끊이지 않았다. 권세를 믿고 자신의 자식을 선발하거나 겉모습만 보고 유학생을 뽑는 사례가 그 대표적인 예이다. 이러한 비합리적인 선발 방식을 비판하면서 이 논설은 실용적인 학문에 치중할 것과 지속적인 학습을 강조하고 있다. 즉 정치학이나 만국공법 따위는 중요한 것이긴 하나 현재 조선에서는 필요가 없고, 당장 급한 것은 경무·의술·법률·우체 등 실용적인 학문이라는 말이다. 또 잠깐 외국(특히 일본)을 다녀와서 말 몇 마디 배운 것을 밑천으로 문명인 흉내나 내고 다니는 유학생이라면 아예 보내지 않은 것만 못하니 지속적인 지원을 해야 한다고 말한다.

그렇다면 교육에 걸었던『독립신문』의 꿈은 어찌 되었을까? '학도는 문명개화의 초석'이라는 슬로건을 내세우고 '교육입국'을 외쳤던 계몽 지식인들의 꿈 말이다. 꿈의 실현을 말하기에는 조선의 현실이 너무 열악했고, 국제 정세가 너무 엄혹했다는 것으로 위로를 삼아야 할까? 그리고 과연 서양의 근대적 교육이 조선의 '깊은 병'을 치유할 만병통치약이 될 수 있었을까? 이러한 물음 또는 의혹이 유효하다면, 우리는 근대 계몽기 교육이란 무엇이었는지, 그 진상은 어떠했는지, 그것이 수포로 돌아간 이유는 무엇인지 등을 다시금 물어야 할 것이다.

5장
'국어'의 독립과 국가의 독립: 『독립신문』의 국문론

1. 왜 '띄어쓰기'인가

1896년 4월 7일, 창간호를 발행하면서 『독립신문』은 그 '주의主義'를 다음과 같이 밝힌다.

> 우리가 이 신문 출판하기는 취리取利하려는 게 아닌 고로 값을 헐하도록 하였고, 모두 언문으로 쓰기는 남녀 상하 귀천이 모두 보게 함이요, 또 구절을 떼어 쓰기는 알아보기 쉽도록 함이라. 우리는 바른 데로만 신문을 할 터인 고로, 정부 관원이라도 잘못하는 이 있으면 우리가 말할 터이요, 탐관오리들을 알면 세상에 그 사람의 행적을 폐일[펴서 널리 알릴] 터이요, 사사私事 백성이라도 무법한 일 하는 사람은 우리가 찾아 신문에 설명할 터임.

우리는 조선 대군주 폐하와 조선 정부와 조선 인민을 위하는 사람들인 고로, 편당 있는 의논이든지 한쪽만 생각하고 하는 말은 우리 신문상에 없을 터임. 또 한쪽에 영문으로 기록하기는 외국 인민이 조선 사정을 자세히 모른즉, 혹 편벽된 말만 듣고 조선을 잘못 생각할까 보아 실상 사정을 알게 하고자 하여 영문으로 조금 기록함. 그리한즉 이 신문은 똑 조선만 위함을 가히 알 터이요, 이 신문을 인연하여 내외 남녀 상하 귀천이 모두 조선 일을 서로 알 터임. 우리가 또 외국 사정도 조선 인민을 위하여 간간이 기록할 터이니 그걸 인연하여 외국은 가지 못하더라도 조선 인민이 외국 사정도 알 터임.

'불편부당不偏不黨'이나 '공명정대公明正大'라는 슬로건은 대부분의 언론이 내세우는 것이어서 그다지 새삼스러울 게 없다. 창간호 논설에서 우리의 관심을 끄는 부분은 '언문'을 채택함으로써 '남녀노소 상하 귀천'이 모두 이 신문을 볼 수 있게 하고자 한다는 대목과 '영문'으로 기록함으로써 외국인들에게 조선의 사정을 정확하게 알리고자 한다는 대목이다. '언문'과 '영문'이 같은 지면 위에 공존하는 신문이 『독립신문』이었다. 시간이 가면서 지면 구성이 바뀌기는 하지만, 총 4면 중 마지막 한 면은 'THE INDEPENDENT'라는 제목하에 모두 영문으로 표기했다. '문명국' 언어와 '반개화국' 언어의 병존, 영문과 띄어쓰기를 한 언문의 병존! 이 신문을 처음 대했을 때 독자들의 당혹스러움을 상상하기란 그리 어렵지 않을 것이다. 독자들이 낯설어 할 것을 예상해서였을까? 『독립신문』은 창간호 논설에 이어 한문을 쓰지 않고 국문으로 표기하는 이유와 "구절을 떼어 쓰는" 이

『독립신문』 영문판

유를 다음과 같이 부연한다.

> 우리 신문이 한문은 아니 쓰고 다만 국문으로만 쓰는 것은 상하 귀천이 다 보게 함이라. 또 국문을 이렇게 구절을 떼어 쓴즉, 누구라도 이 신문 보기가 쉽고 신문 속에 있는 말을 자세히 알아보게 함이라. 각국에서는 사람들이 남녀 물론하고 본국 국문을 먼저 배워 능통한 후에야 외국 글을 배우는 법인데, 조선서는 조선 국문은 아니 배우더라도 한문만 공부하는 까닭에 국문을 잘 아는 사람이 드묾이라.
>
> 조선 국문하고 한문하고 비교하여 보면, 조선 국문이 한문보다 얼마가 나은 것이 무엇인고 하니, 첫째는 배우기가 쉬우니 좋은 글이요, 둘째는 이 글이 조선 글이니 조선 인민들이 알아서 백사百事를 한문 대신 국문으로 써야 상하 귀천이 모두 보고 알아보기가 쉬울 터이라. 한문만 늘 써 버릇하고 국문은 폐한 까닭에, 국문만 쓴 글을 조선 인민이 도리

어 잘 알아보지 못하고 한문을 잘 알아보니 그게 어찌 한심하지 아니하리오.

또 국문을 알아보기가 어려운 건 다름이 아니라, 첫째는 말마디를 떼지 아니하고 그저 줄줄 내려 쓰는 까닭에, 글자가 위부터인지 아래부터인지 몰라서 몇 번 읽어본 후에야 글자가 어디부터인지 비로소 알고 읽으니, 국문으로 쓴 편지 한 장을 보자 하면 한문으로 쓴 것보다 더디 보고, 또 그나마 국문을 자주 아니 쓰는 고로 서툴러서 잘못 봄이라. 그런 고로 정부에서 내리는 명령과 국가 문적文籍을 한문으로만 쓴즉, 한문 못하는 인민은 남의 말만 듣고 무슨 명령인 줄 알고 이편이 친히 그 글을 못 보니, 그 사람은 무단히 병신이 됨이라.

국문이 한문보다 쉽다는 얘기는 그렇다 치고, 띄어쓰기를 유독 강조하고 있다는 점에 주목할 필요가 있다. 국문으로 쓴 글이야 그 이전에도 얼마든지 있었다. 국문소설이나 내간체內簡體로 알려진 여성들 사이에 오고 간 서간문 등이 그 대표적인 예이다. 그런데 이 글들은 모두 '줄글'이어서 읽기가 한문보다 오히려 어렵다는 게 『독립신문』의 판단이었다. 그래서 『독립신문』은 "구절을 떼어" 쓰면 '남녀노소 상하 귀천'이 '쉽게' 읽을 수 있을 것이라고 확신했다. 다시 말해 이전의 '언문'과 『독립신문』에서 사용하는 '국문'이 달라지는 지점이 바로 띄어쓰기였던 것이다.

그렇다면 띄어쓰기는 어디에서 왔을까. 잘 알고 있다시피 중국 문화권에 속한 곳에서는 띄어쓰기라는 게 없었다. '한문'이 그렇고, '언문'이 그러하며, '일본어'도 마찬가지다. 현대의 중국어인 백화문白話文이나 현대 일본어에서도 띄어쓰기를 하지 않는다. 쉼표나 마침표

등 구두점을 사용하기 때문에 예전의 글에 비해 문장의 의미를 파악하기가 수월하긴 하지만, 현대 한국어에서와 같은 띄어쓰기는 찾아보기 어렵다. 물론 베트남어나 인도네시아어처럼 '로마자'로 표기하는 경우에는 띄어쓰기를 한다. 이쯤에서 띄어쓰기가 어디에서 왔느냐라는 '바보 같은' 물음이 만만치 않은 의미를 담고 있다는 것을 알아차릴 수 있을 것이다. 띄어쓰기는 '문명 각국'의 언어, 특히 '영어'에서 힌트를 얻은 것이었다. 결국 문명국가의 언어와 '국문'을 동일시하려는『독립신문』의 노력은 '문명'을 향한 열망과 맞닿아 있었던 셈이다. 이러한 열망을 현실화하기 위해서는 무엇보다 먼저 '야만'의 언어인 '한문'을 추방하는 게 시급한 일이었다.

2. '야만의 언어'에서 '문명의 언어'로

우리가 '상식적'으로 알고 있는 것과 달리『독립신문』의 '독립'은 무엇보다 중국, 즉 청나라로부터의 '독립'을 뜻하는 말이었다.『독립신문』필진들의 견해에 따르면, 국제사회에 청나라의 속국으로 알려져 있던 조선은 청일전쟁(1894~1895)에서 일본이 승리함으로써 '독립'의 발판을 마련할 수 있었다. 그들이 보기에 일본과 청나라의 전쟁은 '문명'과 '야만'의 전쟁이었으며, 문명국 일본의 승리는 세계적 대세를 거스르지 않은 필연적인 귀결이었다. 그런 상황에서 '문명 부강 국가'를 꿈꾸고 있던 계몽 지식인들에게 청나라의 모든 것은 하루빨리 폐기 처분해야 할 '야만'의 상징이었는데, 그 대표적인 것이 바로 '청국 글자=한자'였다. '야만'의 언어인 '한자'를 버리지 않는 한 조선의 독립은 불가능하다는 진단을 내린 『독립신문』은 이 '야만의 문자'를 어떻게 '추방'할 수 있을지 고민에 고민을 거듭한다.

'문명 각국'에서처럼 자기 나라의 말을 익히지 않고 '야만'의 언어인 '한문'만을 고집한다면 머잖아 조선도 '야만'의 상태로 떨어지고 말 것이라는 경고를 깊이 새기고 있던 『독립신문』은 조선의 '국문'이야말로 '문명 각국'의 언어와 어깨를 나란히 할 수 있는, 아니 그 어떤 언어보다도 훨씬 뛰어난 글이라는 것을 '증명'하는 데 많은 노력을 기울인다. 그런 상황에서 '배재학당 학원 주상호'가 보낸 「국문론」이 처음으로 『독립신문』 논설란에 실린 것은 1897년 4월 22일이었다.

사람들 사는 땅덩이 위에 다섯 큰 부주府洲 안에 있는 나라들이 제가끔 본토 말들이 있고 제가끔 본국 글자들이 있어서, 각기 말과 일을 기록하고 혹간 말과 글자가 남의 나라와 같은 나라도 있는데, 그중에 말하는 음대로 일을 기록하여 표하는 글자도 있고 무슨 말은 무슨 표라고 그려놓는 글자도 있는지라. 글자라 하는 것은 단지 말과 일을 표하자는 것이라. 말을 말로 표하는 것은 다시 말할 것이 없거니와, 일을 표하자면 그 일의 사연을 자세히 말로 이야기를 하여야 될지라. 그 이야기를 기록하면 곧 말이니, 이런고로 말하는 것을 표로 모아 기록하여놓은 것이나 표로 모아 기록하여놓은 것을 입으로 읽는 것이나, 말에 마디와 토가 분명하고 서로 음이 똑같아야 이것이 참 글자요, 무슨 말은 무슨 표라고 그려놓은 것은 그 표에 움직이는 토나 형용하는 토나 또 다른 여러 가지 토들이 없고 또 음이 말하는 것과 같지 못하니, 이것은 꼭 그림이라고 이름 하여야 옳고 글자라 하는 것은 아주 아니 될 말이라.

또 이 두 가지 글자들 중에 배우기와 쓰기에 어렵고 쉬운 것을 비교하여 말하면, 음을 좇아 쓰게 만드는 글자는 자모음에 분간되는 것만 각각 표하여 만들어놓으면 그후에는 말을 하는 음이 돌아가는 대로 따라 모아쓰나니, 이러함으로 자연히 글자 수가 적고 문리가 있어 배우기가 쉬우며, 글자가 몇이 못 되는 고로 획수를 적게 만들어 쓰기도 쉬우니, 이렇게 글자들을 만들어 쓰는 것은 참 의사와 규모와 학문이 있는 일이요, 무슨 말은 무슨 표라고 그려놓은 것은 물건들의 이름과 말하는 것마다 각각 표를 만들자 한즉, 자연히 표들이 몇 만 개가 되고 또 몇 만 개 표의 모양을 다 다르게 그리자 한즉, 자연히 획수가 많아져서 이 몇 만 가지 그림들을 다 배우자 하면 그 몇 해 동안 애를 써야 하겠고, 또 획수들이 많은 고로 쓰기가 더디고 거북할뿐더러, 이 그림들의 어떠한 것이 이름을 나타내는 말 표인지 움직이는 말 표인지 형용하는 말 표인지 암만 보아도 알 수가 없고 또 잊어버리기가 쉬우니, 이는 때를 공연히 허비하고 애를 공연히 쓰자 하는 것이니, 참 지각이 없고 미련하기가 짝이 없는 일이라.

옛적 유럽에 있던 페니키아란 나라에서 만든 글자들은 자모음을 합하여 스물여섯 자로되, 사람들의 말하는 음들은 다 갖춘 고로 어떤 나라 말의 음이든지 기록하지 못할 것이 없고, 또 쓰기가 쉬움으로 인하여 지금 문명한 유럽의 여러 나라들과 아메리카의 여러 나라들이 다 이 글자로 제 나라 말의 음을 좇아 기록하여 쓰는지라. 조선 글자가 페니키아에서 만든 글자보다 더 유조有助하고 규모가 있게 된 것은, 자모음을 아주 합하여 만들었고 단지 받침만 임시하여 넣고 아니 넣기를 음의 돌아가는 대로 쓰나니, 페니키아글자 모양으로 자모음을 옳게 모아쓰려는 수고가 없고, 또 글자의 자모음을 합하여 만든 것이 격식과 문리가 더 있어 배우기가 더욱 쉬우니, 우리 생각에는 조선 글자가 세계에서 제일 좋고 학문이 있는 글자로 여기노라.

'배재학당 학원 주상호'는 우리가 익히 알고 있는 한글 학자 주시경周時經(1876~1914)이다. 주시경은 서재필에 의해 발탁되어 독립신문사에서 회계사무원 겸 교보원校補員 자격으로 일한다. 주시경은 두 차례에 걸쳐 장문의 「국문론」을 『독립신문』 논설란에 발표하는데, 두 편의 「국문론」은 각각 두 차례씩 나뉘어 실린다. 앞의 인용문은 첫 번째 「국문론」의 일부이다.

먼저 주시경은 표음문자와 표의문자를 구분하여 전자를 "말에 마디와 토가 분명하고 서로 음이 똑같아야 이것이 참 글자"라 하고, 후자를 마디와 토도 없이 "무슨 말을 무슨 표라고 그려놓은" 것이어서 그림에 지나지 않는다고 단언한다. 상형문자=표의문자=한자는 '글자' 축에 끼지도 못한다는 말이다. 그리고 효용성의 측면에서 보아도 복잡한 그림에 지나지 않는 상형문자=표의문자=한자를 배우는 일은 "지각이 없고 미련하기가 짝이 없는 일"이라고 주장한다. 이어서 그는 유럽과 아메리카 등 문명국 글자의 기원이 된 '페니키아문자'보다 조선 문자가 훨씬 쉽고 편하다면서 그 "아름답고 은혜로운" 점을 길게 서술하는데 다음은 그 가운데 일부이다.

이 글자들[훈민정음의 글자들]은 자음 여덟 가지 표, 모음 열한 가지 표를 합하여 만드셨는데, 흐린 자음은 맑은 자음에다가 획은 더 넣고 자음마다 모음을 합하여, 맑은 음 일곱 줄은 바른 편에 두고 흐린 음 일곱 줄은 왼편에 두고, 그 가운데에 모음을 끼어서 이것은 이름을 반절反切이라 하고, 특별히 글자 음의 높고 낮은 데에다 세 가지 표하는 것이 있으니, 낮은 음 글자에는 아무 표도 없고 반만 높이는 음 글자에는 점 하나를 치고 더 높이는 음 글자에는 점 둘을 치는지라. 참 아름다고 은혜롭도다.

3. 표음문자=문명, 표의문자=야만이라는 인식

이렇게 "세계에서 제일 좋고 학문이 있는 글자"를 천시하고 한자를 숭상하다니 탄식하지 않을 수 없는 일이다. 주시경은 첫 번째 「국문론」에서 국문의 과학적이고 합리적인 성격을 보여주고 난 뒤, 두 번째 「국문론」(1987년 4월 24일자)에서 탄식을 넘어 분노를 토해낸다. 표음문자인 국문을 내팽개치고 난해하기 짝이 없는 표의문자에서 벗어나지 못하고 있는 조선의 상황에 대한 청년 주시경의 질타가 쏟아진다.

이렇게 규모가 있고 좋은 글자는 천히 여겨 내버리고 그렇게 문리文理가 없고 어려운 그림을 애쓰고 배우는 것은 [세종대왕의] 글자 만드신 큰 은혜를 잊어버릴뿐더러 우리나라와 자기 몸에 큰 해와 폐가 되는 것이 있으니, 배우기 쉽고 쓰기 쉬운 글자가 없으면 모르되 어렵고 어려운 그 몹쓸 그림을 배우자고 다른 일은 아무것도 못하고 다른 재주는 하나도 못 배우고 십여 년을 허비하여 공부하고서도 성취하지 못하는 사람이 반이 넘으며, 또 십여 년을 허비하여 잘 공부하고 난대도 그 선비의 아는 것이 무엇이뇨. 글자만 배우기도 이렇게 어렵고 더딘데 인생 칠팔십 년 동안에 어렸을 때와 늙을 때를 빼어놓고, 어느 겨를에 직업상 일을 배워 가지고 또 어느 겨를에 직업을 실상으로 하여보는지 틈이 있을까 만무한 일이로다. 부모 앞에서 밥술이나 얻어먹을 때에는 이것을 공부하노라라고 공연히 인생에 두 번 오지 아니하는 청년을 다 허비하여버리고, 삼사십 지경에 이르도록 자기 일신 보존할 직업도 이루지 못하고 어느 때나 배우려 하나뇨. 어찌 가련하고도 분하지 아니하리오. 이러함으로 백성이 무식하고 가난함으로 인하여 자연히 나라가 어둡고 약하여지는지라. 어찌 이것보다 더 큰 해와 폐가 있으리오.

글자라 하는 것은 다만 말만 표하였으면 족하건마는, 풍속에 거리껴서 그리하는지 한문 글자에는 꼭 무슨 조화가 붙은 줄로 여겨 그리하는지 알 수 없으니 진실로 애석한 일이로다. 우리나라 사람들이 종시 이것만 공부하고 다른 새 사업을 배우지 아니하면, 우리나라가 어둡고 약함을 벗지 못하고 멀지 아니하여 자기 조상들에게 전하여 받아 내려오는 전지田地와 가장家藏과 자기의 신곡新穀과 자손들이 다 어느 나라 사람의 손에 들어가 밥이 될지 아직 알지 못한 증거가 목하에 보이니 참 놀랍고 애탄할 일이로다. 어찌 조심하지 아니할 때리오. [……]

간절히 비노니 우리나라 동포 형제들은 다 깨달아 실상 사업에 급히 나가기를 바라노라. 지금 우리나라 한 시 동안은 남의 나라 하루 동안보다 더 요긴하고 위급하오니, 그림 한 가지 배우자고 이렇게 아깝고 급한 때를 허비하지 말고, 우리를 위하여 사업

事業하신 큰 성인께서 만드신 글자는 배우기가 쉽고 쓰기도 쉬우니, 이 글자들로 모든 일을 기록하고 사람마다 젊었을 때에 여가를 이어 실상 사업에 유익한 학문을 익혀 각기 할 만한 직업을 지켜서 우리나라 독립에 기둥과 주초柱礎가 되어, 우리 대군주 폐하께서 남의 나라 임금과 같이 튼튼하시게 보호하여드리며, 또 우리나라의 부강한 위엄과 문명한 명예가 세계에 빛나게 하는 것이 마땅하도다.

"어렵고 어려운 그 몹쓸 그림"을 배우노라고 젊은 시절을 다 허비하여버리는 사람들, 글자 축에도 끼지 못하는 '상형문자'를 평생 끌어안고 살면서 '실상의 일'들을 모조리 망각해버린 사람들…… 이런 사람들이 어떻게 독립과 문명 부강을 꿈꿀 수가 있겠는가. 주시경의 주장은 너무나 분명하다. '그림글자' 공부를 당장 집어치우고, 그 시간에 다른 실용적인 공부를 하는 데 매진하라는 것이다. 그러기 위해서는 "큰 성인께서 만드신" 배우기 쉽고 쓰기 쉬운 국문으로 모든 일을 기록해야 한다. 그래야 국문으로 된 책을 보고 각종 '실상 학문'을 익힐 수가 있을 것이기 때문이다. 덧붙이자면 '국문은 문명 부강의 기초이자 독립의 기둥'이라는 인식은 주시경뿐만 아니라 근대 계몽기 지식인들이 공유하고 있었다.

그러나 표음문자와 표의문자 중 어떤 것이 우월한가라는 문제는 순전히 근대적 산물이다. 표음문자 우월론은 소위 '문명국'의 언어가 대부분 표음문자이고 중국을 비롯한 '비문명국'의 언어가 표의문자라는 지극히 피상적인 관찰에 토대를 두고 있다. 모든 언어는 표음성과 표의성을 동시에 지니고 있다. 다음에 볼 논설에서 예로 들고 있듯이, '독립신문'이라 하면 '독립'도 한문 글자요 '신문'도 한문 글자다. 이때 '獨立'이나 '新聞'을 연상하지 않고 '독립신문'의 의미를 구성하는 것이 가능할까? 이 논설의 필자는 말한다. 국문을 공부하지 않았기 때문에 관성적으로 '獨立新聞'이라는 글자를 떠올리는 것이라고. 물론 '독립'이란 말은 남에게 의지하지 않는 것을 뜻한다고 처음부터 배운다면 한자를 연상하지 않고서도 그 의미를 알 수 있을 것이다. 하지만 일본의 경우에서 알 수 있듯, '문명文明', '국가國家', '자유自由', '권리權利' 등 서양의 개념어 대부분이 한자로 번역되었다. 그 내용은 굴절을 겪을 수밖에 없겠지만, 이들 '한자어'가 지닌 의미를 떠올릴 때 '전통의 중력'에서 자유로울 수는 없을 것이다. 결국 표의문자인 한자를 가리고서도 그 의미를 파악한다는 것은 당시로서는 거의 불가능한 '환상'에 가까운 이념이었다고 말해야 옳을 터이다.

4. '국문'의 정립과 문법의 통일[1]

『독립신문』뿐만 아니라 근대 계몽기의 매체들은 「국문론」에 많은 관심을 기울였다. 『독립신문』을 비롯한 『매일신문』, 『제국신문』 등 '국문'을 전용한 신문들은 물론이고 『황성신문』과 『대한매일신보』 등 국한문을 혼용한 신문들에서도 '국문'의 필요성을 강조했다. 특히

---

[1] 이 절은 나의 논문 「근대 계몽기 번역론과 번역의 사상」 제3절의 일부를 수정 보완한 것이다.

매일신문 창간호

국한문본과 국문본을 함께 간행한『대한매일신보』와 달리 1910년 폐간할 때까지 국한문혼용을 유지했던『황성신문』도 배우기 쉬운 국문을 천시하고 지극히 어려운 한문만을 숭상하는 현상을 비판하면서, 국한문혼용을 허용하되 국문을 주문主文으로 정해 국내 '인민 교수법'을 강구하자고 제안한다.

'국어'의 발견은 근대국가의 성립과 긴밀한 관계를 맺고 있다. 베네딕트 앤더슨이 그의 저서『상상의 공동체』에서 지적하고 있듯이, '문화적 조형물'로서의 근대적 국민을 견인할 수 있는 '문화적 코드'가 국어였던 것이다. 인쇄 자본주의의 산물인 신문이 국어를 '만들어내는' 데 중요한 기여를 했다는 것은 잘 알려져 있는 바와 같다. 근대 계몽기에 이 문제를 가장 민감하게 받아들이고, 국어의 필요성을 지속적으로 강조한 것이『독립신문』이다. 국문에 대한 강조는 번역의 문제와 밀접하게 관련되어 있다. 그 가운데 대표적인 1898년 8월 5일자 논설을 보기로 한다.

지금 소위 공부하였다는 사람은 국문을 숭상하기를 좋아 아니할 것이 한문을 하였은즉, 그 배운 것을 가지고 남보다 유식한 체하려니까 만일 국문으로 책과 문적을 만들어 전국 인민이 다 학문 있게 되면 자기의 유식한 표가 드러나지 아니할까 두려워하고, 또 한문을 공부하였고 국문은 공부를 아니한 고로 한문을 자기의 국문보다 더 아는지라. 그러하나 그런 사람이 국중에 몇이 있으리오, 수효는 적으나 한문 하는 사람들이 한문 아는 자세藉勢하고 권리를 모두 차지하여 그 나머지 전국 인민을 압제하려는 풍속이니, 국문 숭상하기를 어찌 이런 사람들이 좋아하리오.

그러하나 나라란 것은 몇 사람만 위해서 만든 것이 아니라 전국 인민을 모두 위하여 만든 것이요, 전국 인민이 모두 학문이 있고 지식이 있게 되어야 그 나라가 남에게 대접을 받고 자주독립을 보호하며 사농공상이 늘어가는 법이라. 지금 조선에 제일 급선무는 교육인데, 교육을 시키려면 남의 나라 글과 말을 배운 후에 학문을 가르치려 하면 교육할 사람이 몇이 못 될지라.

그런고로 각색 학문 책을 국문으로 번역하여 가르쳐야 남녀와 빈부가 다 조금씩이라도 학문을 배우지, 한문 배워 가지고 한문으로 다른 학문을 배우려 하면 국중에 이십여 년 교육할 사람이 몇이 못 될지라. 국문으로 책을 번역하자면 두 가지 일을 제일 먼저 하여야 할 터이라. 첫째는 국문으로 옥편을 만들어 글자 쓰는 법을 정해놓고 그대로 가르쳐 '아' 자와 '비' 자를 합하면 '아비'라 하는데 뜻인즉 '임이의[누구누구의] 남편이요 부모 중에 사나이'라 그렇게 주를 내어 전국 인민을 가르쳐놓으면 '아비' 두 자면 사람마다 무슨 말인지를 알 터이요, 말로 하여도 아비요 책을 보아도 아비라 누가 모를 사람

이 있으리오. [……]

둘째는 국문을 쓸 때에 독립신문 모양으로 말마다 띄어 쓰면 섞어 보고 읽기에 불편한 일이 없을 터이요, 사람이 무슨 말이든지 보면 그 말 뜻을 곧 알지라. 만일 모르는 말이 있으면 옥편만 떠들어 보면 주가 있을 터인즉, 그 말뜻을 주를 보면 알 터이요, 글자 쓰는 법을 정하여 놓았은즉 다른 말과 섞일 리가 없을지라. [……] 우리가 바라건대 조선 학부에서 조선 국문 옥편을 만들어 말 쓰는 규칙과 문법을 정하여, 전국이 그 옥편을 좇아 말과 글이 같도록 쓰고 읽게 하며 각색 학문 책을 번역할 때에 이 옥편에 있는 규칙대로 일정한 규모를 가지고 하게 만드는 것이 조선 교육하는 기초로 우리는 알고, 또한 조선 독립과 사람의 생각에 크게 관계가 있는 줄로 우리는 생각하노라. 조선에서 사람들이 한문 글자를 가지고 통정通情하기를 장구히 할 것 같으면 독립하는 생각은 없어질 듯하더라.

　이 글의 필자는 남의 좋은 것을 받아들이되 "학문 있게 만든 조선 국문"을 두고 "세상에 경계 없이 만든 청국 글"을 받아들이는 것은 용납할 수 없다고 말한다. 『독립신문』의 필진들과 계몽적 지식인들이 보기에 한문이야말로 조선의 '문명 부강'과 '독립'을 방해하는 가장 심각한 걸림돌이었다. 무엇보다 한문은 배우는 데 많은 시간이 걸린다. 10년을 배워도 제대로 그 이치를 알 수 없는 한문을 붙들고 씨름하느니, 그 시간에 간편하고 쉬운 '국문'을 배우고 남는 시간은 '실상 학문'과 '실상 사업'에 힘써야 한다는 말이다. 문제는 '시간'과 '속도'였다. 빠른 시간에 배워 '실상'에 힘써야 한다는 당위가 그들의 문자의식을 지배하고 있었던 것이다. 그리고 이러한 생각의 배후에는 청일전쟁에서 일본에 패한 청나라에 대한 멸시의 감정이 짙게 드리워져 있었다. '야만'의 말을 배운다는 것은 결국 '야만'을 자초하는 일과 다름없으며, '독립'을 포기하는 것과 다르지 않다는 것이다. 언어관에도 '문명과 야만의 이분법'이 에누리 없이 관통하고 있는 셈이다.

다음으로 이 논설에서 주목해야 할 것은 한문은 기득권층의 언어라는 인식이다. 소위 '배웠다 하는 사람들'이 국문을 좋아하지 않는 이유는 명백하다. 오랜 세월 동안 힘들게 한문을 배우고 모처럼 유식한 체하려는데, 국문으로 책들이 만들어지고 많은 사람이 '문자'를 알아 '학문 있게' 된다고 생각하면 참으로 억울할 터, 『독립신문』은 묻는다. 이것이 바로 "수효는 적으나 한문 하는 사람들이 한문 아는 자세하고 권리를 모두 차지하야 그 나머지 전국 인민을 압제하려는 풍속"이 아니고 무엇이겠는가라고. 지식과 권력이 떼려야 뗄 수 없는 관계에 있다는 것은 굳이 말할 필요가 없을 것이다. 이 사실을 『독립신문』은 정확하게 알고 있었다. '몇 사람만을 위한 나라'가 아니라 '전국 인민을 위하여 만든 나라'라는 발상은 분명히 근대적인 것이다. 이러한 발상을 구체화하기 위한 전략 중 하나가 '국문'을 상용하여 인민의 학문을 높이자는 것이었으며, 이를 위해서는 '각색 학문 책을 국문으로 번역하여' 가르치는 교육이 필수적일 수밖에 없다고 판단했던 것이다.

그뿐만 아니라 이들은 문명 세계의 각종 서적들을 국문으로 번역하는 데 가장 우선적인 작업이 '옥편' 즉 사전을 편찬하는 일이라는 것을 잘 알고 있었다. 사전 편찬 작업은 근대 국민국가의 '국어'를 창출하는 과정에서 피할 수 없는 중대한 과제였다. 다시 말해 전국의 방언들을 수집하고 분류하고 특정 지역의 말을 표준으로 하여 '인위적으로' 표준어를 만드는 일은 근대 국민국가가 요구하는 '균질적인 국민'을 생산하기 위한 필수적인 항목이었던 것이다. 사전 편찬 작업을 통해 어휘들을 수집하고 여기에 '문법적 속박'을 가해야 비로소 한 국가의 영토 안에 있는 사람들이 통일된 언어를 기반으로 하여 '국민'이 될 수 있다. 따라서 "학부에서 조선 국문 옥편을 만들어 말 쓰는 규칙과 문법을 정하여, 전국이 그 옥편을 좇아 말과 글이 같도록 쓰고 읽게" 해야 한다는 바람을 담고 있는 이 논설은 근대국가와 국어의 관계를 정확하게 보여준다고 할 수 있다.

5. 마무리

'국문'의 중요성에 관한 논의는, 문명국의 지식을 '상하 귀천' '남녀노소' 전국의 인민이 이해할 수 있는 언어, 곧 '국문'으로 번역해야 한다는 주장으로 이어진다. '국문'의 독립이 국가의 독립과 밀접한 관계에 있다면, '국문'은 당시의 궁극적인 목표였던 국가의 독립=문명화에 기여할 수 있어야 한다.

> 정부에서 학교들을 시작하였으나 가르칠 책은 아주 없는 셈이고, 또 농사하는 백성과 상민과 자식들이 무엇을 배우고 싶어도 배울 책이 없은즉, 설령 배우고 싶은 마음이 있더라도 가르치는 사람도 없고 책 가지고 배울 수도 없으니 어찌 백성이 진보하기를 바라리오. 남의 나라에서는 책 만드는 사람이 국중에 몇 천 명씩이요, 책 회사들이 여러 백 개라. 책이 그리 많이 있어도 달

마다 새 책을 몇 백 권씩 만들어, 이 회사 사람들이 부자들이 되고 또 나라에 큰 사업도 되는지라.

조선도 이런 회사 하나 생겨 각색 서양 책을 국문으로 번역하여 출판하면, 첫째는 이 책들을 보고 농사하는 사람들이 농법을 배울 터이요, 장사하는 사람들이 상법을 배울 터이요, 각색 장사하는 사람들이 물건 만드는 법을 배울 터이요, 관인들이 정치하는 법을 배울 터이요, 의원들이 고명한 의술들을 배울 터이요, 학교에 가는 사람들이 각국 기사와 산학과 지리와 천문학을 다 능히 배울지라. 문명개화하는 데 이런 큰 사업은 다시없을 터이요, 장사하는 일로 보더라도 이보다 더 이익이 남을 것이 지금은 없는지라.

유지각한 사람 몇이 이런 회사 하나를 모아[꾸려], 높은 학문 있는 조선말하는 서양 사람 하나를 고립顧立[초빙하여 어떤 자리에 앉힘]하여 이런 책들을 모두 번역하여 출판하면, 일 년 안에 큰 이익이 남을 것을 믿고, 이 회사 하는 사람들은 조선에 큰 사업하는 사람들로 생각하노라.

근대 계몽기는 서양 문명이 낳은 '낯선 언어'를 만나기 위한 고난에 찬 과정이었다. 전혀 다른 언어를 사용하는 이질적인 세계와 만나기 위해서는 번역이 필수적이다. 이 시기의 지식인들은 서양발 문명의 언어들을 어떻게 옮길 것인지를 둘러싸고 고민에 고민을 거듭했다. 『독립신문』의 필진들도 예외가 아니었다. 위의 논설에서 볼 수 있듯이 '백성'들이 '진보'하기 위해서는 문명개화에 어울리는 책이 있어야 하며, 그 책이란 다름 아닌 서양서일 수밖에 없다. 서양의 농법, 상법, 의술, 산학算學, 지리학, 천문학을 알아야 문명국으로 나아가기 위한 초석을 마련할 수 있을 터, 그렇다면 어떻게 해야 할 것인가. 이 논설의 필자는 출판사를 설립하고 서양인을 고문으로 초빙하여 문명 관련 서적들을 번역하라고 충고한다.

지금까지 보아왔듯이 『독립신문』이 중국 글자=한문과 대비하여 '국문'의 중요성을 강조하고, 이와 더불어 띄어쓰기와 문법 통일, 옥편 편찬의 필요성을 내세운 것도 '문명한 국가'로 나아가기 위해서였다. 그렇다면 『독립신문』의 '국문' 관련 논지는 일목요연해진다. 문명개화를 지향하기 위해서는 전국의 '백성'들이 '국문'을 통해 문명 세계의 언어와 지식을 흡수해야 한다는 것이 그 핵심인 셈이다. 이제 '국문'은 '문명'을 수용하여 조선이 문명국의 대열에 합류하는 데 중요한 일익을 담당해야 한다는 과제를 부여받는다. 하지만 불행하게도 우리의 '국문'은 서양을 재빨리 번역한 일본(어)에 침식당하면서 기나긴 시간을 어둠 속에서 보내야만 했다. '국문'의 운명과 '번역된 근대'의 운명은 불가분의 관계를 유지해왔고, 지금까지 그 그늘을 드리우고 있다.

6장
만민공동회, 한국 근대 정치의 원형

1. 문제의 제기

이 글의 목표는 만민공동회가 한반도 최초의 근대적인 정치운동일 뿐만 아니라, 해방 이후 나타난 여러 민주화운동과 연속성을 공유하고 있음을 보여주는 것이다. 한반도의 정치 상황은 1896년 이후 과거와 단절되는 변화를 경험한다. 그 변화는 크게 두 가지 흐름을 갖고 있었다. 하나는 아관파천과 대한제국의 건설로 나타난 고종 황제 또는 구본신참舊本新參을 모토로 하는 주류 세력 중심의 보수적인 광무개혁이며, 다른 하나는 『독립신문』과 독립협회 및 만민공동회를 중심으로 하는 서구 지향의 근대적 개혁이다. 이 글은 후자의 흐름에 초점을 맞추면서 만민공동회가 의회주의를 지향했던 한국 근대 정치의 원형임을 시론적으로 논의하려고 한다.

보통 구한말은 1863년 고종의 즉위에서 1910년 대한제국의 패망까지를 통칭하는데, 실제로 이 시기는 매우 성격이 다른 두 개의 기간으로 구분된다. 두 시기를 나누는 분기점은 아관파천을 계기로 하는 국내외 정세의 변화와 『독립신문』과 독립협회의 출현이 중요한 의미를 지닌다. 또 우리는 보통 일제강점기를 통해 근대적인 문물과 제도 및 정치적 관념이 대중화된 것으로 기억하지만, 그것은 사실이 아니다. 여러 가지 자료를 분석해볼 때 근대화와 관련된 거의 모든 개념은 1896년 이후 수년간에 걸쳐 급속하게 정착된 것으로 확인된다. 물론 이 시기의 근대적 문물은 아직 혼란스러운 상태에 놓여 있었으며 역사적 과정을 통해 충분한 숙성의 과정을 거친 것은 아니었다. 그럼에도 불구하고 대한제국의 탄생을 전후로 한 시기는 위생, 결혼, 가족, 직업과 산업, 국가, 신분, 정치적 관념을 둘러싼 근대적 사유가 본격화된 기원의 시공간이며, 그중에서도 만민공동회는 정치적 차원에서 근대적인 관념을 대중화한 운동이었다. 특히 만민공동회가 다른 운동과 뚜렷이 구분되는 것은 의회 민주주의를 지향했다는 것이다. 그런 의미에서 만민공동회에서 제기된 쟁점들은 대한민국의 기원이라고도 할 수 있다.

그런데 그동안 만민공동회에 관한 연구는 신기할 정도로 적었다. 만민공동회 연구의 기초를 홀로 마련한 신용하 교수(신용하, 1976a; 1976b; 2001)와 주진오 교수[1]의 업적이 거의 전부라고 해도 과언이 아

---

1 주진오의 연구는 신용하가 마련해놓은 만민공동회에 관한 정통 이론을 대부분 수정했다는 점에서 주목할 만하다. 그는 독립협회가 1898년 이후 황제권과 협력하며 점진적 개혁을 주장하는 『황성신문』계열과 폭력 쿠데타로 권력을 탈취하려는 박영효-안경수 계열로 나누어졌으며, 후자의 계열이 만민공동회 후반기를 주도

닐 정도이다. 물론 만민공동회를 기술해놓은 문헌은 많다. 그러나 이들 문헌들은 역사적 기록에 대한 진지한 검토 없이 만민공동회를 개화운동의 한 가지 흐름 정도로 다루는 경향이 강하다. 신용하와 주진오조차 만민공동회를 독립된 연구 주제로 다루는 것이 아니라, 독립협회 운동의 부분으로 다루는 경향이 강하다.[2] 또 기존의 연구들은 독립협회와 만민공동회와 관련된 '역사적 사실'과 '역사적 의미'를 규명하는 데 치중하고 있어 현재와의 관련성을 암시하는 데 실패하고 있다. 이처럼 만민공동회가 역사 연구에서 소홀하게 다루어진 것은 1960~80년대에 걸친 장기간의 군사독재 체제에 대한 학계의 이유 있는 저항의 결과 민중주의 사관이 설득력을 얻고 동학농민운동과 같은 주제가 역사학자들의 관심을 끈 탓이었다.[3] 아무튼 역사의

했는데 이들은 일본의 영향력 아래 포섭되었다고 주장한다. 그는 독립협회에 참여했던 인사들의 계급적 출신, 교육, 관직 경력 등에 관한 실증적 연구를 통해 위와 같은 주장을 했다는 점에서 만민공동회 연구에 중요한 기여를 했다. 그러나 그는 그 실증적 결과들을 지나치게 확대해석하여 전체의 맥락을 왜곡시켰다는 것이 나의 견해이다. 주진오(1995) 참조.

2 이런 경향은 신용하와 주진오 모두에게서 나타난다. 주진오 교수는 말할 것도 없고, 신용하 교수는 만민공동회의 모든 쟁점에 관한 선구적 연구를 마련했고, 이 글도 대부분 신 교수의 연구 업적에 기초하고 있지만, 만민공동회를 독립협회의 결과물로 다룬다. 그것은 동학농민운동을 종교로서 동학의 결과물로 다루는 것만큼이나 부당한 일일 것이다.

3 이 같은 경향은 최근 23권의 한국통사를 마무리한 이이화에게서 잘 드러난다. 그는 서재필에 대해 "그는 미국에서 의사가 되어 시민권을 얻고 미국 여자를 만나 결혼도 했다. 그들 부부는 서울로 와서 미국인들과 어울렸다. 그가 고종을 만나 '외신外臣'이라 자칭했다는 둥 말이 많은 것으로 보아 꽤나 거들먹거렸던 모양이다. […] [서재필의] 집 바로 위에 중국 사신을 맞이하던 영은문이 있었다. 그는 그것을 바라보면서 자신이 할 일을 찾았다. 영은문을 헐어내고 그 자리에 조선 독립의 상징물을 세워야겠다고 생각한 것이다."라고 말할 정도이다. 또 정동구락부에 대해서는 이렇게 말했다. "이들 멤버는 외교 관계 업무를 보는 벼슬아치들과 외국 유

문외한인 정치학도가 보기에 만민공동회가 중요한 연구 대상 목록에서 제외되었다는 사실 자체가 흥미로울 뿐이다.

만민공동회는 그 모태인 독립협회와 구분되는 특징을 가질 뿐만 아니라, 여러 차원에서 근대적 정치 관념을 대중화하는 통로가 되었다. 무엇이 이것을 가능하게 했을까? 그것은 『독립신문』과 독립협회 및 만민공동회를 관통하는 회會 또는 민회民會에 대한 관심 때문이 아니었을까? 물론 그것은 서구적 의회에 대한 열망이기도 했다. 이를 통해 만민공동회는 다양한 신분과 계층의 사람들을 충군애국하는 인민 또는 백성이란 하나의 범주로 호명하고, 새로운 정치 공동체를 창출할 수 있었다. 더 나아가 1898년 10월 28일~11월 2일 사이에 개최된 관민공동회는 그 자체로 의회적 의사 결정과 인민에 의한 관의 견제를 보여주었다. '근대적 의회의 원형'이 출현한 것이다. 이 글은 만민공동회에 작용했던 의회주의에 착안하여 그것이 형성→확산→발화→쇠퇴하는 과정을 보여주려고 한다. 이 과정은 만민공동회가 현재의 정치 상황과 어떤 관련이 있는가를 보여주는 것이기도 하다. 만민공동회가 의회 제도의 도입을 목표로 했다는 것은 신용하 교수가 상세하게 밝혀놓았지만(신용하, 1976a; 1976b; 2001), 이 글은 만민공동회 자체가 의회주의적 방법으로 운영되었다는 것을 밝히려고 한다. 그것은 근대적 토론과 의회적 의사 결정 방식이 협성회→독립

학이나 유람을 다녀온 사람들로 외교관이나 선교사와 사귀어 정동구락부를 출입했다. 이들은 정동구락부에서 벌이는 파티에 참석해 양식과 양주와 커피를 즐겼다. 어려운 일이 생기면 외국인 집으로 몸을 피해 보호를 받기도 했다. 이들의 주도로 고종이 러시아 공사관으로 거처를 옮겼으며 끝내 정권을 잡게 되는 것이다."(이이화, 2003: 121~124)

협회→만민공동회를 통해 확대되는 과정을 밝히는 것이 된다. 물론 의회주의에 관한 당시의 태도는 미흡한 점이 많았으며, 비교적 소수의 사람만이 공유했던 사상일 수 있다. 그러나 똑같은 기준을 오늘의 한국이나 일본의 민주주의에 적용한다면, 상황은 얼마나 개선된 것일까?

2절에서는 만민공동회 이전 시기에 관한 배경적 논의로 1986년 아관파천이 새로운 개혁의 공간을 열었다는 것과 이 시대가 국어의 발견, 국민의 발견의 시대였음을 논의한다. 특히 "나라의 주인은 인민이며, 관인은 백성의 종"이라는 근대적 정치사상이 얼마나 급격하게 유포되었는가를 보여줄 것이다. 3절에서는 『독립신문』과 독립협회 및 만민공동회를 관통하는 중요한 태도였던 회 또는 민회에 대한 관심이 어떤 경로를 통해 전파되었는가를 살펴보고, 1898년 10월 28~11월 2일 열렸던 관민공동회가 한국 의회의 원형임을 보여줄 것이다. 4절에서는 만민공동회가 왜 한국 근대 정치의 원형인지를 보여주고, 특히 커뮤니케이션 구조가 과거와 달라졌음을 보여줄 것이다. 또 만민공동회를 탄압했던 황국협회 역시 한국 근대 정치를 장식하는 풍경임을 밝힌다.

만민공동회가 유형적인 제도나 근대 민족국가의 건설에 실패했다는 것이 아쉬움으로 남을 수 있으나, 이것 역시 한국 근대 정치에서 계속 반복되고 있는 전형적인 특징이다. 4·19와 6월 항쟁 등과 같은 정치운동들도 어떤 정점을 넘어서면 급속하게 해체되면서 부분적 성공과 부분적 한계를 동시에 노정하는 특징을 보였다. 만민공동회는 새로운 제도 건설에는 실패했는지 모르지만, 만민공동회를 통한 근대적 정치 공동체의 체험은 대한제국 말기의 자강운동이나 국권회복운동 및 일제강점기의 독립운동을 가능하게 하는 원동력이 되었다. 어떻게 3·1운동과 같은 거족적 독립운동이 하루아침에 성립될 수 있겠는가? 또한 전후 42일간에 걸쳐 장작불을 피워가며 철야 시위를 했던 만민공동회의 기록은 해방 이후에도 유례가 없는 한국적 직접민주주의의 출현이다. 요컨대 만민공동회는 한국적 의회 민주주의의 맹아이며, 그런 의미에서 한국 근대 정치의 원형이다.

2. 국민 발견의 시대

아관파천: 새로운 개혁의 가능성

1896년 2월 11일 단행된 아관파천은 한 나라의 국왕과 태자가 외국 공관에 몸을 의탁한 사건이란 점에서 난처하고 기이한 사건이었다. 그러나 당시의 조선 정세를 현실적 관점에서 검토할 때, 아관파천과 다른 형태의 대안은 존재하지 않았다. 예를 들어 1896년 6~7월 니콜라이 2세의 대관식을 전후하여 벌어진 열강 간의 회담 내용을 보면, 일본의 의도는 조선의 신속한 보호국화 또는 식민지화였다. 일본은 러시아를 상대로 39도 선을 경계―이는 원산항과 대동강을 차지하겠다는 뜻이다―로 분할 점령하자는 제안을 했다.[4] 다시 말해 조선은 국왕이 아무런 조치를 취하지 않았다면 훨씬 더 빨리 일본의 속국이 되었을 것이다.

---

[4] 아관파천 이후 러시아, 청, 일본 사이의 외교적 협상에 대해서는 최문형(2001: 205~224) 참조.

러시아 공사관

　아관파천은 그 외에도 다음 3가지 가능성을 열어놓았다는 점에서 새로운 시대를 열었던 중요한 조치였다. 첫째, 아관파천은 3국 간섭 이후 나타난 국제적 힘의 균형을 적극적으로 활용했다. 1876년 강화도조약 이후 조선은 서로 다른 시기에 서로 다른 방식으로 국제적 관계를 설정하려고 했다. 첫 번째 흐름은 갑오개혁 이전까지 서양 각국과 조약을 체결하고 그들의 도움을 받아 문명개화와 부국강병의 목표를 달성한다는 것이었다. 그러나 조선의 이러한 노력은 이홍장의 통제와 감시 때문에 소기의 목적을 달성할 수 없었다. 결국 청일전쟁을 계기로 조선에 대한 주도권이 청에서 일본으로 넘어갔다.

　이 같은 상황에서 단행된 아관파천은 국제 열강의 힘의 균형 아래 조선의 활동 공간을 넓혔던 적극적인 노력으로 평가받을 수 있다. 혹자는 조선에 대한 주도권이 일본에서 러시아로 넘어간 것일 뿐이라고 하겠지만, 당시 러시아가 조선에 미친 군사·재정적 내정간섭은 일본의 그것과 비교하기 어려운 것이었고, 아관파천을 통해 러일 간의 힘의 균형이 비로소 달성될 수 있었다. 따라서 아관파천은 조선이 한반도를 둘러싼 국제정치적 지형을 창출했다고는 말할 수 없지만, 근대적 의미의 국제정치적 지형이 만들어지는 과정에 조선이 주도적으로 참여했음을 의미하는 것이었다. 이 당시에 짜인 국제정치의 구도는 분단과 한국전쟁을 낳은 국제정치의 지형이며, 최근의 6자회담에 이르기까지 면면히 이어지고 있다.

둘째, 아관파천은 근대적 개혁을 위한 활동 공간을 마련해주었다. 『독립신문』의 창간은 을미사변 후 친일적인 김홍집 내각 아래에서 유길준의 지원을 받아 추진된 것이지만, 실제의 신문 발행은 여러 가지 장애물을 넘어야 했다. 이정식 교수는 최근의 저서에서 일본 당국이 『독립신문』 발행을 적극적으로 반대했으며, 서재필에게 암살의 위협을 가했다는 사실을 밝히고 있다(이정식, 2003: 179~181). 서재필은 조선의 상인들에게 석유 직수입 회사—이는 건양협회의 설립 노력으로 이어진다—를 설립하면 많은 이익을 누릴 수 있다고 조언했다. 그것은 일본 상인들이 조선에서 누리는 막대한 이익에 손상을 가하는 것이었다. 바로 이 점 때문에 일본 당국은 서재필을 암살하려고 했으며, 서재필은 그 협박을 듣고 1896년 1월 31일 윤치호에게 일본 사람들이 자신을 "독약처럼" 미워한다고 말했으며, 만약 신문 발행 노력이 계속될 경우 모든 관련자가 암살될 것이라며 두려워했다(윤치호, 1971a: 134).

그러나 아관파천은 이와 같은 일본의 영향력을 하루아침에 상실되도록 만들었다. 물론 아관파천은 유길준의 실각으로 이어져 『독립신문』 발행에 새로운 장애가 되기도 했지만, 만약 아관파천이 단행

유길준

되지 않았다면 서재필은 미국으로 돌아갔을 것이며 『독립신문』의 발행은 무산되었을 것이다. 또한 『독립신문』이 발행되었다고 하더라도 그 활동은 제약을 받았을 것이며, 독립협회를 창립하거나 독립문과 독립관 같은 국가적 상징물을 건설하는 일도 무산되었을 것이다. 또 의회 개설을 목표로 했던 만민공동회도 성공을 거둘 수 없었을 것이다. 물론 이태진과 주진오처럼 독립협회나 만민공동회의 근대적 개혁성 자체를 부인하거나, 그 같은 운동이 왕권의 약화를 초래하여 고종의 광무개혁을 지체시켰다는 주장도 있지만, 그것은 민주주의의 힘이 무엇인지를 간과한 보수적 견해가 아닐 수 없다.

셋째, 아관파천은 고종에 의한 개혁의 공간을 마련해주었다. 고종은 을미사변 이후 일본의 폭압적인 통제와 친일 내각에 둘러싸여 사사로운 행위까지 감시를 당하는 처지에 놓여 있었다. 그러나 아관파천을 계기로 의정부 회의를 직접 주재할 수 있었으며, 개혁의 이름으로 자행된 일본식 개혁을 제자리로 돌려놓고 고종 자신이 계획했던 일련의 개혁 작업을 추진할 수 있었다(이태진, 2000: 307~386). 이태진 교수는 당시 본궁의 역할을 하던 경운궁 앞의 방사상 도로 건설과 종로의 가건물 철거를 주 내용으로 하는 도로 정비 사업과, 독립문, 원구단 및 홍릉 등 국가적 상징물 건설 그리고 두 곳의 시민 공원 건설을 고종에 의해 추진된 대표적인 근대화 사업으로 지적하고 있다. 이 같은 도시 정비를 통해 서울 중심가는 위엄을 갖춘 근대적 도시로 면모를 일신했으며, 1899년 5월에는 서대문 - 청량리 간 전차가 개통될 수 있었다.

광무개혁의 내용은 광범위하다. 고종은 1897년에는 국호를 대한제국으로 바꾸고 황제에 즉위한 다음, 1899년 8월 17일 대한국국제大韓國國制를 반포하여 황제의 친정 체제를 강화하고, 국방력 강화와 재정 개혁, 상공업 육성에 주력하였다. 즉 1900년 9월 광무학교鑛務學校를 설립하여 장차 광산 사업을 직접 주도할 계획을 세웠고, 금융 제도의 개선을 위하여 1901년 2월 신식화폐조례를 공포하여 금본위 제도를 채택하면서 중앙은행 개설을 준비했다. 또 1898년에서 1903년 사이에 궁내부 산하 각 관서들이 경영하는 각종 산업 시설로 전환국(1898), 인쇄국(1900), 평식원·도량형 제작소(1902), 한성전기회사 발전소(1903), 궁내부 소속 정미소(1903), 군부총기 제작소(1903), 연와 제조소, 초자 제조소 등을 용산 일대에 건설했다. 이 같은 개혁은 개혁의 의도가 미처 결실을 보기 전에 일본의 러일전쟁 승리로 빛을 잃기는 했지만, 이처럼 황제가 직접 주관하는 광범위한 개혁이 추진될 수 있었던 것은 아관파천이 존재했기 때문이었다. 이태진 교수에 따르면, 이 같은 개혁의 성공은 독립협회의 실패와 대비되는 것이라고 하는데, 이런 성공이 일본의 초조감을 자극해 조기에 러일전쟁을 일으키는 원인이 되었다고 한다(이태진, 2000: 74~88).[5]

국어의 발견과 국민의 발견

아관파천 이후 나타난 근대적 변화 중에서 『독립신문』만큼 조선 사회에 장기적이면서도 커다란 충격을 준 사건은 없었다. 신용하 교수는 『독립신문』의 영향을 7가지로 정리했는데(신용하, 2001: 362~371),[6] 우리는 그 항목을 더 늘릴 수 있을 것이다. 그러나 중요한 것은 항목의 수가 아니라, 조선 사회에 미친 변화의 핵심적 내용이다. 이 경우 『독립신문』이 언문일치와 국어 전용을 채택한 것만큼 근대적 영향을 미친 것은 없을 것이다. 근대 민족국가의 출현은 언제나 새로운 커뮤니케이션의 변화를 수반하는데, 『독립신문』의 한글 전용은 남녀노소 빈부귀천을 막론하고 조선 안에 살고 있는 사람들을 인민 또는 백성이란 하나의 범주 안에 포함시키는 관념을 대중적으로 유포시켰다. 이것은 그 이전에 남녀가 유별하고, 반상의 구별이 엄격하며, 사람대접을 받지 못하는 천민들이 존재하던 세상과 아주 다른 것이었다. 『독립신문』은 창간호 논설을 통해 이렇게 말한다.

> 우리 신문이 한문은 아니 쓰고 다만 국문으로만 쓰는 것은 상하귀천이 다 보게 함이라. 또 국문을 이렇게 구절을 띄어 쓴즉 아

---

[5] 그러나 이태진 교수의 이런 평가에는 동의하기 어렵다. 전쟁을 앞둔 외국 세력이 진정 무서워하는 것은 몇 가지 물질적 진보가 아니라, 국민의 자발적 참여에 기초한 단결력이다. 만약 만민공동회가 추구했던 개혁이 받아들여지고 충군애국하는 시민이 많아졌다면, 침략 전쟁은 할 수 없어도 최소한 나라를 방어할 수 있는 국제적 힘의 균형을 유지하는 데는 도움이 되었을 것이다.

[6] 그는 『독립신문』이 (1) 국민의 개명 진보를 위한 계몽적 활동, (2) 자주독립과 국가이익의 수호, (3) 민권수호운동, (4) 한글 발전에의 공헌, (5) 부정부패의 고발, (6) 독립협회의 사상 형성과 기관지 역할, (7) 세계와 한국의 연결과 한국인 시야의 세계적 확대 등에 기여하였다고 했다(이 책 3장 3절(66쪽) 참조).

무라도 이 신문 보기가 쉽고 신문 속에 있는 말을 자세히 알아보게 함이라. [……] 우리 신문은 빈부귀천을 막론하고 이 신문을 보고 외국 물정과 내지 사정을 알게 하라는 뜻이니 남녀노소 상하 귀천을 막론하고 우리 신문을 하루걸러 몇 달간 보면 새 지각과 새 학문이 생길 걸 미리 아노라(『독립신문』1896년 4월 7일(제1권 제1호)).

여기서 『독립신문』은 한문을 아니 쓰고 국문을 쓰는 이유가 상하 귀천 모두가 신문을 보도록 하기 위한 것이라고 말한다. 이와 같은 문장을 처음 본 사람들, 특히 정당한 사회 구성원으로 평가받지 못한 여성, 농민, 천민이 받았을 충격은 지금으로서는 상상하기 어렵다. 다시 말해 한글 전용은 새로운 시대에 맞게 새로운 사람들을 이 사회의 구성원으로 호명하고 동원하는 논리를 내장한다.[7] 물론 언문일치와 한글 전용은 『독립신문』이 처음 주장하고 채택한 것은 아니다. 이는 유길준 등 초기 개화파의 스승이었던 후쿠자와 유키치福澤諭吉의 사상에 깊이 뿌리를 내리고 있던 것이며,[8] 1886년 1월부터 발행된

---

[7] 베네딕트 앤더슨은 신문과 소설 등 출판물의 대량생산이 국민 공동체의 실재를 구성하고 재현하는 데 커다란 공헌을 했으며, 그런 의미에서 국민은 자연적 집단이 아니라 문화적으로 구성된 상상의 공동체imagined community라고 지적한 바 있다 (Anderson, 1983).

[8] 조선에서 신문의 중요성을 공개적으로 언급한 이는 유길준이다. 그는 이미 1882년 4월 21일 후쿠자와가 창간한 『시사신보時事新報』에 기고한 「신문의 기력을 논함」이라는 글에서 신문의 중요성을 강조하고 있다. 이 기사에는 한글 전용에 관한 주장이 나타나고 있지 않지만, 유길준은 이미 신문은 일반 대중이 읽기 쉽게 어려운 한자가 아니라 국한문혼용체로 써야 한다는 생각을 갖고 있었던 것으로 보인다. 후쿠자와 유키치는 유길준이 그의 집에 기숙할 때, 『문자지교文字之敎』라는 자

『한성주보』는 국한문을 혼용하여 정부기관지를 발행함으로써 한글 전용에 다가갔으며, 『독립신문』 이전부터 한글 전용을 주장하는 목소리를 어렵지 않게 발견할 수 있다(이태진, 2000: 44).

하지만 『독립신문』은 한글 전용의 논리를 근대화의 관점에서 더욱 발전시키고 상업적인 논리에 입각하여 신문을 발행했다는 점에서 큰 의미를 갖는다. 한글 전용에 관한 논설과 기사는 『독립신문』에 자주 등장한다. 그 내용의 핵심은 이 책의 3장에서 말한 것처럼 양반과 기득권층의 언어인 한문(한자)은 더 이상 모든 인민이 주인인 문명국가의 언어가 될 수 없다는 것이다. 따라서 『독립신문』의 한글 채택은 '국어의 발견'이자 '국민의 발견'이며 '근대적 국가의 발견'이라고 할 만큼 획기적인 사건이었다.

물론 『독립신문』이 상정했던 인민과 국민의 성격이 어떤 것이었는가에 대해서는 많은 연구가 필요한 실정이지만, 그것이 사농공상의 신분제를 부정한 토대 위에 있다는 것은 『독립신문』을 읽어보면 쉽게 알 수 있다. 또 『독립신문』은 독자의 투고문을 논설란에 직접 전재轉載하는 경우가 많았는데, 이는 상하의 신분 관계를 기본으로 하는 사회에서는 불가능했던 의사소통 방식이었으며, 오늘날 국내의 유수한 신문들조차 시도하지 않고 있는 커뮤니케이션 방식이었다.

또한 당시의 신문 읽기 방식은 요즘의 신문 읽기 방식과 달랐다. 당시에는 신문을 혼자 읽는 경우보다 여러 사람 앞에서 낭독하는 경우가 훨씬 더 많았다. 즉 글을 읽고 쓸 줄 아는 사람이 여러 사람 앞에

신의 저서를 한글과 한문의 혼용체로 번역하도록 시켰는데, 이 책은 문어체로 된 중국식 일본어를 구어체에 맞게 쓸 것을 주장했다(정용화, 2004: 71에서 전재).

서 『독립신문』을 낭독하는 방식이었던 것이다. 군수, 교사, 훈장, 상인 등 다양한 계층의 사람들이 『독립신문』을 낭독했으며, 글을 읽을 줄 모르는 사람들은 그들이 읽어주는 기사를 통해 문명 세계에 대한 새로운 지식과 정보를 습득했다. 요컨대 『독립신문』의 발간으로 인해 "국민들은 미몽에서" 벗어나 "사회의 진상"을 알게 되었고, "관리의 악정"과 "재판의 부당함"을 알리기 위해 "여론"을 일으킬 수 있게 되었으며, "합리적인 교육"과 "정당한 개혁"에 대해서 관심을 갖게 되었던 것이다(Bishop, 1898: 271).

신문 독자의 이 같은 변화는 새로운 정치 공동체에 대한 열망을 낳았고, 국가를 구성하는 인적 원리에 대해 혁명적 변화를 초래했다. 예를 들어 『독립신문』에는 백성[9]과 함께 인민이란 표현이 일상용어처럼 사용되고 있는데,[10] 이는 보통의 사회 구성원을 조선 시대 또는 그 당시 조선 정부와 다른 방식으로 정의하는 용어였다. 또 『독립신문』은 원이나 관찰사와 같은 관인들을 '백성의 종'이라고 규정하는가 하면(『독립신문』 1896년 4월 16일), 나라를 부강하게 만드는 가장 근

---

[9] 백성은 신분제 국가의 민중을 가리키는 용어지만, 이 시기에 들어서 관리는 '백성의 종'이라거나 '백성은 오직 나라의 근본이며, 근본이 튼튼해야 나라가 편안한 법'이라는 용법에서 보이는 것처럼 근대적 인민의 개념을 말하면서도 당시의 용어법에 일정하게 적응하기 위해 백성이란 용어를 사용하는 경우도 많았다. 이러한 용례에 대해서는 정교(2004: 188) 참조.

[10] 류준필은 『독립신문』에 게재된 총 776개의 논설 중에 인민과 백성이 사용된 빈도수를 조사했는데, 1896년 336/447, 1897년 429/453, 1898년 542/762, 1899년 253/814로 조사되었다. 여기서 해마다 두 용어의 사용 빈도수가 증가하는 것은 신문의 발행 부수 증가에 따른 것이므로 큰 의미는 없는 듯하다. 다만 1899년에 신문 발행 부수의 현격한 증가에도 불구하고 인민의 사용 빈도가 급감하는 것은 만민공동회가 진압되고 고종의 친정 체제가 확립된 것과 관계가 있는 것으로 파악되며, 이 시기에 정치체제가 경직되고 있음을 보여준다(류준필, 2004: 41).

본적인 방책은 인민들에게 권리를 주는 것이라고 주장하곤 했다(『독립신문』1898년 12월 15일). 물론 민권 개념은 『독립신문』에서 처음 발견되는 것이 아니다. 기본적인 민권 개념은 이미 개화사상가들을 통해 나름대로 충분하게 소개된 상태였다. 그러나 『독립신문』은 광범위한 독자층과 독립협회 회원, 나중에는 만민공동회라는 지극히 대중적인 운동과 결합된 공론장을 통해 민권 개념들을 대중적으로 유포시켰다. 특히 1898년 3월부터 12월까지 3차에 걸쳐 일어났던 만민공동회는 참여자들에게 새로운 정치적 경험과 근대적 체험을 확산시키는 통로가 되었다.

3. 민회에 대한 관심과 의회의 맹아

회 또는 민회에 대한 관심

아관파천 이후의 시기에 독립협회와 만민공동회가 담당했던 역할을 새로운 각도에서 살펴볼 필요가 있는 듯하다. 『독립신문』이 문자를 매개로 새로운 정보를 제공하며 계몽을 역설했다면, 독립협회는 사람들을 모아 토론회를 조직하는 운동 단체였으며, 만민공동회는 단체 회원을 넘어서는 일반 대중이 만들어낸 정치 공간이기 때문이다. 두 운동은 서로 공유되는 부분도 있고 구분되는 부분도 있다. 여기서는 먼저 독립협회와 만민공동회가 의회주의적인 방식으로 운영되었다는 점에서 공통점을 갖고 있다는 점을 논의한다.

『독립신문』을 읽다 보면, 회會 또는 민회民會에 관한 기사나 논설이 지속적으로 강조되고 있으며, 그런 경향은 1898년에 더욱 강화된

다. 서재필은 『독립신문』 논설을 통해 "대저 회會라 하는 것은 정부나 사회에 제일 요긴한 것이요, 학문과 지혜와 생각과 의견과 경제상에 가장 유효한 것이라. 배재학당의 협성회와 독립관의 토론회가 크게 아름다우며 충청남도 공주 쌍수성하의 독립협회가 또한 극히 좋은 일이더라."(『독립신문』 1898년 2월 19일)라며 회를 발전시켜야 한다는 주장을 펴기도 했다. 또 토론을 학습하고 토론을 통해 의사 결정을 하는 방식은 협성회→독립협회→만민공동회라는 경로를 통해 확산되는데, 이 과정을 통해 의회적 방식이 날로 발전되고 있음을 확인할 수 있다.

회 또는 민회를 민주적으로 운영하는 문제도 핵심적인 관심 사항이었다. 『독립신문』에는 '회의하는 규칙', '정치하는 학문'이란 표현이 자주 등장하는데, 이는 모두 회의를 운영하는 일과 관계가 있는 표현이었다. 또 독립협회에서는 윤치호로 하여금 로버트 헨리가 쓴 『의회 통용 규칙Pocket Manual of Rules of Order for Deliberative Assemblies』의 1부를 번역하게 하고, 그것을 29쪽의 국한문 혼용의 책자로 만들어 회원들에게 배포하고 이를 함께 공부하기도 했다. 1898년 6월 2일부터 21일까지 『독립신문』은 "천하만국이 의회하는 통용 규칙을 미국학사 라베츠 씨가 만들고 대한 전 협판 윤치호 씨가 번역하고 박아[책을 만들어] 파오니 의회하는 규칙을 배우고자 하는 이들은 독립신문사로 와서 사다가 보시오. 값은 매권에 동전 오 푼씩이요."라고 이 책자에 대한 광고를 게재하고 회의하는 규칙을 널리 알리려고 하였다. 또 『독립신문』을 읽다 보면 당시에 회의를 하거나 대중 집회를 열 때, 서로 의견이 맞지 않아 소란해지면 누군가 "질서!", "질서!" 또는 "규칙!", "규칙!"을 외치는 대목이 등장하는

데,[11] 이는 영국 의회에서 의장이 "order!", "order!"를 외치는 것을 차용한 것인 듯하다.

이처럼 의회적 방식을 채택하여 단체를 운영하는 것은 협성회를 통해 먼저 나타났다. 협성회는 서재필의 영향 아래 『독립신문』이나 독립협회보다 늦은 1896년 11월 30일에 창립되었다. 서재필은 배재학당에서 세계지리, 역사, 정치학을 틈틈이 가르치는 한편,[12] 학생들로 하여금 협성회를 조직하여 서구적인 토론 방법을 익히도록 했다. 서재필은 학생들을 두 조로 나누어 선정된 문제에 관해 갑조 또는 우의右意는 찬성하는 연설을 하고 을조 또는 좌의左意는 반대하는 연설을 하도록 했는데,[13] 이 새로운 방법은 그가 미국에서 고등학교를 다니던 시절 보고 배운 것을 그대로 이식한 것이며 궁극적으로는 영국 의회의 토론 방식에 그 기원을 두고 있는 것으로 보인다(이정식, 2003: 221~222). 토론회 참석자들이 자기 나름대로 준비를 할 수 있도록 토론의 주제는 2주일 전에 결정하여 『협성회회보』를 통해 1주일 전에 공고함으로써 활발한 토론이 이루어지도록 했다. 협성회는 점차적인 토론 주제의 변화, 참여 인원의 증가, 이 모임에 참석했던 사람들의 태도 변화 등을 볼 때 상당히 성공적이었던 것으로 보인다. 이승만과 같은 청년 지도자가 배출되었던 것도 이 토론회를 통해서였다.

---

11 이러한 예는 정교(2004: 104) 참조.

12 이승만은 서재필의 이 강의를 통해 정치적 자유에 대한 사상을 알게 되었으며, 가슴의 변화와 마음의 변화를 느끼게 된다. 이정식(2003: 219~220)에 나오는 이승만의 수기 "Autobiographical Notes 1912"를 보라.

13 이와 같은 토론 방식에 대한 사례는 『독립신문』 1898년 1월 4일자 논설에 잘 나타나 있다.

『협성회회보』 창간호

협성회 토론회는 1897년 7월 8일 배재학당 종강식을 맞아 서울에 거주하는 외교관을 포함하여 600명이 참석한 가운데 일종의 공개 토론회를 가지기도 했다.

일단 협성회의 토론회가 성공을 거두자, 서재필은 1897년 8월 29일부터 독립협회에서도 매주 일요일 공개 토론회를 갖도록 했다(신용하, 1976a: 33). 이것을 통상회通常會라고 불렀다. 토론은 일상적인 것이며 일상적으로 일요일마다 토론회를 하자는 서재필의 뜻이 담겨 있다고 여겨진다. 이날 토론회에 참석했던 윤치호는 그날 일기에서 "제이손[서재필] 의사는 보면 볼수록, 그리고 들으면 들을수록 더욱 기리게 된다. [……] 이제 가을이 오면 서울의 모든 학교에서 토론회를 갖도록 해야 하겠다."는 포부를 밝히기도 한다(윤치호, 1971b: 87; 이정식, 2003: 224). 협성회의 토론회는 이런 과정을 통해 다른 사람, 다른 학교, 독립협회에도 전파되었고, 회, 민회, 의회와 같은 용어는 단체를 운영하는 근대적 방식으로 확고하게 자리를 잡게 된다. 또 독립협회에서 토론회를 하기로 채택한 것은 독립협회 발달사에서 매우 결정적 변화였다. 독립협회는 "독립문과 독립공원을 건설하는 사무를 관장할 것"을 단체의 목표로 삼고 있었는데, 이 토론회를 계기로 민권을 주장하고, 당시 시급했던 시사 문제에 영향력을 행사하고, 토론회에서 지도력을 발휘한 청년층이 훗날 중요한 민족 지도자로 성장하는 훈련장이 되었다. 당시 독립협회가 방향 전환을 하던 사정에 대해서는 1898년 7월 21일 논설에 자세히 나와 있다.

> 독립협회를 설시한 후 몇 달 동안 다만 여러 회원들이 일요일이면 모여서 담배나 먹고 한담이나 하는 곳이 되어 별로 회원들에게나 민국상에 이로운 일이 없는 고로, 몇몇 사람이 의논하여 작년 여름부터 토론회를 시작하고 각색 학문상에 관계되는 문제를 내어 좌우 시비를 숙론하여 여러 사람들의 문견을 넓게 하고, 일변으로는 각국의 회의 통용 규칙을 공부하여 일요일마다 모이는 사람들에게 다소간 유익한 일이 있게 하였더니, 그후에 국가 내외의 정치상에 인민이 모르는 체할 수 없는 일이 있으면 독립협회가 다른 사람에 비하여 먼저 깨달은 직무가 있는 고로, 혹 상소로 구중궁궐에 민정民情을 입문케도 하며 혹 정부 대신에게 의견서와 질문서를 보내어 인민의 소회를 편 일도 있으나, 회원들이 각자 충군애국 넉 자를 주의로 삼아서 지금까지 일어반사라도 황당한 말을 하거나 혹 사욕으로 의논한 일이 없는 것은 협회의 상소와 편지를 보아도 알지라.

이 논설은 통상회를 시작한 후 약 1년이 되는 시점에서 과거를 돌아보며 회고하는 글인데, 독립협회가 통상회를 통해 "국가 내외의 정치상에 인민이 모르는 체할 수 없는 일"에 대해 의회주의적인 방식으로 접근했으며, 회의를 보다 민주적으로 하기 위해 회의 통용 규칙을 공부했음을 보여준다. 또 "혹 상소로 구중궁궐에 민정을 입문케도 하며 혹 정부 대신에게 의견서와 질문서를 보내어 인민의 소회를 편 일도 있다."고 한다. 즉 이들은 갑신정변의 쿠데타적 방식, 동학농민운동의 민중 봉기가 아니라 의회주의적 공론장을 형성하여 문제 해결을 시도한 것이다. 한편 뒤에서 보는 것처럼 여기서 말하는 상소는 과거 왕조시대의 상소가 아니며, 형식적으로는 상소의 형태를 띠고 있었지만 실제적인 커뮤니케이션의 방식이 많이 달라진다. 독립협회는 이처럼 새로운 의사 전달 방식을 일관성 있게 추구하여 많은 사람에게 민주적 방식으로 운영된다는 신뢰를 주었던 것이 틀림없으며, 이 같은 신뢰를 바탕으로 만민공동회와 같은 공론장이 형성될 수 있었다.

관민공동회: 의회의 맹아

의회주의의 확산에서 만민공동회의 역할을 제외할 수는 없다. 만민공동회는 1898년 3월에 처음 생겨나 대중 집회의 한 가지 형식으로 자리 잡으며, 같은 해 12월 25일까지 중요한 일이 있을 때마다 열렸다. 만민공동회의 백미는 (1) 10월 28일~11월 2일까지 5일 동안 개최된 관민공동회와 (2) 황제의 친유를 전후로 한 며칠간(11월 24, 25, 27~30일)을 제외하고 11월 5일 이후부터 12월 25일까지 전후 42일간 철야 투쟁을 했던 이른바 3차 만민공동회, 즉 당시의 표현을 빌리면 '풍찬노숙'의 투쟁 또는 '장작불집회'의 기록이다. 이 두 유형의 집회는 지금도 다양한 해석의 여지를 남겨놓고 있는데, 여기서는 관민공동회가 의회의 맹아와 같은 형태를 띠었다는 것에 대해서만 논의해보겠다. 왜냐하면 관민공동회는 말 그대로 각계각층의 인민을 망라하여 의견을 듣고, 책임을 맡은 관리(주로 대신)의 찬성을 거쳐야 한다는 공론과 의회주의의 정신이 강력하게 작용하고 있었기 때문이다.

관민공동회가 개최되어야 했던 쟁점과 경위에 대해서는 많은 것이 알려져 있다. 그것은 입헌군주제에 입각한 의회 설립을 둘러싼 대논쟁의 한 과정이었다. 독립협회는 1898년 4월 3일(일요일) 통상회에서 "의회원을 설립하는 것이 정치상에 제일 긴요함"이라는 주제로 토론회를 연 이후 협회 회원과 시민을 상대로 다양한 계몽 활동에 들어갔다. 『독립신문』도 4월 30일 논설에서 의회 설립의 필요성을 역설하는 장문의 논설을 실었다. 그러나 황제의 격렬한 반대에 부딪치고, 의회 설립을 계속 주장하는 것은 반역죄로 몰릴 수 있는 사항임이 분명해지자, 하원 설립은 유보한 채 중추원을 개편하여 상원을 개설하는 쪽으로 방향을 선회했다. 그리하여 독립협회는 독자적으로 '상원 개설안'을 마련하여 정부 측과 협상에 들어갔다. 이 협상의 가장 큰 쟁점은 중추원 의관을 50명으로 하고, 그중 25명을 황제가 직접 임명하고 나머지 25명을 독립협회에서 선거를 통해 선출한다는 것이었다. 그러나 황제는 독립협회 회원이 과반수를 차지한다는 것에 반대하여 17명을 독립협회에서 선출하고 나머지 8명을 보부상 단체인 황국협회에서 선출하자는 안을 제시하여 해결의 실마리가 풀리지 않았다.

이에 독립협회에서는 10월 25일 상소에서 고종의 배후에서 의회 설립을 반대하는 심상훈, 민영기, 윤용선, 이인우, 민경식, 장봉환, 길영수, 민강호, 최병주 등을 강력하게 비난하며, 이들 때문에 언로가 막히고 "위아래가 서로 의심하고 충신과 역적을 분간하기 어렵게 되었다."고 하였다(『독립신문』 1898년 10월 26일; 27일). 이에 대해 황제는 10월 26일 "무릇 신하와 백성된 도리로서 폐단이 있으면 수습해야 하는데, 거기에는 스스로 반드시 아뢰어야 하는 의리가 있다."는 비답을 내렸다. 이 비답을 받아 든 독립협회 회원들은 10월 26일 "황제로부터 은혜로운 비답을 들었기 때문에 만세를 세 번 부르고 경무청 문 앞에서 물러 나왔"다고 했으며, 이어 독립협회 사무소에서 회의를 열고, "칙임관, 주임관 및 높고 낮은 전직 관리 그리고 선비들을 초대하여 나랏일을 협의하는 문제에 대해 의논하여 결정했다."고 적고 있다. 바로 이 자리에서 관민공동회를 개최하기로 결정했다.

누가 어떤 이유에서 관민공동회라는 민주적이면서도 탁월한 집회 양식을 제안했는지는 알 수 없다. 다만 독립협회에서 각계각층에 발송한 초대장에는 "관리와 백성이 서로 믿음성이 없을 경우에는 서로 거슬리기 쉽고 일을 이루기 어렵습니다. 이 때문에 자리를 함께하여 상의해서 확정하려는 뜻으로 우러러 알리니 살펴 헤아리시기 바랍니다. 내일 오후 한 시에 종로의 모임을 여는 장소로 왕림해주시기 바랍니다."라고 적혀 있다(정교, 2004a: 239). 다시 말해 "상의해서 확정하려는" 의회주의적 태도가 관민공동회를 개최하는 근원이 되고 있다. 독립협회에서는 정부의 관리는 물론 독립협회와 황국협회 등 인민협회(당시에는 민간단체를 이렇게 불렀다), 양반 가문 부인들의 모임인 순성회順成會, 각 학교 학생, 상인, 맹인, 승려, 백정 등 사회 각계각층에 초대장을 보냈다. 물론 관민공동회가 순수하게 의회주의적인 태도에 의해 움직였다고 보는 것은 순진한 생각일 수 있으며,

정치 전술적으로는 대중을 동원하여 황제와 관리들을 압박함으로써 상원 개설안을 통과시켜보려고 한 측면을 간과할 수는 없다. 그러나 그들의 방법이 이처럼 공개 토론의 형식을 띠었다는 것은 어떤 나라 어떤 시기의 정치사에도 흔치 않은 일이다.

관민공동회[14]는 28일 오후 1시 종로에서 개최되었는데, 첫날에는 이차개회離次開會(장소를 옮겨 집회를 여는 것)를 금지한 황제의 허락을 받지 못한 관리들이 참석하지 않았지만 독립협회 회원을 중심으로 약 4,000명이 모였다. 이날은 민주주의와 공화주의를 옹호하는 발언을 하여 황제와 정부 관리들을 자극하지 말며, 대신들에게 모욕적인 언행을 하지 말라는 주최 측의 당부가 회의의 중요한 내용이었다. 당시 공화주의와 민주주의는 황제에게 군주제도를 무너뜨리려는 의도로 해석되었기 때문이다. 둘째 날(29일)에는 황제의 허락을 받은 대신들을 포함하여 1만 명의 청중이 모였으며 외국의 공관원들도 참석하여 조선의 정세 변화를 지켜보았다. 관민공동회는 주최 측인 독립협회 회장 윤치호, 관을 대표하는 의정부 참정 박정양, 민을 대표하는 박성춘의 연설을 듣는 것으로 시작되었다. 특히 박성춘은 백정 출신으로 감격적인 연설을 하여 새로운 시대가 열렸음을 알렸다.

> 이놈은 바로 대한에서 가장 천한 사람이고 무식합니다. 그러나 임금께 충성하고 나라를 사랑하는 뜻은 대강 알고 있습니다. 이제 나라를 이롭게 하고 백성을 편리하게 하는 방도는 관리와 백

---

14 이 부분에 대해서는 주로 신용하(1976a; 1976b; 2001)를 참조함.

성이 마음을 합한 뒤에야 가능하다고 생각합니다. 저 차일遮日 [천막]에 비유하건대, 한 개의 장대로 받치자면 힘이 부족하지만 만일 많은 장대로 힘을 합친다면 그 힘은 매우 튼튼합니다. 삼가 원하건대, 관리와 백성이 힘을 합하여 우리 대 황제의 훌륭한 덕에 보답하고 국운이 영원토록 무궁하게 합시다(정교, 2004a: 248).

과거의 백정이 임금에게 충성하고 백성을 사랑하는 근대적 시민으로 탄생하는 순간이었다. 이후 만민공동회가 42일간의 철야 집회를 할 때 나무꾼, 콩나물 장수 할머니, 병사, 기생, 신기료장수, 승려, 맹인, 초등학교 학생 등 온갖 종류의 직업 가진 인물들이 새로운 시민이 되어 참여하는 것을 목격할 수 있는데, 그 바탕에는 만민공동회가 박성춘과 같은 인물을 민의 대표로 추대한 것과 같은 정신이 깔려 있었다. 또 거기에는 상하 귀천을 가리지 않고 인민을 민의 수렴의 주체로 만들려는 의회주의 정신이 자리 잡고 있었다. 이날 관민공동회는 독립협회가 11개조의 국정 개혁 대강령을 제출하여, 이중 6개는 강으로 하여 공개 결의하고, 5개조는 목으로 하여 황제에게 품의하기로 했다. 이 6개조가 바로 그 유명한 '헌의 6조'이다.[15]

관민공동회는 이 '헌의 6조'를 참석한 사람들에게 돌려 보게 하고, 참석한 대신들이 '가可'자를 서명했으며, 정부 수반인 박정양이 10월 30일 황제에게 상주했다. 이로써 민과 관이 함께 상의하고 결정한다는 한반도 최초의 의회적 결정 방식은 완성되었다. 그리고 관민공동회는 오늘날 우리가 운영하고 있는 의회의 원형 또는 맹아였다고 할

---

15 헌의 6조의 내용은 신용하(2001: 438) 참조.

수 있다. 이날 한규설은 이렇게 말했다. "오늘 관리와 백성들이 협의하는 것은 나라를 세운 지 5백 년 이래로 처음 있는 일입니다. 의결한 6조목은 모두 법률 안에 정해진 사안들입니다. 사람 몸에다 비유하여 말하자면, 정부는 피부이고 인민은 오장육부입니다." 또 관민공동회에 참석한 회원들은 "관리와 백성이 한마음이 되었으니 부강의 기초가 오늘에 와서야 정해졌습니다. 나라를 위해 만세를 부릅시다."라고 말했다(정교, 2004a: 248~249). 협성회, 독립협회의 꾸준한 토론과 공론장을 통한 의사 결정 방식이 승리를 거두는 순간이었다.

4. 만민공동회와 한국 근대 정치의 개막

만민공동회의 전개 과정[16]

지금까지 만민공동회는 보통 독립협회 활동의 연장으로 설명되는 것이 보통이었다. 물론 만민공동회를 이끈 인적·사상적 역량은 독립협회를 통해 배출되었다. 그러나 만민공동회는 독립협회와 구분되는 운동으로 독립협회의 지도 없이 대중들이 자발적인 집회를 열기도 했으며(1898년 3월 12일 종로, 4월 30일 숭례문 앞, 6월 20일 종로, 7월 1~2일 종로, 7월 16일 종로 및 11월 5일 이후의 만민공동회가 그렇다), 대중들의 참여가 높았을 때는 위력을 발휘하다가 대중들에게 거부당했을 때에는 쇠퇴·소멸했다. 다시 말해 독립협회의 주체가 비

---

16 이하에서 설명하는 만민공동회의 전개 과정은 이 책 3장 4절의 내용과 대동소이하나 부분적으로 일부 내용을 보완하기도 하였다.

만민공동회 종로 집회 모습

교적 소수의 엘리트였다면, 만민공동회는 대중들이 이끌어간 한반도 최초의 근대적 정치운동이었다. 또 만민공동회는 운동의 형성→전개→부분적 성공→쇠퇴 과정이 해방 이후 주기적으로 나타난 민주화운동과 유사한 구석이 많다는 점에서 한국적 직접민주주의의 원형이다.

만민공동회는 1898년 크게 3차례에 걸쳐 열렸다. 제1차 만민공동회는 1898년 2월 21일 구국 선언 상소를 올리는 데에서 단초가 마련되었다. 3월 10일에는 약 1만 명의 성인 남성들이 미전 상인 현덕호 씨를 회장으로 뽑고 종로 백목전白木廛 다락 앞에 모여 만민공동회를 개최하였다. 이날 집회에서는 현공렴, 홍정후, 이승만, 조한우, 문경호 씨가 연설하며 러시아의 절영도 저탄소(현재의 부산 영도) 조차를 반대·규탄하고, 전년 8월부터 문제가 되었던 군사교관과 재정 고문의 철수 및 노한은행의 철거를 요구했다. 1895년 을미사변 직후의 상황과 비교하면 국내외 정세는 크게 호전되었다. 아관파천이 만들어낸 국내외적 정치 공간이 이 같은 상황을 가능하게 했다.

이틀 후인 3월 12일에는 서울 남촌에 사는 평민 수만 명이 만민공동회의 성공에 고무되어 협회의 지도 없이 만민공동회를 개최하였다. 이들은 출동한 시위대 군인들을 투석전으로 물리치고, 이틀 전과 마찬가지로 절영도 조차 반대, 러시아 군사교관 및 재정 고문의 철수를 결의했다. 이에 따라 러시아는 절영도 대신 청국의 요동반도로 해군기지를 이동하기로 결정했고, 3월 17일에는 재정 고문과 군사교관의 철수를 통고했으며 노한은행도 철폐했다. 제1차 만민공동회는 이를 지켜본 각국 외교관들에게 큰 충격을 주었고, 각국 정부로 하여금 한반도 상황을 재평가하게 했으며, 한반도에서 제국주의 열강이 힘의 균형을 유지하도록 하는 데 주체적 역할을 했다. 최초의 만민공동회가 대성공을 거두자 많은 시민이 독립협회에 가입했으며(이때 독립협회 회원이 4,000명을 넘었다), 회표會標(오늘날의 배지)를 제작하여[17] 회원을 구분해야 할 정도가 되었다.

제2차 만민공동회는 1898년 9월 11일 발생한 '김홍륙 독차 사건'을 둘러싸고 수구파 정부와 독립협회 사이에 벌어진 논쟁이 계기가 되었다. 이 사건의 관련자를 수사하는 과정에서 심각한 고문이 행해졌으며, 이 사건의 실행 주모자였던 공홍식(임금에게 바치는 서양 요리를 담당하는 주방장이었으며 김홍륙에 의해 천거된 자였다)이 감옥 안에서 칼에 의한 자상을 입는 사건이 발생했다. 또 수구파 정부 관리는 물론 성균관 유생들조차 '임금의 독살 사건'이란 현실 앞에

---

17 회표 제작 결정은 3월 7일 내려진다(정교, 2004a: 39).

도약소를 중심으로 상소를 올리는 등 연좌제의 부활을 지지하는 사태로 발전했다. 이 사건의 수사를 맡았던 경무사 신기선은 독립협회의 질의에 대한 답장을 통해 "대역 죄인에 대한 형벌을 허둥지둥 목매달아 죽이는 것으로만 처리해버린다면, 결코 귀신과 사람의 분노를 다 씻을 수 없고 역적의 쓸개를 다 갈아버릴 수가 없습니다."(정교, 2004a: 248~249)라며 당시의 법 감정을 옹호하고 나서기도 했다.

제2차 만민공동회는 '황제 대 만민공동회' '수구파 정부 대 독립협회'가 12일간이나 자신들의 주장을 굽히지 않으며 대치했다는 점에서 새로운 국면을 보여준다. 이 12일 동안 황제와 만민공동회가 "7대신을 파면 못한다", "7대신을 파면해야 한다"며 벌인 지루한 공방전은 마치 1987년 6월 항쟁 당시 전두환 군사정부와 시위 군중이 "개헌을 해야 한다", "못한다"며 벌인 공방전과 매우 닮았다. 처음에는 10월 1일 중추원 앞에서 비교적 적은 군중이 신기선의 사임을 요구하는 것으로 시작되었지만, 10월 6~7일에는 시전 상인들의 모임인 황국중앙총상회도 가세하는 등 대규모 군중집회로 변모한다. 7일에는 시전을 철시하고 이번에는 신기선의 파면을 요구하는 상소를 올렸으며, 집회의 양상은 점점 더 운동 공동체의 모습을 띤다. 과천의 나무 장수 방윤길은 나무 판 돈 1원을 내놓고, 12세의 군밤 장수 아이는 백동화 2전을 기부했다. 서울 안팎의 백성과 지방민이 내놓은 의연금의 액수가 600원에 이를 정도였다. 결국 고종은 점점 늘어나는 시위 군중의 영향력에 눌려 10월 12일 마침내 독립협회가 신임하는 박정양을 정부 수반으로 삼고 개혁파 정부를 탄생시켰다. 제2차 만민공동회도 성공을 거둔 셈이다. 이로써 독립협회는 이 개혁파 정부를 상대로 관민공동회를 추진할 수 있게 되었다.

제3차 만민공동회는 관민공동회에서 의결된 헌의 6조에 따라 11월 5일 독립협회에서 행해질 25명의 중추원 의관 선출을 앞두고 일어난 쿠데타를 기점으로 발생했다. 친러 수구파는 11월 4일 밤부터 11월 5일 새벽, 상원 개설이 임금을 밀어내고 "대통령 박정양, 부통령 윤치호, 내부대신 이상재" 등을 주축으로 하는 공화제 건설 음모라는 '익명서 조작 사건'을 일으켜 일종의 '쿠데타 상황'을 조성한 후, 17명의 독립협회 간부를 체포했다. 정국은 하루아침에 공포 분위기로 변했다. 그러나 서울 시민들은 아침이 밝자 이미 20차례 이상 그렇게 모였던 것처럼 만민공동회를 열고, 11월 5일부터 23일까지 무려 19일 동안 지도자 석방과 의회설립운동을 위해 철야로 투쟁했다.

11월 5일 황제의 조칙을 보면, (1) 독립협회가 당을 지어 방자하게 조정과 대신을 꾸짖었고, (2) 관민공동회가 민중을 동원하여 고관들을 위협하여 참석시켰고, (3) 독립협회를 비롯한 각종 협회를 모두 혁파하고, (4) '헌의 6조'는 대신들이 개인적으로 아뢰거나 상소를 올려도 될 것을 민회의 압력을 받아 '가' 자를 서명했으니 모두 파면하겠다는 것이었다. 황제 조칙들은 매 항목이 하나같이 근대적인 공론장과 인민의 정치 참여를 부정하는 것이어서 이른바 수구파와 개혁파의 갈등이 인민의 정치 참여를 둘러싼 것임을 보여준다. 이로써 개혁파 정부는 24일 만에 붕괴되었다. 그러나 이제 서울 시민들은 독립협회의 지도 없이 경무청 문 앞에 모여 17명의 독립협회 지도자 석방을 요구하는 만민공동회를 개최했다. 이들은 "단지 체포된 사람들과 생사를 같이할 것을 맹세했으니 물러갈 수 없다."는 자원취수自願就囚의 요구를 하며 19일 동안 물러서지 않았다. 사람들은 밤이면 모두 한데 모여 장작불을 지펴 몸을 따뜻하게 했는데, 불빛이 하늘을 밝혔고 구경하는 사람도 산처럼 많았다. 이 당시 종로는 조선의 아크로폴리스였다. 조병식 등 수구파는 크게 두려워했고 황제도 후회하면서 초기의 강경 방침을 서서히 누그러뜨렸다.

결국 황제는 11월 26일 만민공공회에 굴복하여 그들의 요구를 전면 수용하는 '칙어'를 내리게 된다. 이날 칙어가 반포되는 과정을 보면, 황제가 오후 1시 독립협회 대표 200인을 친히 부르고 외국 공·영사도 초대하여 증인을 서게 한 후 칙어를 반포하고, 또다시 대표 3인을 직접 면대하여 5가지 요구 사항을 수락하는 형식을 취하여 황제와 인민 대표(만민공동회) 사이에 대타협Grand Compromise이 이루어지는, 조선 역사 초유의 사건을 연출했다. 이로써 만민공동회의 요구 사항은 대부분 관철되었다. 또 오후 4시에는 황국협회 회원 200인을 불러 새로운 결정 사항을 통고했다. 김홍우 교수는 이날 반포된 칙어의 내용과 대타협이 이루어지는 과정을 볼 때, 이는 '한반도 최초의 근대적 헌법'이 성립된 것이라고 평가했다. 또 김 교수는 『독립신문』이 존재했던 3년 8개월의 기간을 "새로운 사회계약이 맺어지는 과정"으로 정리하고, 이 과정은 다시 (1) 사회계약의 예시적 단계, (2) 사회계약이 숙성되는 과도적 단계, (3) 사회계약의 체결 단계, (4) 사회계약의 파기 단계 등 4단계로 구체화했다.[18] 이 같은 주장은 최소한 조선 사회가 더 이상 조선식 군주 국가에 머물 수 없으며, 민중과 권력 엘리트가 공정한 게임을 하기 위한 '사회계약'을 필요로 하는 근대사회에 진입했음을 말해주는 것이었다. 물론 이날의 약속과 만민공동회는 불과 한 달 후 황제 자신의 약속 위반과 황국협회의

18 이 책 3장 각주 11 참조.

공격을 받고 역사의 무대에서 사라진다.

만민공동회의 커뮤니케이션 구조

만민공동회의 의미는 대규모 군중이 참여하여 황제를 굴복시키고 대중의 의사를 관철했다는 것에, 즉 운동의 규모와 주장 및 그들이 거둔 성과에 그치지 않는다. 이 운동의 결정적 국면마다 과거와는 다른 근대적 사상과 체험이 만민의 공동회라는 장에서 자연스럽게 표출되고, 그것은 새로운 정치 공동체를 향한 원동력이 된 것이다. 어떤 의미에서 만민공동회를 경험한 조선은 더 이상 과거의 조선일 수 없으며, 10년 전과 전혀 다른 사회가 되었다고 할 만큼 이 시기에 혁명적 변화가 일어나고 있었다.

그 혁명적 변화는 여러 가지 차원에서 논의될 수 있다. 우선 만민공동회는 그동안 신분제 질서에 억눌려 있던 다양한 계층의 사람들을 인민 또는 충군애국하는 백성이라는 하나의 범주로 호명했다. 이것은 만민공동회가 초래한 가장 혁명적인 변화일 것이다. 만민공동회는 그 이름처럼 만민이 공동으로 모여 국가와 관련된 사무를 토론하고 결정하는 공론장의 역할을 했다. 만민공동회 지도부는 그 같은 일체감을 조성하기 위해 과거와는 다른 배려를 했는데, 대부분의 의제를 독립협회가 발의하면서도 상인이나 백정 출신의 인사를 만민공동회 의장으로 내세우곤 했다. 특히 『독립신문』은 평범한 시민들의 참여를 자주 보도하여 사람들의 참여를 촉구했다.

평범한 인물이 만민공동회의 상징으로 등장한 대표적인 사례는 김덕구의 경우일 것이다. 김덕구는 가죽 신발을 꿰매며 생계를 유지하던 신기료장수였는데, 제3차 만민공동회 당시인 11월 21일 황국협회에 맨주먹으로 대항하다가 사망했다. 독립협회와 만민공동회는 김덕구를 애국과 충의를 위해 싸우다 희생된 '의사義士'로 규정하고 12월 1일 만민장萬民葬으로 그의 장례식을 치렀다. 근대적 시민의식을 촉구하는 새로운 유형의 장례식이 등장한 것이다. 이 장례식의 진행 과정을 보면, 행렬의 맨 앞에는 '대한제국의사 김공덕구지구金公德九之柩'라는 명정이 섰고, 여러 학교 학생과 부인회 등에서 자발적으로 참여하고 수많은 인파가 그의 마지막 길을 지켜보았다. 어린이들조차 자동의사회子童義士會라는 단체를 조직하여 장례 행렬을 따르고 애국 연설을 하여 사람들을 감동케 했다. 한국 최초의 사회장이 거행된 셈이었고, 김덕구는 한국 최초의 열사로 기록되었다. 지금도 한국 민주주의운동에 심심치 않게 등장하고 있는 죽음의 정치학, '열사'가 탄생한 것이다. 심지어 그의 장례식은 황국협회 사람들에게도 많은 영향을 미쳐 황국협회 내부에 분열을 일으킬 정도였다(『독립신문』1898년 12월 6일).

만민공동회는 전통 사회의 커뮤니케이션 방식과 구조에 상당한 변화를 일으켰다. 만민공동회에 관한 1차 문헌들을 살펴보면, 일견 전통 시대와 다름없는 커뮤니케이션 방식을 채택하는 것처럼 보인다. 즉 만민공동회는 국왕을 상대로 수많은 상소를 올리고, 대중 집회가 성립되기 전까지는 상소를 통해 문제를 해결하려고 했다. 그런 의미에서 만민공동회는 당시의 관행을 전면 거부한 것이 아니라, 개혁을 주장하면서도 상당 부분 전통과의 공존을 꾀했다. 그러나 이들의 상소와 집회 방식은 이미 전통 시대의 상소와 그 성격을 크게 달리하는 것이었다.

그 달라진 내용들은 다음과 같다. (1) 상소를 올리기 전에 독립협회 내부에서 상당한 토론을 거친다. (2) 임금에게 상소를 올리기 전에 해당 업무와 관련된 대신에게 질의서를 보낸다. 이 시기에는 외교문제와 관련하여 외부대신에게 묻는 질의서와 범죄 문제를 놓고 법부대신 또는 경무사에게 질의서를 던지는 경우가 많았다. 이것은 오늘날 국회의원이 공무원에게 질문을 던지는 것과 유사한 과정이었다. 신기하게 많은 대신이 이 질문서에 무성의한 것일지라도 답장을 한다. 특히 이 질의서들은 "국무대신들은 각각 그 직책이 있다."고 한 것처럼 정책 지향적인policy-oriented 관점에서 따져 물었으며, 과거처럼 한 개인이 도덕적 감정에 기초하여 상소를 올리는 것과 같은 경우는 찾아볼 수 없다. 그런 의미에서 대신에 대한 질의와 임금에 대한 상소는 대중 집회를 열기 전 쟁점을 부각시키는 아젠다 세팅의 의미를 갖고 있었다.

(3) 해당 대신과 문제를 해결할 수 없다는 판단이 서고, 토론을 통해 임금에게 상소를 올리기로 결정되면, 상소문을 작성하는 대표를 정하고, 그 대표가 상소문을 작성하여 임금에게 전달했다. (4) 일단 상소문이 작성되면, 상소문을 즉시 『독립신문』 등에 공개하여 많은 사람이 알도록 했다. 이는 다시 평범한 독자를 애국 애족하는 시민으로 호명하는 또 다른 방식인데, 이 과정을 통해 국정의 흐름을 파악하도록 하고 만민공동회에 많은 사람이 모이도록 했다. (5) 상소에서 제기한 문제가 해결되지 않으면 대중 집회를 통해 항의하고 문제의 해결을 촉구했다. 이 과정에서 연설이라고 하는 의사 전달 방식이 중요한 커뮤니케이션 수단으로 부상했고, 이승만과 같은, 연설과 선동을 무기로 하는 근대적 정치 스타가 부상했다. 이렇게 볼 때, 연설은 서로 다른 계층과 이해관계를 갖는 사람들을 근대 민족국가라는 틀

로 호명하는 전형적인 커뮤니케이션 수단이었다.

　셋째, 연속 19일, 11월 5일부터 12월 25일까지 중간에 9일을 제외한 42일간에 걸친 철야 투쟁의 경험이다. 만민공동회의 투쟁 방식은 민중이 봉기하여 부패한 관리를 직접 징치하거나 혁명 또는 소수가 기획한 쿠데타적 방법과는 전혀 다른 방식이다. 적으면 수천 명 많으면 만 명이 넘는 군중이 하나의 집단이 되어 42일간 철야로 투쟁한 체험은 그 체험의 내용을 쉽게 추측하기 어렵게 만든다. 물론 밤이 되면 군중의 숫자는 현저하게 줄어들었지만, 만민공동회 지도부는 투쟁의 연속성을 확보하기 위해 노력했으며, 시민들은 아침이 되면 다시 모였다. 계절이 계절인지라 추위, 음식, 생리적 현상 등에 대처하며, 황제와 개혁에 반대하는 관료 및 황국협회와 전선을 형성한 상태에서 공동체 의식을 키웠다는 것은 색다른 정치 경험이었다. 오늘날 한국 정치에서 촛불이 중요한 상징이 되고 있는데, 이 당시에는 겨울 추위를 녹이는 장작불이 중요한 역할을 했다. 아무튼 이처럼 비폭력 평화 시위는 평범한 시민을 지지 기반으로 하는 운동이 취할 수 있는 유일한 방식이며, 근대적 형식의 정치적 의사 표현 방식이다. 이것은 필연적으로 의회 민주주의를 지향한다. 또 근대 민족국가의 형성기에 나타나는 이 같은 정치적 체험은 쉽게 잊히거나 쇠퇴하기 어려운 특징을 갖고 있다.

　물론 이 같은 운동은 그 나름의 약점도 갖고 있다. '충군애국하는 인민'이라는 하나의 범주는 국내외적으로 수많은 타자를 양산한다. 또 이 같은 운동 방식은 몇몇 선동가나 권력을 차지하려는 야심가들의 목표가 되기도 한다. 만민공동회도 예외는 아니었다. 이승만 전기를 집필했던 로버트 올리버는 이승만이 만민공동회 기간 중 자신이

만민공동회 본부를 습격하고 대안문 앞에 다시 모여 항의 집회를 열고 있는 보부상들

연소하고 정치적 경험이 없었기 때문에 일본과 일본에 망명해 있던 개화파 인사(이들은 박영효와 안경수 등이다)들의 앞잡이가 되었던 경험을 밝히고 있다. 이승만은 비밀리에 그들을 만나 서구 제국주의에 대항하는 '대동합방'—이는 '대동아공영권'의 초기 버전이다—을 논의했으며, 중추원 첫 회의에서 일본에 망명하고 있는 개화파를 모두 사면하고 박영효를 중추원 의장에 등용할 것을 제안했다고 밝히고 있다(올리버, 2002: 59~60). 이는 중추원이 12월 16일 박영효 등 11인을 천거한 사건과 관련이 있는 것으로 보이며, 만민공동회가 황제와 대중의 신뢰를 잃고 쇠퇴의 길로 접어드는 중요한 계기가 되었다. 결국 만민공동회는 12월 24일 황국협회의 습격을 받고, 25일 황제의 해산 명령에 의해 역사의 장에서 사라진다.

5. 맺음말

지금까지 만민공동회가 어떤 정치 지형 아래에서 형성, 발전, 쇠퇴했으며, 그것이 어떤 이유에서 한국 근대 정치의 원형인가를 밝혔다. 만민공동회는 아관파천이 마련한 새로운 국내외적 정치 지형 아래에서 협성회와 독립협회 등이 발전시킨 의회주의를 대중적 운동에 적용하는 것이었고, 의회주의를 바탕으로 여러 계층의 사람들을 충군애국하는 인민이라는 하나의 범주로 호명하며 대중적 운동을 이끌어냈다. 이 같은 대중적 체험은 그 자체로 과거의 신분제도를 부정할 뿐만 아니라 임금과 인민의 권력관계를 재규정하는 것이었으며, 결국 근대적인 정치 공간을 재구성하는 새로운 관념을 제공했다.

그러나 만민공동회는 기존의 역사책에서 새로운 제도 건설이나 유형적인 업적을 남기지 못하고 역사에서 사라졌으며, 그것으로 만민공동회의 역사는 과거에 존재했던 하나의 역사적 사건, '깡통 속에 갇힌 사건'으로 기술된다. 그러나 만민공동회의 해산이 만민공동회와 관련된 모든 것의 해체를 의미하는 것은 아니다. 대규모 정치적 체험을 통해 근대 민족국가의 세례를 받은 인민들은 결코 사라질 수 없다. 그들은 서로 다른 시기에 서로 다른 모습을 하며 역사의 현장에 재등장하기 마련이다. 그것은 1905년 이후 국권회복운동이나 자강운동, 식민 시대의 독립운동에 커다란 자양분이 되었으며,[19] 궁극적으로는 대한민국 건설의 경험적 기초가 이 시기에 마련되었다. 다

---

19 역사에 미친 '서재필의 공적'을 정리한 이정식의 글에는 이와 유사한 내용이 등장한다. 이정식(2003: 239~266) 참조.

만 만민공동회의 파괴 이후 고종 황제의 전제적 통치가 실시되는데, 혹자는 이 시기를 광무개혁이 상당한 성과를 달성하는 과정으로 묘사하지만(이태진, 2000: 74~88), 무엇보다 의회주의와 공론장의 실종을 초래하여 유형적인 성과에도 불구하고 민중의 자발적인 성장을 억제한 기간으로 볼 수 있다. 이는 근대 민족국가에서 국가의 힘은 궁극적으로 인민의 정치적 역량에 의해 결정된다는 것을 보여준다.

어떤 의미에서 만민공동회가 황국협회에 의해 타격을 입었다는 사실조차 한국적인 근대 정치의 풍경을 이루는 것은 아닐까? 황국협회는 독립협회가 전성기를 구가하던 1898년 7월 7일 독립협회를 반대하는 일을 목적으로 창립된 보부상 단체이다. 이들 보부상 단체는 대원군 시절 처음 정치적 동원의 대상이 되었다가, 이 시기에 이르러 "나도밤나무"라는 나무 이름처럼 "나도 민회"라고 주장하며 외면적으로는 독립협회의 운영 방식을 모방했다.[20] 아니, 독립협회의 근대적 성격을 흠모했다는 것이 옳다. 그러나 이들은 실제로는 황제로부터 경제적 이익이나 이권을 받는 대가로 친위 동원 세력이 되었으며, 만민공동회 집회에서 여러 차례 폭력을 행사했다. 황국협회의 이같은 폭력은 만민공동회가 후기에 들어 부분적으로 폭력을 행사하는 빌미를 제공하기도 했다. 그런데 겉으로는 민간단체임을 가장하지만, 실제로는 권력 집단의 사주를 받고 폭력을 행사하는 집단의 존재는 한국, 나아가 아시아 민주주의에서 보편적으로 나타나는 근대적 풍경이다. 다시 말해 근대사회에서는 보부상 단체조차 정치적 동

---

20 황국협회는 독립협회가 하원 설립을 포기하고 중추원 개편을 통한 상원 개설로 방향을 잡은 이후 한동안 하원을 개설해야 한다는 주장을 펼치기도 했다(조재곤, 2003: 135~139).

원의 대상으로 변화하며 대중적 테러가 근대 정치의 상수임을 말해 준다. 그런 의미에서 황국협회 역시 근대적 원형을 구성하는 존재이 며, 성급하게 도덕적 판단을 내리기보다는 그 성격과 존재근거를 심 도 있게 파악할 필요가 있다.

독립협회 또는 만민공동회가 근대의 원형이라고 해서 모든 것이 긍정될 수 있는 것은 아니다. 근대적 기준은 어디에서나 새로운 타자 를 양산하기 마련이다. 위생, 남녀, 결혼과 가족, 근대적 공업화, 사회 적 진화론, 부국강병, 자유주의 등 이 시기에 형성된 새로운 담론들 은 새로운 억압의 요소가 되고 근대적 폭력의 원천이 될 수 있다. 그 럼에도 불구하고 이 시기에 한국 사회가 국지적이며 파편적인 서구 문물의 수용이 아니라, 정치적 체험을 통해 하나의 완결된 근대를 대 중적으로 체험했다는 사실을 밝히는 일은 중요하다. 인간은 사회적 존재이면서도 자신의 기원과 멸망에 대해 관심을 갖는 역사적 존재 이기 때문이다. 그것은 장기간의 식민지와 독재정치를 거치면서 왜 곡된 우리 자신의 기원을 제대로 정립하는 일이기도 하다.

7장
만민공동회, 근대적 정치 학습의 현장

1. 흔들리는 대한제국, '소실점'을 상실한 풍경화

수백 년 동안 동아시아 질서를 견고하게 지탱하고 있던 중국을 중심으로 한 중화 체제는 아편전쟁 이후 걷잡을 수 없는 해체의 길로 들어선다. 중화 체제 또는 조공 시스템을 대신하여 등장한 이른바 '만국공법 질서'는 '세력균형'이라는 개념에 입각하여 만국이 균등한 자격을 지닌 주체라는 점을 표 나게 강조한다. 조선이 1880년대에 들어 구미 각국과 외교 관계를 수립하는 것도 만국공법 질서의 구체적 실천이라는 측면에서 이해할 수 있다. 모든 국제법이 그러하듯 만국공법 역시 열강의 이해를 반영할 수밖에 없다는 점을 부언할 필요는 없을 것이다. 그러나 만국공법의 허상을 꿰뚫어 볼 수 있는 혜안을 지닌 지식인이나 정치인은 많지 않았던 듯하다. 특히 근대화를 추진한 소위 개명 관료들은 문명의 빛에 눈이 어두워 열강의 논리를 조리 있게 비판할 능력조차 갖추지 못하고 있었다.

1894년 동학농민운동을 계기로 청일 양국은 조선 땅에서 대리전을 치른다. 청일전쟁에서 승리한 일본은 단박에 아시아의 맹주로 부상하면서 그 야심을 노골화한다. 그리고 1894~1895년, 조선은 갑오개혁을 단행하고 정치의 기본 강령으로 '홍범 14조'를 발표한다. 이 강령의 제1조는 '자주독립'을 명시하고 있거니와, 여기에서 말하는 자주독립이란 물론 청나라로부터의 독립을 의미했다. 이와 함께 수많은 개혁안(김홍집·박영효 연립내각에 의해 의결된 것만 해도 214건에 이른다)이 통과되는데, 중앙정부의 개혁, 지방 제도의 개혁, 군사·사법·교육 관계 제도의 정비 등 휘황찬란한 개혁안들이 속속 발표되기에 이른다. 그러나 대부분의 개혁안은 종이 위를 벗어나지 못한다. 계획으로 끝난 개혁이라 할 수 있을 터이다. 물론 여기에는 시모노세키조약과 삼국간섭, 박영효의 실각 등 다양한 국내외적 요소들이 자리 잡고 있었다. 그런데 무엇보다 주의해야 할 것은 이러한 거창한 개혁을 추진할 수 있는 세력이 형성되지 못했다는 점이다. 개혁 추진 세력의 부재와 더불어 고갈 상태에 이른 재정도 개혁 실패의 원인으로 보아야 할 것이다.

삼국간섭과 아관파천(1896), 그 과정에서 친러 세력과 친일 세력의 암투가 계속된다. 1897년 2월, 1년 만에 경운궁으로 환궁한 고종은 10월 들어 몇몇 전직 관료와 유생들의 의견을 수용하여 '황제'의 자리에 오른다. '광무光武'라는 독자적인 연호의 제정과 황제 즉위, 국호 제정의 과정을 거쳐 대한제국이 탄생하는데, 칭제稱帝 건원建元의 핵심은 국왕의 칭호를 황제로 높여 자주독립국가의 면모를 갖춘

다는 데 있었다. 그러나 이에 반대하는 세력도 만만치 않았다. 최익현·유인석 등 이른바 위정척사 계열의 유생들은 중화사상과 주자학적 명분론에 입각하여 칭제를 반대하였고, 독립협회 측도 칭제 논의에 냉담했던 걸로 알려져 있다. 특히 윤치호는 비판적인 입장을 견지했다. 그에 따르면 열강의 국권 침탈 상황에서 이름만의 칭제는 무의미하고 중요한 것은 국가의 실질적인 힘이지 군주의 존호가 아니었다.

고종은 1897년 10월 12일 원구단에 나아가 하늘에 고하는 제사를 지내고 백관의 제례가 끝난 후 황제의 자리에 오른다. 이어서 10월 13일 조칙을 내려 국호를 삼한을 아우른다는 의미의 '대한'으로 선포하고 이 사실을 주한 각국 외교관에게 통고하여 자주독립국가임을 내외에 천명하였다. 이는 중화 질서에 포박되어 있던 조선이 황제의 나라, 그 이름도 당당한 대한제국으로 거듭나려는 의지를 보여준 사건이라 할 수 있을 것이다. 그러나 열강들의 잠정적인 세력균형이라는 국제 정세를 포착, 만국공법을 내세워 청과의 전통적인 사대 관계를 부정하고 자주권의 확립을 선언한 대한제국은 국제 정세의 변동에 따라 언제라도 깨져버릴 수 있는 허약하기 짝이 없는 '허명虛名'에 가까웠다. 명실상부한 '제국'에 도달하기에는 열강들의 집요한 책략에 따른 시련이 너무도 컸으며, 관료들의 부패와 타락 그리고 비전의 부재로 인한 국가 시스템의 마비는 그 시련을 넘어설 수 있는 가능성을 원천봉쇄하고 말았다.

결국 황제라는 칭호는 만국공법이 전파한 유행을 좇아 내건 한갓 액세서리에 지나지 않았다고 해도 좋을 듯하다. 황제 고종은 이 무거운 치장에 힘겨워 하며 자신을 둘러싼 이른바 '간세배'들의 말에 따

대한제국 선포에 운집한 군중

라 고개를 주억거릴 따름이었다. 그에게서는 대한제국이라는 경계 안에 살고 있는 백성들을 국민으로 규합할 황제로서의 카리스마를 찾아볼 수가 없었다. 물론 고종 개인만을 탓할 수는 없을 것이다. 꼭두각시일망정 그를 내세워 구성원들의 시선을 끌어모을 수 있는 하나의 '소실점'을 만들지 못한 정치 관료들의 무능이 더욱 심각했다고 해야 할 터이다. 비유컨대 '1890년대 조선'이라는 제하의 풍경화에는 창의적인 구상과 치밀한 구도가 결여된 채 덧칠만이 난무했다. 이를 두고 소실점을 상실한 풍경화라 할 수 있지 않을까.

1898년 12월 26일 그러니까 몇 달을 이어온 대대적인 민중들의 시위가 수면 아래로 잠긴 시점, 소실점을 상실한 대한제국을 격렬한 '지진'이 휩쓸고 갔다. 1898년 12월 28일자 『독립신문』은 「연일지진」이라는 제목의 잡보 기사를 싣는다.

재작일 밤 여덟 시에 지동地動이 있어, 집이 움직이고 문짝이 흔들려 방 안에 있던 사람들이 놀라 밖으로 나오기도 하고 혹 누가 밖에 와서 문을 흔들고 부르는 줄로 알고 헛 대답한 사람도 있다 하고 혹 어디서 대포를 놓는가 의심하여 매우 놀란 사람들도 많았었다 하더니, 어제 오후 두 시 반에 재작일과 같이 또 지동이 있었다더라.

만민공동회 해산을 전후한 시각, 인구 17만의 서울에 구세군 냄비가 걸리고, 몇몇 교회에서는 예수 탄생을 축하하는 성탄 예배가 조촐하게 열리고 있었다. 성탄절 다음날, 어디선가 대포를 쏘는 듯 땅이 흔들리며 집이 요동을 치자 서울의 민중들은 놀라 밖으로 뛰쳐나왔다. 지진은 같은 해 6월 4일에도 있었다. 그 지진이 1898년 조선을 뒤흔들었던 격동의 시간을 예고한 지질학적 징후였다면, 12월 26일과 27일의 연이은 지진은 민중의 함성이 땅속으로 잦아드는 한숨 섞인 울림이었다고 할 수 있을 것이다. 수많은 사람이 집결, 무력한 정부를 대신하여 만민공동회라는 이름의 대규모 시위를 통해 위기에 처한 대한제국을 구해야 한다며 목청을 높였던 자리에도 한바탕 지진이 휩쓸고 갔을 것이다. 중심을 잃고 흔들리는 정부의 책략에 밀려 민중들의 함성이 지하로 스며들고 난 뒤였다. 비슷한 시기에 지진뿐만 아니라 '월식月蝕' 현상까지 나타난 마당이어서 이 불길한 징조를 바라보는 민중들의 심사는 더욱 착잡했을 터이다. 이렇듯 정치적 지각변동 혹은 대한제국의 정치적 파탄을 알리는 불길한 지진과 함께 광무 2년 한 해가 저물어가고 있었다.

2. 독립협회, 근대적 정치운동의 '방아쇠'

"민족과 왕조 제국의 의도적인 결합물인 '관 주도 민족주의'를 찾는 실마리는 그것이 1820년대부터 유럽에서 급격히 확산된 대중 민족운동 후에 대중 민족운동에 대한 반동으로 발달했다는 것을 기억하는 일이다." 베네딕트 앤더슨은 『상상의 공동체: 민족주의의 기원과 전파』에서 이렇게 말한 바 있다. 일본의 경우에서 명확하게 볼 수 있듯 민족이라는 이름으로 상상된 공동체의 세계적 전개에 위협을 느낀 지배 계층이나 지도 인물들은 관 주도 민족주의를 전파하는 데 온 힘을 기울인다. 그들은 가능한 모든 미디어를 동원하여 '민족' 또는 '국민'이라는 조형물을 만들고자 했으며, 그 정점(소실점)으로 천황을 배치했다. 천황을 국가의 표상으로 내세운 메이지 정부는 1853년 페리 내항 이후 폭발한 민중들의 저항을 흡수·재조직할 수 있었다. 그 과정에서 상반된 정치적 견해를 가진 사람들 사이에 암살과 테러 등 폭력이 난무했을 뿐만 아니라 짧지 않은 기간 동안 세이난 전쟁西南戰爭을 비롯한 내전과 폭동을 겪었다는 것은 잘 알려진 바와 같다.

그런데 조선의 경우 동학농민운동이라는 거대한 민족운동의 요구를 수용할 시스템이 부재했다. 갑오개혁에서 그 요구가 일부 수용되었다 하더라도 그것을 적극적으로 밀고 나갈 수 있는 개혁 세력이 지극히 미미했다. 대원군과 명성황후의 대립, 고종 독살 미수 사건을 비롯한 기득권 세력들의 끊일 줄 모르던 암투와 음모를 떠올리는 것만으로도 충분하다. 이러한 시점에서 비교적 명료한 입장을 표명하고서 등장한 정치 세력이 독립협회였다. 1898년 7월 21일자 논설은 독립협회가 걸어온 길을 회고하고 또 걸어가야 할 험난한 길을 예고하면서, 법률과 규칙을 지켜 "황실을 위하고 동포를 사랑하는 마음과 정성"을 펼쳐야 한다고 말한다.

> 독립협회를 설시한 후 몇 달에 다만 여러 회원들이 일요일이면 모여서 담배나 먹고 한담이나 하는 곳이 되어 별로 회원들에게나 민국상에 이로운 말이 없는 고로, 몇몇이 의논하고 작년 여름부터 토론회를 시작하여 각색 학문상에 관계되는 문제를 내어 좌우 시비를 숙론하여 여러 사람의 문견을 넓게 하고, 일변으로는 각국 회의 통용 규칙을 공부하여 일요일마다 모이는 사람들에게 다소간 유익한 일이 있게 하였더니, 그후에 국가 내외의 정치상에 인민이 모르는 체할 수 없는 일이 있으면 독립 토론회에서 다른 사람에게 비하면 먼저 깨달은 직무가 있는 고로, 혹 상소로 구중궁궐에 민정民情을 입문케도 하며 혹 정부 대신에게 의견서와 질문서를 보내어 인민의 소회를 편 일도 있으나, 회원들이 각자 충군애국 넉 자로 주의를 삼아서 지금까지 일언반사라도 황당한 말을 하거나 혹 사욕으로 의논한 일이 없는 것은 그 협회의 상소와 편지를 보아도 알지라.
> 근일에 들은즉 이 협회를 훼방하여 심지어 없앨 계책까지 한다 하니 이런 말을 준신은 아니하거니와 시비가 많은 것은 우리도 아는 바라. 그 협회에서 과연 잘못한 일이 있으면 마땅히 그 잘못한 것을 광명정대히 책선責善할 것이요, 뒤로 다니면서 훼방을 하거나 음해할 생각을 두는 것은 우리 생각에 대단히 불가히 여기며, 협회를 위하여 말하면 시비 듣는 것이 도리어 큰 이익이라. 옳은 일만 하면 세상 사람이 다 그르다 하여도 관계할 일이

없고, 만일 그른 일을 행하면 세상이 시비할수록 더 경계가 될 터이니 협회 제군자들은 설립한 본 목적을 잊어버리지 말고 매사를 난만爛漫 공의公議하여 바른 일이라도 회중 규칙과 국가의 법률을 준수하여 옹용雍容 처치處置하여 조금이라도 경솔하거나 황잡하거나 무례한 일이 없게 하여 세상 사람이 모르고는 훼방을 할지언정 알고는 독립협회를 조금이라도 흠단 잡을 모퉁이가 없게들 하여, 위로는 황상 폐하의 칙령으로 설립한 협회를 욕되게 말고 아래로는 회원들의 명예를 손상치 말며, 어느 때까지든지 황실을 위하고 동포를 사랑하는 마음과 정성이 여일하기를 깊이 바라노라.

독립협회는 이 논설에서 보는 것처럼 매주 일요일에 '통상회通常會'라 불리던 정기 모임에서 토론회를 개최했다. 매주 일요일에 열리던 통상회가 토요일로 바뀐 것은 1898년 11월 말부터인데, 11월 29일 자 『독립신문』 「잡보」는 그 이유를 "일요일은 7일 만에 한 번씩 돌아오는 공일인데 공일은 세계 각국에서 사람마다 쓰지 않고 으레 쉬는 날이거늘 독립협회 통상회를 항상 공일에 하는 것이 대단히 불가하니 이다음부터는 공일 전날 토요 반공일에 통상회를 하기로" 결정했다고 설명한다.

어찌 됐든 독립협회 회원뿐만 아니라 일반 방청객들이 참석하기도 한 이 토론회에서는 매주 한 가지 주제를 정하여 토론을 펼쳤다. 장소는 독립협회 사무소 또는 독립관이었다. 그 현장이 어떠했는지 하나만 예를 들어보기로 하자. 1898년 11월 29일자 잡보란에 실린 「토론문제」라는 기사는 다음과 같이 전하고 있다.

돌아오는 토요일 통상회에 토론할 문제를 내서 회중에 반포하는데, 문제는 '신信과 의義를 튼튼히 지키는 것은 본국을 다스리는 데와 외국들을 사귀는 데 제일 요긴함'으로 결정하고, 우의右義는 이승만·장태환, 좌의左義는 이상재·방한덕 사四 씨로 선정하였다는지라. 돌아오는 반공일 통상회 토론에 긴요하고 재미스러운 말이 많이 있을 터이니 독립협회 회원들은 연고 있다 칭탁들 말고 관민 간에 모두 가서 참여들 하기며, 방청하실 첨군자들도 많이 가서 들으시오.

먼저 설정된 문제(여기서는 '신과 의를 지키는 것은 본국을 다스리는 데와 외국들을 사귀는 데 제일 요긴함')를 두고 좌우 양편으로 나뉘어 논쟁을 벌인다. 예컨대 이승만과 장태환이 찬성하는 입장에서 의견을 개진하고, 이상재와 방한덕이 반대하는 입장에서 의견을 펼친 다음, 참석한 사람들이 표결을 통해 가부可否를 결정한다. 이런 방식으로 위생 문제, 통상 문제, 의회 설립 문제, 교육 문제 등 다양한 관심사를 토론에 부침으로써 당시 조선이 안고 있던 많은 문제를 해결해나갈 수 있는 하나의 좌표를 마련하고자 했던 것이다. 그리고 토론 과정을 거쳐서 결정된 의견은 『독립신문』을 비롯한 매체에 게재되어 각 지역의 독자들에게 전달된다. 바야흐로 모든 일을 '난만 공의'하는 '토론의 시대'가 열리고 있었던 셈이다.

독립협회에서 개최한 토론회는 근대적 공론의 장을 형성하는 데 결정적인 계기가 되었다. 독립협회의 토론회를 본떠 전국 각지의 단체와 학교에서 토론회를 열었으며, 시국에 관심을 가진 사람이라면 때와 장소를 가리지 않고 설전을 벌이곤 했다. 토론과 그 연장선상에 있는 연설은 인민을 계몽하는 강력한 '미디어'로서의 역할을 수행하고 있었던 것이다. 그리고 이는 「협회에서 할 일」이라는 제목의 1898년 8월 4일자 논설에서 볼 수 있듯이, "협회 제 회원들이 그 회표會表에 쓴 충군애국 네 글자를 잊어버리지 않는 일이 매우 감사하며 아무쪼록 몇 번 득승한 것을 믿고 교만한 마음이 나지 말며, 경적하는 생각이 없이 사사 혐의와 쓸데없는 의심을 버리고 마음을 같이하며, 힘을 합하여 악한 정사는 뿌리를 뽑고, 좋은 법으로 근원을 맑혀 민국이 태평하기를 바라"는 독립협회 지도부와 『독립신문』 필진들의 '마음'을 전달하는 장이기도 했다.

그렇다면 독립협회와 만민공동회는 어떤 관계에 있었을까. 신용하 교수의 『독립협회연구』(1973)는 독립협회와 만민공동회에 관한 한 선구적이자 독보적이라 할 수 있는데, 이 연구에 따르면, 『독립신문』이 창간된 지 3개월 후인 1896년 7월 2일에 창립을 선언한 독립협회의 넓은 의미의 자주민권자강운동은 대체로 다섯 단계로 나누어 볼 수 있다. 제1단계는 독립문 건립 운동기. 1896년 창립 초부터 1897년 8월 28일까지가 이 시기에 해당한다. 이 시기에는 독립문·독립공원·독립관의 건립 사업과 독립문 건립 모금 운동이 독립협회 활동의 핵심을 이루었다. 이 기간에는 독립협회의 창립을 주도한 고급 관료가 조직의 핵심을 이루었다. 제2단계는 토론회 계몽운동기. 1897년 8월 29일부터 1898년 2월 20일까지가 이 시기에 해당한다. 이 기간에는 토론회를 개최하여 민중을 계몽하는 운동을 주로 하였으며, 이에 따라 독립협회에도 일반 회원과 민중이 대거 진출하기 시작했다. 제3단계는 좁은 의미의 자주민권자강운동기. 1898년 2월 21일부터 1898년 10월 27일까지가 이 시기에 해당한다. 이 기간에 독립협회는 나라의 자주독립과 자유 민권과 자강 개혁을 실현하기 위한 수많은 활동을 전개하였으며, 과제가 대두할 때마다 즉각 이에 대응하여 민중 주도하에 강력한 자주민권자강운동을 전개하였다. 제4단계는 관민공동회 운동기. 1898년 10월 28일부터 11월 2일까지의 6일간이 이 시기에 해당한다. 독립협회는 이 기간에 대규모의 민중대회를 개최하고 여기에 관원들을 합석시켜 민중이 결의한 개혁 정강에 동의하도록 하였으며, 이로써 국정 전반의 개혁을 실시할 기초를 닦고자 했다. 제5단계는 만민공동회 투쟁기. 1898년 11월 3일부터 1898년 12월 25일까지가 이 시기에 해당한다. 이 시기에 독립협회는 정부와 수구파의 본격적인 탄압을 받게 되자 이에 대항하였으며, 민중의 자발적인 만민공동회가 상설 기구로 조직되어 독립협회와 함께 수구파와 외세에 대항하여 자주 민권 자강 투쟁을 전개하였다.

신용하 교수는 독립협회를 '주어'로 놓고 이 시기의 운동을 서술하고 있지만 독립협회의 영향력은 제3단계를 고비로 현격하게 감소하고, 자발적인 민중들의 시위가 전면에 부상한다. 물론 독립협회 인적 구성상의 다양한 스펙트럼을 고려해야겠지만, 고문顧問으로서 실질적인 영향력을 행사한 서재필을 비롯하여 윤치호·이상재·이완용 등은 민중들로부터 일정한 거리를 유지하고 있었다는 점을 기억할 필요가 있다. 그리고 자주 자강 운동이라 했지만 독립협회 지도부가 외세 침탈에 대해 보인 태도를 들여다보면 그들의 이중성 또는 양면성을 분명히 알 수 있다. 예컨대 러시아가 목포에 영사관을 짓기 위한 부지를 필요 이상으로 넓게 요구한 데 대해 그들은 명확한 반대 의견을 개진했다. 그리고 러시아와 동맹 관계에 있던 프랑스가 경의선 철도 부설권을 차지할 당시 이미 약속한 바 있는 철도 연변의 탄광을 확정짓자는 요구를 한 데 대해서도 반대하였다. 반면 영국이 정부의 방침을 무시하고 금광 채굴권을 침탈한 데 대해서는 침묵하였을 뿐만 아니라, 독일이 외부대신에게 행패를 부리면서까지 강요하였던 당현堂峴 금광 채굴권에 대해서도 수용하는 자세를 보였다.

이러한 이중성은 일본에 대한 태도에서 절정에 이른다. 러시아의 철수 이후에 윤치호는 고종으로부터 일본 군대의 철수를 독립협회에서 요구해달라는 요청을 받았으나, 일본 군대의 주둔은 일본의 거류민을 보호하기 위해서이며 국내 정세의 안정을 위해서도 필요하다는 이유로 거절하였다. 무엇보다 중요한 것은 1898년 9월 일본이 경부철도 부설권을 침탈했을 때 독립협회가 보인 태도이다. 이때 독립협회는 전혀 이에 반대하지 않았을 뿐만 아니라, 이와 관련하여 방한한 이토 히로부미를 '조선 독립에 큰 공이 있는 인물'이라 하여 영접 대표단을 파견하였고, 나아가 환영 연회에서 그를 찬양하는 시를 짓기도 하고 선물(독립문이 새겨진 은제 찻잔)까지 증정하는 등 극진히 환대하였다. 이러한 상황에서 이권 침탈 문제를 독립협회의 주요 활동 방향으로 삼을 것인가에 대해서 내부에서 치열한 논쟁이 전개된 바 있다.『대한계년사』를 쓴 정교鄭喬는 열강에게 침탈당한 이권을 조사하여 대책을 강구하자고 주장한 반면, 윤치호와 남궁억 등은 그러한 움직임은 외국인들의 비위를 거스를 우려가 있으니 그만두자는 입장을 견지했다. 그러다 독립협회의 운동 노선은 반외세 투쟁에서 반정부 투쟁으로 선회한다.

독립협회의 활동과 지도부의 역할을 폄하할 생각은 조금도 없다. 다만 독립협회의 영향력을 지나치게 확대해석할 경우 만민공동회의 의미가 축소 왜곡될 우려가 없지 않다는 점만 지적해두기로 한다. 독립협회가 1898년 3월부터 그해 말까지 전개된 대규모 시위의 방아쇠 역할을 했다는 점만은 분명하다. 하지만 일단 총구를 떠난 탄환은 독립협회 지도부가 겨냥하지 않은 표적을 향해 날아가고 있었다. 사실 만민공동회는 하나가 아니었다. 독립협회가 주최하고 조직한 독립협회의 민중 동원 집회와 더불어 독립협회와 관계없이 민중들이 수시로 자발적으로 조직한 만민공동회가 공존했던 것이다. 종로와 인화문 밖, 숭례문, 경무청 앞, 진고개 왜장터뿐만 아니라, 고등재판소, 부상負商 패들과 일전을 벌인 공덕동, 김덕구의 장례식이 성대하게 거행된 용산 등도 만민공동회의 '장소'로서 기억해야만 한다.

3. 1898년 겨울, 그 '풍찬노숙'의 기록

"1898년 열강의 이권 침탈에 대항하여 자주독립의 수호와 자유 민권의 신장을 위하여 조직·개최되었던 민중 대회"라고 일컬어지는 만민공동회는 민중들이 근대적 개혁을 향한 열망을 표출한 거대한 시위의 원형이자 미완의 정치운동이었다. 1898년 3월 10일, 만민공동회라는 이름으로 외세의 배격과 의회 설립 등을 주장하며 일련의 시위를 전개했던 민중들은 10월 28일부터 11월 2일까지 6일에 걸친 관민공동회에서 자신들의 요구를 관철시킨다. 시위 현장은 충군애국의 함성이 울려 퍼지는 가운데 남녀노소와 빈부귀천을 물론하고 모두가 하나의 '대한제국의 인민'임을 확인하는 '축제'의 도가니였다. 인민의 힘과 그 가능성을 깨닫는 장이기도 했다.

그러나 기쁨도 잠시, 정부 측에서 시위를 주도한 인물 17명을 체포함으로써 상황은 다시 급변한다. 잠깐의 기쁨과 휴식을 누릴 여유도 없이 시위 군중들은 다시 거리로 모여든다. 그리하여 1898년 11월 5일부터 12월 23일까지 황제 친유親諭 이후의 6일간을 제외한 40여 일 동안 철야 농성에 돌입한다. 경무청과 고등재판소 그리고 궁궐 앞 육조거리를 점거한 시위대는 여러 차례에 걸쳐 상소를 올리고 드디어는 고종 황제를 불러내어 '항복 선언'을 받아내기도 한다.

40여 일간의 철야 농성 투쟁, 이야말로 만민공동회 시위의 절정이었다. 실패 또는 패배 여부는 다음 문제이다. 이 40여 일에 걸친 만민공동회의 대대적인 시위는 어느 매체보다 강력한 계몽의 통로였다. 콩나물 파는 할머니에서부터 기생과 백정 그리고 철모르는 아이들에 이르기까지 계층과 신분을 떠나 모든 사람이 '충군애국하는 조선의 인민' 자격으로 만민공동회의 시위에 직접 참가하거나 전폭적인 지지를 보냈다. 시위대를 위해 시민들이 자발적으로 마련한 장터에서는 장국밥을 제공했으며, 이른바 '규찰대'를 조직하기도 했다. 바야흐로 혁명 전야의 전운이 감돌고 있었던 것이다.

할머니와 순검들이 앞을 다투어 푼돈을 털어 시위 군중을 응원하고 나섰고, 어느 '의로운 죽음'을 계기로 남대문 밖 이문골에 사는 김광태를 비롯한 아이들은 이른바 '자동의사회子童義事會'를 만들어 충군애국을 목청껏 외치기 시작했다. 이런 아이들뿐만 아니라 찬양회 부인들 및 학생들이 온갖 모임을 만들어 시내 곳곳에서 연설회를 개최했다. 새로운 '계몽의 미디어'인 연설이 강력한 호소력으로 시민들 속으로 파고들었으며, 『독립신문』, 『매일신문』, 『제국신문』, 『황성신문』 등이 그 현장을 대대적으로 '중계'했다. 시위를 통한 계몽이 절정에 이른 순간이라 아니할 수 없다. 이제 '백성'들은 시위를 통해 타자와 자기를 동시에 발견함으로써 자신들이 하나의 '국민'임을 자각하기 시작했던 것이다. 이제 그 40여 일간의 기록을 『독립신문』과 『매일신문』 그리고 『대한계년사』 등의 기사에 의거하여 간략하게 재구성해보기로 한다.

제1일(11월 4일 밤~5일): 정부는 관민공동회의 요구를 받아들여 11월 4일 중추원신관제를 의정부참정 박정양의 이름으로 공포한다. 민중들은 11월 5일 독립협회를 대표하는 의원을 뽑는다는 꿈에 부풀어 있었다. 그러나 4일 밤, 조병식·유기환·이기동 등 수구파 관료들은 이른바 익명서 사건을 조작한다. 독립협회가 11월 5일 독립관에 모여 박정양을 대통령, 윤치호를 부통령으로 하는 공화정을 도모한다는 게 그 내용이다. 분개한 고종은 주도 세력들의 체포와 독립협회의 혁파를 명한다. 그리하여 윤치호를 제외한 17명과 기타 회원 2명, 총 19명이 체포되기에 이른다. 민중과의 약속을 지킬 만큼 강단을 지니지 못한 황제 고종의 어이없는 배신이었다. 경무청 앞에 모인 시위 군중들은 이들의 석방을 요구하며 철야 농성에 돌입한다.

제2일(11월 6일): 경무청 관리들의 협박에도 불구하고 종로의 대소 시전 상인들이 철시를 단행한다. 수구파와 고종은 무력 해산을 검토한다. 그러나 시위 군중의 저항에 막혀 무산되고 만다. 시위 군중들은 여러 차례 경찰 병력과 대치한다.

제3일(11월 7일): 민중들의 만민공동회 투쟁을 배경으로 하여 개혁파 관료들이 반격에 나선다. 경무사 신태휴는 "충군애국한다는 사람들을 어찌 잡겠는가."라고 항변하면서 만민공동회에 참가한 사람들을 모두 체포하라는 상부의 명령을 거부한다. 그뿐만 아니라 일부 하급 관리들도 민중들의 투쟁에 동의한다. 밤부터 차가운 겨울비가 내리기 시작한다.

제4일(11월 8일): 겨울비가 내리는 가운데 고등재판소 앞에서 철야 시위가 계속된다. 비를 무릅쓰고 흩어지지 않은 채 철야 시위를 벌이는 시위대들을 위한 의연금과 물품이 줄을 잇는다. '일본 친구'는 조일주朝日酒 40되를 보내오고, 청국인 이선달은 떡 세 봉을 보내온다. 고종은 만민공동회의 투쟁을 두려워하여 체포된 지도자들의 석방을 심각하게 고려한다.

제5일(11월 9일): 겨울비는 그치지 않고 사방은 어둑하다. 유기환 등 수구 세력들은 군대를 동원하여 해산할 것을 고려하지만 또다시 회군回軍하고 만다. 다방골 사는 박소사는 집을 판 돈 백 원을 보조금으로 보내고, 눈먼 걸인은 돈 칠 푼을 기꺼이 보조한다. 그뿐만 아니라 벽동 사는 김소사는 만민공동회에서 철야를 한다는 말을 듣고서, "날도 차고 밤도 긴데 주리고 박착薄着한 사람들이 어찌 경과를 하리오. 우리를 살리려고 사생死生을 헤아리지 아니하는데 우리는 방 안에 편안히 자는 것이 어찌 미안치 아니하리오." 하며 그 아들을 함께 밤을 지새우라며 시위 현장으로 보낸다.

제6일(11월 10일): 만민공동회에서 올린 상소에 대해 황제는 헌의 6조와 스스로 약속한 '다섯 가지 조건'을 실시할 것이니 물러가라는 내용의 비지批旨를 내린다. 재판부는 "물러가 기다리라는 황제의 명령을 어기고 공동회를 계속 열었다는 이유"로 체포된 17인에게 태 40의 형을 내린다. 『독립신문』 논설란에는 '판결 선고서'가 실리고, 구속되었던 사람들이 석방된다. 시위 군중들은 환호한다.

제7일(11월 11일): 고등재판소 앞에서 종로 사거리로 장소를 옮긴 시위대는 물러서질 않고 간역배 재판과 헌의 6조 실시, 독립협회 복설 등을 주장하며 시위를 계속한다.

제8~9일(11월 12~13일): 만민공동회는 조병식·민종묵·유기환·이기동·김정근 등 이른바 5흉(兇)의 재판과 독립협회 복설 등을 상소를 통해 주장하는 한편 시위를 계속한다. 고종은 시위대 해산 문제를 두고 부심하며, 시위 현장은 기생과 어린아이들의 연설로 열기가 더해 간다.

제10일(11월 14일): 3차 상소를 올려 5흉 재판과 헌의 6조 실시, 독립협회 복설 등을 요구하고, 진신搢紳들을 불러내어 논쟁을 벌인다. 드디어 보부상 단체인 황국협회가 시위 교란 작전에 돌입한다.

제11일(11월 15일): 인화문 앞, 시위대는 그들의 5개조 요구 사항을 내걸고 철야한다. 황국협회 측도 전열을 가다듬는다.

제12일(11월 16일): 고종은 시위대의 요구 중 일부를 수용하여 5흉 체포를 명한다. 그러나 조병식과 민종묵은 도피하고 유기환·김정근·신태휴만 구금된다. 한편 보부상들의 음해가 본격화하기 시작한다. 특히 익명서 사건과 마찬가지로 각국 공사관에 만민공동회에서 모종의 거사를 할 것이라는 내용을 담은 가짜 편지를 발송한다. 만민공동회의 소문은 바람을 타고 또는 신문에 실려 전국으로 퍼지기 시작하며, 도적들까지 공동회의 '충애 목적'에 감동한다. 예컨대 평안남도 용천군에 사는 함일향과 최창립은 만민공동회에 편지를 보내 도적까지 감동시키고 있는 상황을 상세하게 '보고'한다.

제13~16일(11월 17~20일): 공동회에서는 연일 정부의 관리와 진신들을 불러 국사를 함께 논한다. 그러나 전국 각지의 보부상 수천 명이 서울로 집결하면서 상황은 더욱 급박해지고 불길한 전운이 감돌기 시작한다. 아울러 시위대의 '충군애국' 정신에 동조하는 사람들이 더욱 늘어난다.

제17일(11월 21일): 오전 10시, 평양립을 쓰고 물푸레나무 몽둥이를 든 보부상 2,000여 명이 두 진영으로 나뉘어 연일 철야로 지친 시위대를 습격한다. 쌍방 간에 사상자가 속출하면서 시위는 폭력으로 치닫는다. 기습이 성공하자 궁중에서는 백반과 육탕(肉湯)을 하사하여 보부상들을 격려한다. 『매일신보』 11월 22일자는 「한양풍경漢陽風景」이라는 제하에 그 상황을 생생하고도 상세하게 전한다.

제18일(11월 22일): 더 많은 사람이 시위대에 가담한다. 만민공동회의 절정이다. 이날 보부상과 혈투를 벌이는 과정에서 김덕구라는 신기료장수가 사망한다. 급기야 고종은 만민공동회의 요구를 수용하여 독립협회 복설을 허가하고, 수구파의 거두들의 유배형을 명한다(그러나 집행되지는 않는다). 『매일신문』은 「수장광란誰障狂瀾」이라는 제목 아래 거의 전 지면을 할애하여 21일 밤과 22일에 일어난 사건들을 격앙된 어조로 중계한다. 이에 비해 『독립신문』은 길을 잘못 들어 '부상 패'에 가담한 보부상들을 '개유開諭'해야 한다며, 비교적 온건한 태도를 취한다.

제19일(11월 23일): 분을 이기지 못한 시위대는 조병식·민종묵·유기환·이기동·홍종우 등의 집을 수색한다. 보부상과의 대치가 계속된다. 이날 밤 12시 황제의 명령을 따라 시위대는 2일간 잠정적으로 해산하기로 결정한다.

제20일(11월 26일): 해산하지 않은 보부상들과 한판 대결을 벌이기 위해 다시 대규모 군중이 운집한다. 다시 험악한 분위기가 감돌고 각국 공사들도 경악한다. 고종은 다음과 같은 칙유를 내려 성난 시위 군중을 달랜다.

제21일(11월 27일): 독립협회 복설 이후, 처음 맞는 일요일이다. 민중들은 통상회에서 김덕구의 '의로운 죽음'을 널리 알리기로 하는 등 몇 가지 안건을 가결한다.

제22~24일(11월 28~30): 고종은 만민공동회와의 약속을 이행하기 위해 고심참담한다. 그러나 수구 세력들의 완강한 반대에 부딪혀 여의치가 않다. 그리고 12월 1일에는 김덕구의 장례식이 성대하게 거행된다.

제25일(12월 6일): 종로, 왜 황제의 말을 거역하고 흩어지지 않느냐는 방이 붙는다. 그러나 민중들은 황제의 칙유 실행을 촉구하는 대규모 집회를 다시 개최한다.

제26~27일(12월 7~8일): 해산하라는 황제의 칙유가 내리고, 공동회에서는 황제의 비지를 반박하는 상소를 올린다.

제28~30일(12월 9~11일): 만민공동회는 계속되고, 외부대신 박제순과 경무사 이근호 사이에 시위대 해산을 둘러싼 격렬한 언쟁이 펼쳐진다.

제31~33일(12월 12~14일): 보부상과의 갈등이 다시 분출하는 가운데, 병정들까지 시위대에 동정을 표하는 사태가 벌어진다. 보부상이 다시 시위대 테러를 시도한다.

제34일(12월 15~17일): 시위대가 병정에게 상해를 당한 사건을 두고 쌍방이 대치한다. 그뿐만 아니라 시위대는 관인들에게 현재의 상황에 답변할 것을 요구한다.

제35일(12월 18~19일): 공동회에서 중추원의 개회를 시도하지만 정족수 미달로 유산된다. 한편 고종이 극력 기피하던 박영효가 중추원 의관에 임명됨으로써 사태는 새로운 국면으로 접어든다.

제36~37일(12월 20~21일): 종로와 고등재판소 앞에서 시위는 계속된다. 만민공동회에 모인 시위대와 정부 사이의 불신의 골은 좀처럼 메워지지 않는다.

제38~40일(12월 22~24일): 정부는 군대를 동원하여 무력 탄압에 나선다. 24일 서울 시내는 계엄 상태에 들어간다. 그리고 황제 고종의 '준엄한' 칙교가 내린다. 이 칙교에서 고종은 민중들과의 약속을 어긴 자신의 잘못에 대해서는 언급하지 않은 채, 만민공동회에 모인 인민들의 죄 다섯 가지를 조목조목 밝힌다.

4. 황제 고종, 민중들 앞에 서다

그렇다면 이렇듯 대대적인 시위가 일어났던 원인은 무엇이었을까? 같은 나라에 사는 동포이자 한 백성인 인민들이 둘로 나뉘어 생사를 걸고 싸운 이유는 과연 무엇이었을까? 이 물음에 대해 『독립신문』 1898년 12월 5일자 논설에서 '몰라요 씨'는 이렇게 대답한다.

> 독립협회에서 자초지종으로 한 것[일관되게 한 일]을 보면 무비無比 황실을 높이고 국권을 보호하고 백성의 생명 재산을 안전히 하고자 함이요, 한 사람이나 혹 한 회의 사사 이익을 도모하지 아니한 것은 내외국 인민이 다 아는 바라. 불행히 간세배들이 자기의 사욕을 마음대로 못할까 하여 백반 모해하여 협회를 무한히 고생시키었으니 우리같이 무식한 사람도 분함을 이기지 못하노라. 일개 협회의 흥망은 고사하고 이때를 당하여 강한 이웃들이 틈을 기다리는 고로 협회에서는 항

상 조심하여 요란한 일이 없도록 규모[규율]를 준수하더니 간세배가 성군작당成群作黨하여 임금을 속이고 백성을 압제하여 인민 간에 싸움을 만들어내어 다만 내정만 소요할 뿐 아니라 외우外憂를 일으키게 하였으니, 간세배가 나라를 위태히 한 죄를 대한 인민은 용서 못하겠도다.

혹은 말하되 부상 패를 혁파하고 독립협회를 복설하였은즉 쾌하다 하나 내 소견에는 그렇지 아니하니, 부상 패도 역시 대한 인민이요 독립협회도 대한 인민이라. 형제가 서로 싸워서 집안이 위태하게 되면 누가 이기고 누가 진 것이 쾌할 것도 없고 더욱 한심할 뿐이라. 부상 패 여러 형제들도 만민이 옳은 목적을 살려 간세배의 음흉한 의견을 따르지 말아서 독립협회와 같이 전국에 이로운 일을 주장하여 황실을 안녕히 하고 인민을 편하게 하기를 바라노라.

어느 외국 신문을 본즉 독립협회를 칭찬하여 가로되, 문명한 목적을 주장하여 충애하는 사업에 힘쓰니 아름다우나, 정부가 부패하여 민원을 좇지 못하고 도리어 백성끼리 난이 있게 하니 대한은 동양에 염병 뿌리라 하였으니, 오흉과 그 외 간세배들이 총명을 옹폐하고 인민을 압제 아니하였으면 어찌 이러한 부끄러운 시비를 들으리오. 충애하는 인민들은 더욱 일심 합력하여, 위로는 황상께 의탁하고 아래로는 동포의 충심에 힘입어서 법률 장정이 실시되기를 힘써서, 간세배들이 더럽힌 국체를 광채 있게 하여 우리 같은 촌맹村氓도 성세 인민으로 마음 편히 지내게 하기를 축수하노라.

'몰라요 씨'는 사리사욕으로 가득 찬 '간세배'들의 음모가 만민공동회 시위를 낳은 핵심적인 원인이었다고 진단한다. 그의 판단에 따르면, 외세에 빌붙어 자신의 기득권을 유지하기에 급급한 간세배들이 국가의 정치를 엉망으로 만들었을 뿐만 아니라, 황제의 성총聖寵을 가려 판단력을 흐리게 했으며, 그 결과 인민들은 도탄의 지경을 벗어나지 못하고 있었다. 결국 정부는 부패하여 인민들의 원망願望을 따르지 못하고, 오히려 압제만이 더욱 가중되는 상황이 수많은 사람을 시위 현장으로 내몰았던 것이다. 따라서 부상 패에 합류하여 만민공동회 시위대와 싸운 상인들도 피해자라 할 수 있다.

이렇듯 총체적인 부패와 압제를 견디지 못해 거리로 나선 민중들은 정부 고관들과 황제를 압박해 들어간다. 어린 학생과 여염집 아녀자뿐만 아니라 걸인과 군밤 장수까지 나서는 시위 현장을 보고서, 황제=국가의 명령을 따라야 할 병정들까지 동요하기에 이른다. 『독립신문』 11월 23일자 논설란에는 「병정 의리」라는 제목의 글이 실렸다. 병정들이 어딘가에 앉아서 대화를 나누는 장면을 통해서 정부에 대한 불신의 뿌리가 얼마나 깊이 박혀 있는지를 여실하게 이해할 수 있을 것이다. 그러면 병정들의 대화를 재구성해보기로 한다.

병정 A: 여보게. 우리가 이 병정 아니 다니면 굶어죽나. 오장육부 바로 박힌 자식은 차마 눈으로는 못 보겠데.
병정 B: 그 이유가 뭔데?
병정 A: 인화문 밖에 밤낮 모여 있던 백성들이 무슨 죄가 있었나. 심지어 군밤 장사 어린아이가 다 보조를 하고, 걸인과 판수들이 다 보조를 하였다데. 경향京鄕 간에 마음 바로 가진 사람들은 모두 열심히 그 백성 모여 있는 데로 모여들어 그 백성들의 소원하는 일을 일심으로 선력들 하데. 그 백성들 하는 일과 목적이 만일 그를진대 어찌 그리들 하겠나.

병정 C: 그 백성들의 소원하는 일이 잘되어야 우리 병정들도 차차 잘되어가지, 만일 그렇지 못하면 우리 병정들도 장차 무슨 모양이 되겠나. 들은즉 탁지[부]에 재정이 군색하여 월급 타먹기도 이제는 힘들다는군.

병정 D: (갑자기 기를 내어 주먹으로 땅을 치며) 여보게. 세상에 그런 법도 있나. 이왕 혁파하였다던 부상 패가 홀지忽地에 다 어디서 생겼나. 우리가 팔자 좋아 정부 대신이 되었을진대 그 부상 패들을 당장에 없애겠네. 그게 무엇이란 명색인가. 저희들이 무슨 이국편민利國便民할 일을 이왕부터 하였나. 오늘날 그 부상負商들의 모양을 보니 나라나 백성에게 매우 유조하겠던걸. 기가 막혀 말이 아니 나오네. 대저 말이거니와, 외부에서 부산 절영도를 외국에 팔아먹는 것을 백성들이 도로 찾았지, 언제 정부에서 찾았나? 탁지부 재정을 외국 재무관이 제 수중에 넣고 환롱질하려는 것을 저 백성들이 떠들고 나서 그 외국 사람을 도로 보냈지, 정부에서 누가 의사나 냈던가? 군부에 군정을 외국 사람들이 제 손아귀에 넣고 일부일 병정들이 그 외국 사람에게 매도 많이 맞았지. 이때까지 그 외국 사람들이 있었으면 우리 병정들은 종자도 못 찾았으리. 다행히 저 백성들이 떠들고 나서 그 외국 사관들을 도로 보냈지, 정부에서 꿈이나 꾸었나? 우리가 겨우 월급 먹고 병정 노릇 하니 우리 황실을 우리가 당연히 호위해야지, 저번에 어떤 외국 보호군 30명을 고빙雇聘하여 온 것이 그게 무엇이던가? 만일 저 백성들이 떠들고 나서 그 보호군 30명을 당장에 도로 보내지 아니하였던들, 우리가 또 그 보호군 30명 밑에서 죽어났으리. 저 백성들이 털끝만큼이나 잘못한 것이 무엇 있나? 저 백성들이 무엇이 미워서 정부에서는 기어이 해하려 하는지 참 알 수 없네. 부상들은 본래 무식하고 부랑한 무리라, 설령 뉘 지휘를 듣고 저 백성들을 치러 달려들더라도 정부에서 병정과 순검들을 많이 풀어 부상들의 앞길을 견고히 막았더라면, 부상들이 제 어찌 감히 백성 모인 인화문 밖에 접족接足하였으리오. 부상들을 은연중 불러들여 저 백성들을 의리 없이 치게 하였으니 뉘 아니 억울하겠나. [……] 저 백성들이 마음이 더욱 울불鬱怫하여 걷잡을 수 없이 다시 종로로 모여 남의 집들을 부순다, 통곡들을 한다. 저것이 무슨 모양인고. 각 전廛 시민들은 각기 격분한 의리로 전문廛門을 견고히 닫고, 각 동리 백성들은 각기 분격한 의리로 내달아 종로로 모여드니, 무죄한 병정 순검들은 각 병문 파수 서기에 견딜 수 없네. 당초에 정부에서 저 백성을 속이지 않고 무슨 영令을 한번 내리고 다신 변개變改를 말고, 시종이 여일하게 규칙이나 장정을 한번 작정한 대로만 시행들 하였을 것 같으면, 저 백성들이 무슨 까닭에 각부 문전이나 종로나 인화문 밖으로 모일까. 전후로 저 백성들이 이리저리 모인 것도 모두 정부 각 대신의 허물이요, 부상 패가 문 안에 모여 저 백성들 친 것도 모두 정부 각 대신의 허물이며, 그 부상 시켜 저 백성 치고 저 백성들과 그 부상 패가 문 안, 문 밖에 상지相持하여 모여 있는 까닭에 병정 순검이 각 병문에 별파수別把守 선 것도 모두 정부 각 대신의 허물이라. 말을 다 하자면 차마 코가 시어 못 하겠노라.

이처럼 민심을 잃은 대한제국 정부를 향하여 민중들은 관리들과 민중들이 한자리에 모여 국사를 의논하자고 제안했다. 성난 민중들의 요구를 회피하기 어려울 정도로 상황은 이미 악화되어 있었다. 1898년 10월 이전에도 관민공동회는 있었다. 하지만 10월 이후 '출석 요구'를 받은 정부 관리들이 참석을 거부하는 일이 벌어지면서 사태는 점차 심각한 지경으로 치닫는다.

> 10월 28일 독립협회에서 발기하고 종로 네거리에서 대소 관민 공동회를 열었는데, 정부 제공은 종래 오지 아니하는 고로, 필경은 본회 회원 중과 각처에서 오신 대소 관민 중 총대위원 합 16인을 선정하여 정부로 보냈더니, 참정 박정양, 찬정 리종건 양씨만 와서 자리를 옮겨 개회한 말만 하고 도로 갔다는지라.
> 대소 관민이 공의하고 그날 밤을 샌 후에 또 공의하여 가로대, 우리가 황실 보호하고 인민 안도安堵하자는 방책을 관민 간에 합동하여 상의 규정하자고 이 회를 열었더니 정부 제공諸公이 종래 오지 아니하니, 우리는 아무 때까지라도 정부 제공이 다 와서 백성과 함께 합동하여 일심 상론하기 전에는 회를 폐하지 말자 하고 있었더니, 이십구일 오후 네 시쯤 되어 정부 제공이 차례로 회중에 왔는데, 의정부 참정 박정양, 찬정 이종건, 참찬 권재형, 법부대신 서정순, 탁지부 대신 서리 고영희, 중추원 의장 한규설, 한성부 판윤 리채연, 의정부 찬무 이선득 제씨와 전임 대신 김가진, 민영환, 심상훈, 민영기, 정낙용 제씨가 다 모였는지라.

1898년 11월 1일자 「관민공동회 사실」이라는 제목의 논설 전반이다. 이 논설에서 볼 수 있듯이 민중들은 "황실을 보호하고 인민을 안도하게 한다."는 목적을 실현하기 위해 정부 관리들과 한자리에 모여 한마음으로 논의할 것을 요구했다. 그러나 정부 대신들이 약속 장소에 나타나지 않는다. 공동회 민중들은 대신들의 출석을 요구하며 철야 농성에 돌입한다. 어렵사리 공동회 자리에 나타난 정부 대신들과 민중들은 서로 연설도 하고 공동 토론도 벌이면서 '헌의 6조'로 알려진 건의서를 채택한다. 이처럼 공동회에 모인 민중들은 정부 대신들을 연결 고리로 하여 자신들의 요구를 황제에게 전달하고자 했던 것이다. 이 과정에서 민중들은 그들의 대표인 총대위원을 내세워 수차례에 걸쳐 상소를 올리며, 황제는 비지를 통하여 상소에 답하거나 조서를 내리기도 한다. 「관민공동회 사실」을 계속 보도록 하자.

① 의정부 참정 신 박정양 등이 삼가 아뢰되 본월 29일에 인민 등이 크게 종로로 모여 관인과 백성의 공동회라 일컬어 나라의 폐단과 백성의 폐막을 가히 의논하여 없앨 것이 있다 이르고 정부 제신을 일동 청하삽더니, 신등이 그윽이 엎드려 생각하온즉 관원과 백성이 합동하여 상론하는 것은 비록 처음 있는 일이오나, 인민들이 이미 나라의 폐단과 백성의 폐막을 의논하여 없애자고 말씀을 하였사온즉, 정부 관원 되고는 사리에 배각排却하기 어렵삽기로 서로 거느리고 회에 갔삽더니 회중 인민이 여섯 가지 조목 강령을 들어 의논을 들이는 자가 있는데, 일만 사람의 입이 소리를 한 가지 하여 한 말씀으로 옳다고 하옵고, 또 신등에게 요청하여 그 강령을 잡아 아뢰어달라 하옵는데, 신등이 또 엎드려 생각건대 그 여섯 가지 조목은 이에 나라 체통을 높이고

재물 정사를 정리하고 법률을 공평히 하고 장정을 준행하자는 일이온지라. 다 합당히 행할 만한 일인 고로, 삼가 그 조목을 잡아 좌개左開하여 아뢰어 들으시옵게 하옵고 엎드려 성상께옵서 재가하옵시기를 기다리나이다. 청하였삽더니 신등이

② 조서하여 가라사대 요사이 장정을 정하매 율령이 차서次序라, 비록 예[昔]와 이제가 한가지지 못함이 있으나 또한 족히 한 왕의 제도가 될지라. 진실로 정부 모든 신하로 하여금 실심으로 밟아 행하였으면 어찌 백성의 의논이 끓어오르랴. 짐이 심히 개연慨然한지라. 이에 백성과 나라에 마땅한 일이 오늘날에 급히 힘쓸 것을 좌에 개열開列하여 서울과 각 시골에 포고하노니, 오직 너희 신하들은 늦준하여 소홀히 말고 짐이 다스림을 구하는 지극한 뜻을 써 맞추라 하옵셨는데, 일一은 간관諫官을 폐지한 후에 말길이 막혀 위와 아래가 서로 권면하여 깨우고 가다듬는 뜻이 없으니 빨리 중추원 장정을 정하여서 실시케 할 일이며, 일一은 각 항 규칙은 이미 한번 정한 것이 있는데 각 회와 다만 신문도 또한 가히 방한防閑이 없지 못할 것이니, 회규는 정부와 중추원으로 하여금 재정케 하고 신문 조례는 내부와 농상공부로 하여금 각국 규례規例를 의지하여 재정하여 시행케 할 일이며, 일一은 관찰사 이하 지방관들과 지방대 장관들을 현임現任과 이미 갈린 것[전임前任]을 물론하고 만일 공전公錢을 건몰乾沒한 자는 장률章律에 의지하여 [처벌을] 시행하고, 백성의 재물을 빼앗은 자는 저저히[낱낱이] 찾아서 본 임자에게 내어준 후에 법률대로 [처벌을] 증감할 일이며, 일一은 어사나 시찰들이 작폐하

는 자는 그 본토 인민으로 하여금 내부 및 법부에 호소함을 허락하여서 사핵査核하고 궁구하여 징치케 할 일이며, 일一은 상공商工 학교를 설립하여서 백성의 업을 권면할 일이라.

①은 관민공동회에 참석했던 정부 대신들이 민중들의 의견을 수렴하여 황제에게 올린 상소문이며 ②는 이와 관련하여 황제가 내린 조서이다. ①에서 말하는 '여섯 가지 조목'이란 '헌의 6조'를 가리키는데, 그 내용은 첫째, "외국 사람에게 의지하여 붙지 아니하고 관원과 백성이 마음을 함께하며 힘을 합하여 전제專制 황권을 튼튼히 굳게 할 일", 둘째, "광산과 철도와 석탄과 삼림森林과 빚 얻어 쓰는 일과 군사 빌리는 일과 무릇 정부에서 외국 사람과 무슨 약조하는 일들을 만일 각부 대신들과 중추원 의정이 합동하여 성명 쓰고 인을 찍지 아니한즉 시행 못할 일", 셋째, "전국 재물 정사는 어떤 세금이든 다른 부部나 부府나 사사 회사에서는 간섭을 못하게 하고, 예산豫算과 결산決算을 인민에게 공변되이 포고할 일", 넷째, "지금부터는 무릇 중대한 죄인을 별도로 공개하여 공변되이 심판하되 피고가 도저히[철저히] 설명하여 필경에 자복한 후에야 시행할 일", 다섯째, "칙임관은 대 황제 폐하께옵서 정부에 물으시와 그 가부간에 많은 수를 좇아서 벼슬을 시킬 일", 여섯째, "장정章程을 실시할 일"로 이루어져 있다. 이 '여섯 조목'과 황제의 조서에서 밝히고 있는 '다섯 조목'을 합친 열한 개의 조목은 공동회에 모인 민중들이 정부와 황제를 압박하여 얻어낸, 말하자면 '투쟁의 열매'였다. 그러나 정부 대신들의 음모와 배신으로 이 약속은 지켜지지 않는다.

정부 측에서 합의한 약속을 차일피일 미루기만 하고 실천에 옮기기를 머뭇거리자 독립협회 회원들은 관과 민이 공의公議하여 합의에 도달한 '여섯 조목'과 조서에 담긴 '다섯 조목'을 국문과 한문으로 번역, "십만 장을 인출하여 서울 각처와 13도 각 군 인민에게 일일이 전파하여 비록 짝지아비[홀아비] 짝지어미[홀어미]라도 황상 폐하의 성덕을 모두 환연히 알게 하자."고 작정한다. 그 '작정'이 실천으로 옮겨졌는지 여부는 분명하게 알 수 없지만, 민중들의 목소리와 황제의 목소리가 함께 국문으로 '번역'되어 홀아비와 과부라도 알아볼 수 있는 상황이 『독립신문』 지상에서 전개되고 있었던 것이다. 『독립신문』이라는 매체를 통하여 관료와 지식인층의 전유물이었던 상소뿐만 아니라 황제의 비지와 조서까지 '국문'으로 번역, 공개되는 시대가 도래한 것이다. 이는 가히 '의사소통의 민주화'가 그 싹을 틔운, '혁명적인 사건'이라 할 수 있을 터인데, 이런 의미에서 만민공동회는 근대적 매체를 통하여 민중을 동원하는 새로운 정치운동의 현장이었다고 할 수 있다.

하나 더 예를 들자면 1898년 11월 4일자 논설 「공동회 편지」는 만민공동회의 대표들이 보낸 편지와 이에 대한 정부 측의 답변을 싣고 있다. ③은 종로 만민공동회에서 뽑힌 총대위원 세 명이 정부 대신들에게 이미 합의한 약속을 지킬 것을 요구하는 내용을 담고 있는 편지이며, ④는 이 편지에 대한 정부 측의 대답이다.

③ 지난달 29일에 관원들과 백성들이 함께 모여 이미 여섯 조건으로서 의논을 들인즉, 정부에 귀 제공이 이미 면대面對하여 옳다 하시고, 제공이 베풀어 아뢰는 날에 또 성지를 내리사 정부로 하여금 조처하라 하옵셨으니, 이는 임금과 신하의 위와 아래가

뜻이 한가지고 마음이 합한 일이라. 마땅히 당일로 조처하고 즉시에 실시함이 있을 것이어늘, 귀를 기울이고 기다리되 수일을 끌고 한 [가지] 일도 손을 부치는[착수한] 것이 없었으니, 일전에 옳다고 하던 것이 반드시 실상 마음에서 나지 아니하고 먹는 것을 버리고 신을 둔다는 의義가 혹 부족한 것이 있어서 그런 것이 아닙니까. [……]

엎드려 생각건대 제공은 신信 두는 것이 중한 것을 생각하시고 백성의 원願을 마땅히 좇을 것을 생각하사, 빨리 행하고 급히 베풀어서 이 바람을 먹고 이슬에서 자는[풍찬노숙하는] 백성으로 하여금 집에 돌아가 편안히 쉬어 성택에 함영涵泳케 하소서.

④ 경복자는 귀함貴函은 접준接遵하와[삼가 받들어] 일체를 열실閱實하온지라. 여섯 조건 의논드린 것을 정부로 하여금 조처하라 하옵신 비지批旨를 이미 봉유奉諭하였사오나, 그때에 한 가지로 내리신 조칙을 흠준 거행하기가 급하기로 중추원 관제를 근일에 의정議定하여 겨우 아뢰어 재가를 물었는지라. 그 여섯 조건 조처할 일은 아직까지 겨를이 없어서 조금 지체하여 오늘날까지 이르렀은즉 스스로 마땅히 차제로 조처할 터이오니 조량하시고, 귀 첨원僉員이 풍찬노숙하시는 일은 극히 민망하오니 이 답장 가는 대로 즉시 곧 걷어 돌아가서 타정妥定을 기다리심을 바라압[바랍니다].

만민공동회와 정부 사이에 오고 간 이 '왕복 서신'에서 볼 수 있듯이, 공동회는 자신들의 요구를 관철하기 위하여 긴장의 끈을 늦추지 않고 있었다. 그러나 정부 측의 약속 이행 의지는 그다지 확고하지 않았던 듯하다. 1898년 11월 22일자 논설 「어저께 광경」에서 우리는 민과 관 사이에 놓인 불신의 심연을 확인할 수 있다. 이 논설에 따르면 11월 20일 밤, 의정부 의정 서리 김규홍, 탁지부 대신 민영기, 참찬 권재형, 경무사 민병한 등이 인화문 밖에 진복進伏하고 있는 관민들 앞에 와서 이렇게 말한다.

> 우리들이 모두 정부 대관으로 평일에 당직 직책을 잃고 법률과 장정과 규칙을 지키지 못한 고로 인민들이 근 20일을 밤낮 불계 不計하고 풍찬노숙하며 이렇게 신고辛苦들 하는 것을 우리 눈으로 친히 보니 실상 부끄러우나, 그러하나 백성들이 황상 폐하께 누차 상소한 조건을 우리가 다 알았으니 5흉을 곧 명백히 재판하여 조율증판調律證判 할 것과, 저번에 종로 만민공동회 할 때에 백성들이 정부 대신들을 대하여 여섯 가지 사건[에 관하여] 의논[을] 드려 대신들이 가可 자[를] 써서 황상 폐하께 상주하였더니, 5조[를] 첨부하여 처분 내리신 것과 정부 대신들을 현량한 이로 가려서 여러 의논이 다 가로되 가可타 한 연후에 쓰실 일과, 협회는 전과 같이 복설하여둘 것이니 회 이름과 회 규칙은 회중에서 양의良議하여 정부로 기별하면 그대로 허가하여줄 것이니, 이다음부터는 민국 간에 큰 관계되는 일이 있더라도 본회 사무소에서 별회別會를 하지 종로나 다른 데에서는 개회 말며, 통상회는 의전依前하여 독립관에서 개회할 일이며, 부상들은 곧 물리칠 일을 진복하고 있는 관민공동회의 소원대로 모두 상주上奏하여 쾌쾌히 처분[을] 물어 영구 실행케 하겠으니 관민들은 다

그렇게 알라.

요컨대 관민공동회의 여론을 그대로 반영하겠다는 것이다. 그러나 이에 대해 '공동회 인민'들은 "우리 대 황제 폐하의 성덕이 요순 같으시와 정부에서 마련하여주신 법률과 장정과 규칙이 다 어질고 아름답건마는 각부 대신네들이 하나도 봉행을 아니하고 전국 백성들을 지우금至于今 속이기로 일을 삼아 신信이 없었으니, 지금 오신 대신네의 말씀이 비록 이렇게 확실하신 듯하나 우리들은 그래도 믿지 못하겠"다고 반박한다.

이렇듯 노골적인 불신을 드러내자 대신들은 공동회에 모인 사람들에게 온갖 맹세를 다 들이대면서 "우리 대신들이 이왕은 다 잘못하였으니 오늘날 백성들에게 변변할 말이 없거니와 이다음부터는 특별히 정신들을 차려 법률과 장정과 규칙을 각근恪謹 준행하여 백성들의 생명과 재산을 온전히 보호하여주겠으니 백성들은 다시 정부 대신들을 의심 말고 튼튼히들 믿으라."고 설득한다.

정부 대신들과 만민공동회 사이에 수많은 논란이 오고 가지만 불신의 골이 좁혀질 기미는 좀처럼 보이지 않는다. 정부가 민원民願대로 실시하는 흔적을 보이지 않자, 약속이 하루빨리 지켜지기를 바라고 있던 독립협회 회원들과 민중들은 자신들의 의지를 관철시키기 위해 황제를 직접 압박한다. 1898년 11월 26일 오전 10시, '수만 명'의 군중이 종로에 집결하여 약속 이행을 촉구하자 고종은 조칙을 내려 만민공동회 측 대표 200명과 보부상 측 대표 200명을 각각 오후 1시와 오후 3시에 궐문 밖으로 대령하도록 하라는 명령을 내린다. 『독립신문』 1898년 11월 28일자 논설 「국태민안」은 당시의 장면을 이렇게 전하고 있다.

종로에 모인 백성들이 궐문 지척 정동으로 절차 있게 옮겨 가서 개회하고, 탑전에 들여보낼 일 아는 사람 이백 인을 공천으로 뽑아 소명을 공손히 기다리더니, 이윽고 내부대신 서리가 황명을 받들고 회중에 나와서 지시한 이백 인을 부르거늘, 이백 인이 제제창창하게 칙사를 따라 인화문 밖에 황상 폐하 친임親臨 탑전으로 들어가서 공손히 엎드려 황명을 기다리는데, 대소 관인들은 탑전 좌우로 모셔 있고 병정 순검들은 제차로 버려 섰으며, 각국 공영사와 신사와 부인들은 또한 대례복을 갖추고 옹용히 모셔 있는지라.

황상 폐하께서 친히 하교하사 가라사대 너희들 소원대로 말길도 열어 주고 중추원도 설시하고 독립협회도 복설하여주니 회규會規대로 시행들 하며, 조병식 등 오신五臣은 잡는 대로 재판하여 정배定配하겠고, 정부 각 대신은 새로 조직하였으니 각기 직책들을 응당 다 잘들 할지라. 아직은 허물이 없으니 더 말할 것이 없고, 소위 보부상 패는 전부터 민국 간에 크게 폐단 되는 줄은 이왕 통촉하겠고, 그 부상 패 두목에 길영수·홍종우·박유진 셋은 불가불 용서하여야 혁파당하고 물러가는 부상 패들의 마음이 억울타 아니하겠으니 그리들 알라 하옵시며 칙어를 내리시거늘, 지사한 이백 인이 공손히 받들어 엎드려 읽고 말하여 가로되, 상정上情이 아래로 미치고 하정下情이 위로 달함은 천지개벽 이후 처음이라. 이런 희한하고 황감한 일이 어디 있으리오. 이전에는 항상 정부가 사이에 막히고 간세배가 중간을 가리더니 오늘날은 군민 간에 즉접卽接하야 화기가 융융하니 우리나라 중흥할 조증[조짐]이 이에 있는지라 하고, 백성들이 감격한 눈물을 스스로 금치 못하며 소회所

懷로 적어 아뢰기를 정부 각 대신은 시무 알고 백성의 물망을 좇아 시키시며, 조병식·민종묵·유기환·리기동·김근정 다섯 간신은 재판하옵시고, 십일조는 곧 실시하옵소서 하였더니, 이백 인 중에 만민공동회 회장 고영근, 독립협회 회장 윤치호, 부회장 리상재 삼 인을 탑전으로 더 가까이 불러들여 민폐에 관계되는 조건을 자세히 하순下詢하옵시거늘 일일이 대답하여 아뢴즉 다 그대로 실시하여주마 하옵시더라.

황제가 친히 백성들을 탑전으로 불러들여 그들의 의견을 수용하는, 그야말로 전대미문의 사건이 벌어지고 있었던 것이다. 이 자리에서 고종은 만민공동회에서 제기한 모든 요구 사항을 들어주기로 확약한다. 그뿐만 아니라 다음과 같은 칙어를 내려 자신의 잘못을 반성하면서 막힌 것을 뚫고 닫힌 것을 열어서 상하가 서로 통하는 '통혁通革의 세계'로 나아갈 것을 약속한다.

너희 여러 백성들은 다 짐의 말을 들으라. 전후 조칙을 너희들이 많이 좇아 순히 않고[순순히 따르지 않고], 밤이 닳도록 궐문에서 부르짖고 통한 거리에서 장梴을 베풀어[대로에서 몽둥이를 휘둘러] 횡행하고 패려悖戾하며 사람의 가산家産을 부수는 데 이르렀으니, 이것이 어찌 오백 년 전제專制의 나라에 마땅히 있던 바 일이냐. 너희는 시험 삼아 생각하라. 그 죄가 어디 있느뇨. 나라에 떳떳한 법이 있으니 합하여 중한 법에 두겠으나 그러나 짐이 임어臨御한 이래로 다스리는 것이 뜻과 맞지 못하여 모두 서로 움직이게 하였으니 오직 네 일만 백성의 죄 있는 것이 내 한 사람에게 있는지라. 이제 이에 크게 깨달으니 짐이 심히 부끄러운지라. 비록 정부 모든 신하로써 말할지라도 능히 짐의 뜻을 대양對揚치 못하여 써 아래 백성의 정이 위로 달하지 못하게 하고 중간이 막히고 끊어져서 의심스럽고 두려움이 굴러 생긴지라. 오직 너희 적자들이 먹는 것을 잃고 오오嗷嗷하니 이것이 어찌 너희들의 죄랴. 짐이 이제 궐문에 친어하야 효유하기를 순순히 하여 어린아이를 품은 것 같아 글자 하나에 눈물이 하나라. 가히 써 도야지와 고기도 미쁘게 하고 나무와 석石도 감동할지라.

이제로부터 비롯하여 임금과 신하와 위와 아래가 마땅히 한 신信 자로써 지어가고[믿을 신 자 하나로 관계를 맺고] 의義로써 서로 지켜 어질고 능한 이를 전국 안에서 구하고, 아름다운 말을 꼴 베고 나무하는 백성에게도 캐어 쓸지니, 증거 없는 말은 너희도 거짓말이 없으랴[증거 없는 말은 너희도 거짓으로 꾸미지 말아야 할 것이리라]. 묻지 아니한 꾀는 짐도 마땅히 쓰지 말며, 오늘 새벽 이전은 죄가 있든지 없든지 간에 경하고 중한 것을 헤아리지 않고 일병 탕척蕩滌하며, 의심과 막힌 것을 통연히 해석解釋시키고 다 더불어 오직 새롭게 하노라. 슬픈지라. 임금이 백성 아니면 어디를 의지하며, 백성도 임금 아니면 어디를 이으리오. 이어 이제로부터 권한을 넘고 분의分義를 범하는 일은 일절 통혁通革하라. 이같이 개유開諭한 후에 만일 혹 희미한 것을 잡아 깨닫지 아니하여 독립 기초가 능히 공고치 못하고 전제정치가 떨어져 손상됨이 있게 하면, 결단코 너희들이 충성하고 사랑하는 본래 뜻이 아니라. 왕장이 삼엄하여 단정코 용대치 않겠으니, 그 각각 늠준하여 날로 개명한 데로 나아가라. 짐이 말을 먹지 아니하리니 너희들은 삼가라. 회會하는 백성과 장사하는 백성이 고루 이 짐의 적자라. 극히 지극한 뜻을 몸받아

[받들어] 은혜롭고 좋아하여 함께 돌아가 그 업을 편안히 하라.

광무 2년 11월 26일

민중의 대표들을 부른 것은 황제였지만, 정확하게 말하자면 황제를 민중들이 불러낸 것이라 해야 옳을 것이다. 압박에 못 이겨 민중들 앞에 선 황제 고종이 이 자리에서 민중들의 요구를 전폭적으로 수용하기로 약속하는 장면은 한국 근대 정치사의 맨 앞에 놓인 하나의 상징이라 할 수 있다. 그리고 그 전모가 바로 이 칙어에 압축되어 있다. 이 칙어는 앞에서 본 바와 같이 신문에 국문으로 번역되어 전국으로 퍼져나간다. 신문에서 '황제의 목소리'를 접한 사람들은 이를 '연설 교재'로 삼아 곳곳의 민중들에게 이 사실을 전파한다. 이 시점에서 황제 고종의 '옥음玉音'은 구중궁궐에서 몇몇 시종들과 고위 관리들만의 '전유물'이 아니라 뜻있는 사람이라면 누구나 접할 수 있는 '인민 공유의 목소리'가 된다. 하지만 너무나 짧은 순간에 사라져버린 섬광 같은 희망이자 가능성만을 남겨둔 채, 황제의 목소리는 다시 기득권을 지키려 몸부림치던 세력들이 쳐놓은 장막 속에 갇혀버린다.

5. 열사의 탄생과 죽음의 정치학

앞에서도 강조한 바와 같이 40여 일에 걸쳐 전개된 만민공동회는 민중들이 자발적으로 참여하여 하나의 '국민'임을 경험한 축제의 현장이었다. 장작불을 피워놓고, 장국밥을 먹으며, 기생에서부터 어린

아이에 이르기까지 자신들의 생각을 쏟아놓았고, 직접 참가하지 못한 사람들은 물품과 돈을 제공함으로써 시위대에 동조를 표했다. 수많은 말이 넘쳐나는 현장을 각 신문들은 다투어 '중계'했고, 신문에 실린 뉴스들은 때로는 소문으로 그리고 때로는 풍문으로 대한제국 전역으로 퍼져나갔다.

> 수하동 소학교 학도 태억석, 장용남 두 아이는 연세가 겨우 십이 삼이라. 만민공동회에 다니면서 충애 의리로 연설하였는 고로, 옳은 목적 가진 이들은 그 두 아이를 칭찬 아니하는 이가 없었다는지라. 지금 여항 전설을 들은즉 학부대신 이도재 씨가 그 학교에 훈령하여 그 학동 둘을 퇴학시키고 그 학교 교원을 감봉시켰다 하나, 우리 생각에는 믿지 못할 것이 이 대신은 본래 학문도 유여할뿐더러 학부대신으로 각 학교 학도들의 학문을 도저히 [철저히] 권장하는지라. 연설하는 것도 또한 학문 속에서 나온 것이요, 그 연설이 더욱 충애하는 의리로 말미암음이라. 학부대신이 그 학교 교원과 그 학동 둘을 더욱 포장褒奬하여 권면하지는 못할지언정 감봉시키고 퇴학시켰다는 말은 사리에 합당치 않기로, 이에 기재하여 분명치 못한 여항 전설을 믿지들 말 줄로 분석하노라.(『독립신문』1898년 11월 26일)

만민공동회 현장에서 '충애 의리'로 가득한 연설을 했다는 이유로 퇴학 처분을 받은 소학교 생도 태억석과 장용남의 사례는 시위가 정치적 계몽을 담당하는 학교 역할을 톡톡히 했음을 보여주는 단적인 예이다. 그러나 사태는 예상 밖으로 격렬해졌던 듯하다. 폭력은 폭력을 낳게 마련, 시위 군중들은 이 시기의 '백골단'이라 할 수 있는 부상패와 대결하면서 수많은 사상자를 낳았고, 이에 분격한 나머지 대신들의 집을 부수기도 했다. 그러자 『독립신문』은 "만민공동회 사람들이 부상 패에게 맞아서 죽고 상한 까닭에 우리가 또한 충애하는 목적을 흠모하여 격분지심으로 모였으나 사람의 집을 부순다는 것은 실로 야만의 버르장머리"라면서, "그 집 임자 되는 사람들이 죄가 있지 그 사람들 사는 집이야 무슨 죄가 있느뇨. 이왕 부순 집들은 각기 백성들이 격분지심으로 부쉈지 종로에 모인 만민회 중에서는 시키지 아니하였으나, 이제부터는 우리 만민회 중에서 도저히[철저히] 살펴서 남의 집 부수는 버릇은 일절 엄금하자고 작정들 하였다."고 전하면서 폭력을 경계하고 나선다.

이러한 상황에서 외세와 '간세배'에 기댄 채 노심초사하고 있던 황제 고종은 12월 23일 급기야 군대 동원을 명령하였고, 수구파들의 꾐에 넘어가 술을 마셔버린 집회 군중들은 군대의 총검과 보부상의 가혹한 몽둥이에 쫓겨 해산하고 말았다. 1898년 12월 25일, 우리 역사상 그 유례를 찾아볼 수 없었던 만민공동회 민중들의 대대적인 시위와 농성이 외세의 사주를 받은 보수 세력과 그들을 등에 업은 보부상들의 폭력에 의해 와해의 길로 접어들었다. 이와 함께 민중들의 변혁을 향한 갈망을 대변하던 독립협회마저 집요한 공작에 의해 역사의 뒤안길로 사라졌다. 만민공동회가 해산된 뒤, 이 시위의 공과를 둘러싸고 '후일담'이 오르내린다. 1898년 12월 28일자 『독립신문』의 논설은 「공동회에 대한 문답」이라는 제목으로 그 내막을 이렇게 전하고 있다.

어젯밤에 본사 탐보원이 서촌 한 친구의 집에 갔더니 마침 유지 각한 사오四五 인이 있더니, 앉아서 공동회 일절로 수작酬酌이 난만한 것을 듣고 그 중요宗要한 것을 뽑아서 좌에 기재하노라.

(문) 공동회를 파한 후에 시비가 분운紛紜하여, 혹은 공동회에서 실수를 많이 하였다 하고 혹은 정부에서 잘못하였다 하니 누구의 말이 옳은지.

(답) 대한 사람들은 몇 백 년 압제에 물려서 무엇이든지 정부가 하는 일은 감히 평론 못하는 것을 이치로 아는 고로 정부에서 옳다면 옳은 줄 알고 그르다 하면 그른 줄 알거니와 실상으로 말하면 당초부터 정부에서 그 직분을 잘하였으면 공동회가 생겼을 이치도 없고, 공동회 시작한 후에라도 정부에서 잘못한 것을 깨닫고 민론民論을 좇아서 황상 폐하의 성칙을 받들어 시행하였으면 공동회가 근 이십 일이나 끌었을 리가 없고, 또 만민 모인 데에서 언어 동작에 실수한 일이 있더라도 몇 달을 두고 총명을 옹폐하며 인민을 괴롭게 한 정부의 허물에 비하면, 공동회에서 정부보다는 잘못한 일이 없는 것은 삼척동자기로 어찌 모르리오.

(문) 정부에서도 성책을 봉행치 못한 죄가 많거니와 인민이 정부의 명령을 거스르는 것이 어찌 책망이 없으리오.

(답) 맹자 말씀에 몸을 굽히고 남을 곧게 하는 자는 없다 하셨으니, 정부는 백성을 인도하고 교훈하는 선생이라. 선생 된 자가 먼저 그 도를 이뤄서 위로 황상 폐하의 성의를 받들지 못하고 아래로 인민을 도탄에 넣으면, 이것은 정부가 백성을 옳은 길로 인도하지 못함이니 먼저 그 직분을 잃어버리고 아랫사람이 실수하는 것만 책망하는 것은 공평치 못함이라. 인민으로 하여금 정

부의 명령을 좇게 하려면 정부에서 먼저 성상의 은덕을 널리 베풀고 백성에게 신을 보임이 제일 상책이로다.

(문) 이번 공동회에 무슨 뒤[배경]가 있는 줄 알았더니 헤치고 본즉 뒤가 아무것도 없으니 어찌 부끄럽지 아니하뇨.

(답) 이는 대한 사람이 평생 타국에 의지하는 마음을 면치 못함이라. 몇 십 년 이래로 혹 청국 혹 일본 혹 아라사 등의 국가에 의지하여 사계四計를 도모하거나 국사를 경영한 사람들이 있었으나, 공동회는 본래 목적이 위로는 황상 폐하의 성덕만 의지하고 아래로는 인민의 공론에 힘입어서 다만 혀와 붓만 가지고 바른 의논을 주장하여 민국에 이익을 보고자 함이라. 그 믿는 것도 민심이요 뒤 받쳐주는 것도 민심이라 어찌 달리 믿을 것이 있으며 다른 뒤가 있으리오.

(문) 그러하면 공동회를 다시 시작하는 것이 어떠하뇨.

(답) 서양 말에 좋은 일도 너무 하면 멀미 난다 하였으니, 지금 공동회를 다시 하면 민심이 지루하게 여겨서 도리어 괴롭게 알기가 쉬우니 민심만 믿고 하는 회를 어찌 민심을 어기며 하리오. 하물며 황상 폐하의 조칙이 내리사 공동회의 충의 목적은 통촉하시고 물러가라 하셨으니 어찌 또 주저하여 성칙을 받들지 아니하리오.

(문) 그러하면 정부에서 무슨 일을 하는데 성칙을 받들지 아니하여 인민을 괴롭게 하여도 다시는 만민이 말도 못하랴.

(답) 어느 때든지 정부에서 다시 그른 일로 위로 황실을 위태히 하고 아래로 백성을 괴롭게 하여, 민심이 비등沸騰하여 시민이 청전淸廛하고[가게문을 닫고] 학도가 책을 덮고 만구일성萬口一聲으로 공론을 이렇게 정부에서 잘못하는 죄를 황상 부모께 명원明冤하게 될 지경이면 자연히

만민회가 되는 것이니, 그렇지 못하고 다만 구경꾼이나 모여서 시간이나 허비할 것 같으면 다시 회하여 무엇하리오. 그러하나 이때를 당하여 인민과 정부가 합심하여 나랏일을 하지 아니하면 십삼도 강산이 타인의 물건이 될 것이니, 정부 제공들은 공동회를 무서워하지 말고 각기 그 직분을 지켜서 황상 폐하의 덕택이 전국 동포에게 미치게 하면 민심이 자연 안도낙업安堵樂業할 것이니, 백성을 책망하지 말고 정부에서 밝은 일만 하기를 바라노라.

정부에서 황실을 위태롭게 하고 백성을 괴롭게 하여 민심을 잃으면 언제든지 제 이, 제 삼의 만민회가 생길 수 있다는 얘기다. 이 논설에서 물음에 답하는 사람의 말에서 알 수 있듯이, 1898년 12월 24일 해산되긴 했지만 만민공동회는 정부가 제 몫을 제대로 수행하지 못하고 민심에서 이탈할 때에는 민중이 얼마든지 부패하고 타락한 권력에 압력을 가할 수 있다는 것을 보여주는 하나의 정치적 전범이 되기에 충분한 사건이었다.

그런데 1898년 한 해 동안 서울 전역을 뒤흔들었던 거대한 시위 만민공동회에서 한국 근대사상 최초의 의사義士가 탄생한다. 공덕리에서 부상 패들과 싸우다가 이들의 모진 몽둥이질에 절명한 김덕구가 바로 그 주인공이다. 죽은 그의 몸에서 나온 것은 '신 깁는 송곳 세 개와 전당표 열아홉 장'이었다. 김덕구의 죽음은 예견되어 있었는지도 모른다. 정부 측의 사주를 받은 보부상들과의 싸움에서 사망하거나 부상한 사람들이 생겨나면서 시위에 참가한 민중들을 분노를 감추지 못한다. 격분한 나머지 "각기 몽둥이들을 가지고 장작불을 피우고 사면으로 방어하며 밤을 새고 날을 지내"면서 시위의 양상은 더욱 고

조되는 한편, 각계각층의 '의리'도 밀려든다.

> 종로에 모인 장안 만민이 그저께 밤에 서로 의논하여 가라대, 만민공동회 사람 중에 부상에게 맞아 죽은 사람들은 충애하는 목적으로 의에 죽었으매 우리 만민이 그저 있을 수 없으니, 그 시신을 우리 만민이 각기 의리로 부의하여 후히 장사 지내게 하고 그 부모와 처자들은 우리 만민 중에서 각기 출의出義 보조하여 얼마큼 부지하여 살도록 하여주자고 한데, 만민이 다 손뼉들을 치며 그리하자고 작정들을 하였다더라.
> 종로에 모인 장안 만민이 그저께 밤에 서로 의논하여 가라대, 관민공동회 사람 중에 부상 패에게 맞아서 중히 상하여 외국 병원으로 가서 치료하는 이들이 모두 충애 목적 가진 이들이라. 부상 패에게 맞은 것도 또한 의리로 말미암은 것이니, 우리 만민 중에 총대위원들을 그 치료하는 이들에게 보내어 위문도 하고 또 치료하는 이들 매인每人 명하名下에 위선爲先 돈 오 원씩 보내어 치료하는 데 쓰게 하고 이어 또 돈을 보내야 치료 지절治療之節에 끊기지 않게 하자 한데, 만민이 다 낙종諾從하여 그대로 작정들이 되었다더라.(『독립신문』 1898년 11월 24일)

그런 와중에 김덕구의 사망 소식이 전해진다. 신발 깁는 일을 업으로 하여 살아왔던 그는 독립협회 회원이 아니었다. 그러나 '충애의 의리'를 다하기 위해 부상 패들과 격렬한 싸움을 벌였고, 그 '전쟁터'에서 부상 패의 몽둥이에 맞아 사망한 그의 죽음을 애도하는 물결이 이어진다. 『독립신문』은 김덕구의 사망 소식과 장례식 준비 상황을 상세하게 알리는데, 다음은 1898년 11월 29일자 잡보란에 실린 「당당충애」라는 제목의 기사이다.

명동 사는 김덕구 씨가 충애하는 목적을 사랑하여 만민공동회에 참례하였다가 천만의외에 부상 패의 난봉亂棒 중에 불행히 죽었다는 고로, 돌아간 일요일 독립협회 통상회에서 회원들이 공의하여 가라대 우리 독립협회 회원들은 종로 공동회 만민과 전국 이천만 동포 형제를 대표한 총대라. 공동회 만민과 전국 동포가 곧 독립 회원이요, 독립협회가 곧 전국 동포와 공동회 만민인즉, 만민공동회와 전국 동포와 독립협회가 무슨 분간이 있다 하리오.
금번에 부상 패에게 맞아 죽은 김덕구 씨는 비록 독립협회 회원은 아니라도 만민공동회에 참례하였던 이인즉, 공동회 만민은 우리들을 대표하는 전체라. 우리가 어찌 그 전체 되는 만민 중에 충의로 죽은 김 씨의 죽음을 모른다 하여 심상히들 지내리오 하고, 독립협회 회 중에서 우선 돈 십 원을 그 죽은 김 씨의 본집으로 보내어 상복들을 지어 입게 하고, 수전 위원 삼 인을 뽑아 은행소에 앉아서 장례비 의조義助하는 돈을 받게 하며, 김 씨의 장례에 호상할 위원 십 인을 뽑아 일을 보살피게 하고, 음력 시월 십팔 일 오전 팔 시에 독립협회 회원들이 일제히 사무소로 모여 김 씨의 시신 있는 데로 가서 발인하여 산소로 가서 후히 장사 지내고 묘 앞에다 대한 충애하던 의사義士 김덕구 씨의 비라 새겨서 세우기로 결정이 되었는데, 독립협회 회원들과 방청하는 만민 제씨가 각기 충애하는 마음으로 김 씨가 죽은 것을 의리로

당시의 종로 거리 풍경

알며 영화로 여기고 비감한 눈물들을 금치 못하며 각기 자원하여 당장에 장례비 백 원이 되었다더라.

독립 회원 아닌 이들도 충애지심이 간절한 이들은 각기 높은 의리로 장례비들을 은행소로 와서 자원들 하여 오늘부터 오 일 내로 다들 대기로 작정하였다는데, 사람들이 다 말하기를 김 씨는 충애하다가 죽었으니 참 대장부라 죽어서 꽃다운 이름을 천추에 유전한다고 모두 칭찬들 하였다더라.

이렇듯 공동회에 모인 만민과 독립협회 회원들은 일심 합력하여 김덕구의 장례식을 성대하게 거행한다. 『독립신문』은 장례식의 풍경을 다음과 같이 전한다.

대한 광무 이 년 십이 월 초일일 오전 아홉 시에 공동회 만민과 전국 이천만 동포를 대표하는 독립협회 회원들이 종로에 모여 김 씨의 신체를 엄토한 쌍룡정으로 나가서 제문을 준행하여 소렴 대렴하고 입관하여 큰 상여로 운상하여 장사 지낼 산지로 향하여 발인하는데 명정에다 '대한제국의사광산김공덕구지구大韓帝國義士光山金公德九之柩'라 써서 상여 앞에 높이 들고 공포와 운삽雲翣 하삽下翣은 좌우에 벌려 섰으며, 김 씨의 부인은 소교素轎를 타고 뒤에 따랐으며 각 학교 기호와 각 동리 기호는 의기 있게 특별히 들었는데 동서양 각국의 점잖은 손님들도 김 씨가 충의에 죽은 것을 모두 흠애하여 다 와서 보며 본국 남녀노소 상하 귀천 아동주졸兒童走卒이 구름같이 모여 거리거리 길이 메이는지라.

모여든 군중들은 앞을 다투어 상여를 맸고, 거리에는 애국가가 울려 퍼졌다. 그리고 남대문 밖 연못가에서는 노제가 엄숙하게 치러져 영어학교 퇴학생들과 찬양회 부인 회원들 그리고 사립흥화학교 및 이화학당의 교원들이 축문을 지어 바쳤다.

덕구가 평소에 충애가 깊고 검소하여 날마다 신 깁기로 생업을 삼아 겨우 몸과 아내와 두 딸 네 식구가 호구하더니, 불의에 부상 패가 달려들어 관민이 창황한 날을 당함에 충분이 버티고 의기가 다질려 앞장을 나서서 맹세코 불의한 것들을 제하려 하더니 어찌하여서 몰륜만봉沒倫萬捧[인정사정없는 몽둥이질]이 무례하였는지 가련하다 빈주먹으로 죽었는지라(『독립신문』 1898년 12월 5일).

다음은 의사 김덕구의 노제에서 낭독된 축문의 일절이다. 1898년 12월 1일, 차가운 겨울비가 내리는 가운데 서울 변두리에 있는 갈월리에서 거행된 신기료장수 김덕구의 장례식 현장, 운구 행렬을 지켜보기 위해 운집한 수많은 군중은 그의 행적을 치하하며 눈물을 훔쳤다. 그리고 상여를 번갈아 메고 가던 사람들은 다음과 같이 〈투쟁가〉를 노래했다.

> 어화 우리 동포들아 충군애국을 잊지 마라.
> 대한 의사 김덕구 씨는 나라를 위하고 동포를 사랑하다가
> 옳은 의리에 죽었으니 그런 의리가 또 어디 있느냐.
> 어화 우리 회원들아 의리 이二 자 잊지 마라.
> 의리로만 죽는다면 만인 일심 흠모하여
> 김덕구같이 장사하겠노라.
> 어화 우리 만민들은 제 몸 하나를 잊어버리고,
> 나랏일만 열심히 하여라.
> 김덕구의 일신은 살아서는 무명타가
> 죽으니까 의사로다.
> 사는 것을 좋아 말게 죽어지니 영화로다.
> 김덕구의 의사 이름 천추만세에 유전이라.

"불쌍한 동포를 보호하고 독립 기초를 지탱하려는 충량지민忠良之民을 함지陷地에 넣어 살해하고 나라까지 망하게 하려는 몇몇 역신배"들과의 싸움은 반제국주의 투쟁과 반독재 민주주의 투쟁 그리고 인권 및 생존권 투쟁으로 이어지는 일련의 힘겨운 투쟁을 알리는 예

고편에 불과했는지도 모른다. 한국 근현대사는 안중근·윤봉길·김주열·전태일·박종철·이한열·강경대를 비롯하여 수많은 의사와 열사를 낳았으며, 소중한 생명을 바쳐 불의에 저항한 이들의 정신이 지금의 우리를 지탱하는 소중한 양식(또는 신화)이라는 점에 이의를 제기할 사람은 없을 것이다. 그리고 의사 또는 열사를 논할 때 "어리석은 보부상들이 충군애국하는 백성을 살해하려 함을 보고 장부의 당당한 의기에 분기를 참지 못하여 적수공권으로 앞장을 서서 난민 중에 들어가 마침내 난민의 손에 죽어 귀한 피를 흘려 충애忠愛를 드러낸"(『제국신문』 1898년 12월 1일) 민중 김덕구는 한국 근현대사가 낳은 열사의 계보에서 맨 앞자리에 놓여야 마땅하다.

물론 무명의 백성을 일약 '국민적 영웅'으로 만들어 숭배의 대상으로 삼는 '죽음의 정치학'이 안고 있는 문제점을 간과해서는 안 된다. 근대 국민국가는 수많은 '무명전사'를 희생양으로 하여 그 자체의 존립을 위한 이데올로기를 강화해왔다. 예컨대 수많은 민초를 국민이라는 이름으로 전쟁에 동원하여 죽음으로 내몰고, 이들 '무명용사'를 애국자로 기리는 국가의 의례儀禮는 비판받아 마땅하다. 넓게 보자면 '충군애국'의 깃발 아래 죽어간 김덕구도 그러한 희생양 가운데 하나였다고 할 수도 있다. 하지만 권리와 정의를 위해 자발적으로 싸우다 죽음을 맞이한 이들의 '뜻'을 평가절하해서는 아니 될 것이다. 김덕구는 국가가 아니라 민중의 이름으로 '의사'의 반열에 오른 사람이기에 더욱 그렇다. 우리의 역사에 수많은 의사와 열사가 있었지만, 그들의 맨 앞자리에 놓여 있는 김덕구만큼 관심에서 멀어진 사람도 드물다. 지금 우리가 의사 김덕구를 다시금 기억해야 하는 이유도 여기에 있다.

6. 마무리

　만민공동회는 근대적 성격을 명확하게 보여주는 정치운동이었다. 소박하게 말해 지금과는 다른 삶을 구성하고자 하는 일련의 행위에 '정치적'이라는 관형어를 붙일 수 있다면, 만민공동회는 정치 공동체의 구성원이 스스로의 정치적 입장을 적극적으로 표명했다는 점에서 한국 근대사의 초입에서 찾아보기 어려운 에너지를 발산한 정치적 운동의 장이자 근대적 공론의 형성 과정을 볼 수 있는 텍스트라 할 수 있다. 특히 인쇄 자본주의의 전개를 대표하는 근대적 신문들이 이 운동을 대대적으로 보도했으며, 신문이라는 근대적 미디어를 통하여 이 운동이 서울을 벗어나 전국으로 전파되었다는 점을 주목할 필요가 있다. 그리고 신문이 하나의 '운동 교재' 역할을 담당함으로써 시위 현장뿐만 아니라 장터와 거리에서 토론과 연설이 광범위하게 행해졌다는 사실도 놓쳐선 안 된다.

　또 하나 만민공동회라는 텍스트를 읽는 과정에서 주목해야 할 점은 정치 공동체 구성원들이 이 정치운동을 통해 스스로가 '국민'의 일원임을 발견했다는 것이다. 다시 말해 직접적으로든 간접적으로든 이 운동에 참가한 사람들은 빈부귀천과 남녀노소를 막론하고 충군애국이라는 깃발 아래 하나의 '국민'임을 확인하는 장으로 만민공동회를 경험했다. 어린 소년에서 콩나물 장수 할머니에 이르기까지, 여염집 아낙네에서 산중의 도적들까지 타락한 권력에 저항하고 외세에 항거하는 장으로서 이 운동을 체험했던 것이다. 그 과정에서 민중들은 그들이 단순히 지배의 대상이 아니라 통치의 방식이나 틀을 결정할 수도 있는 권리를 지녔다는 사실을 몸소 학습했을 터이다. 요컨대 만민공동회는 정치적 관심을 환기하는 계몽의 장이었고, 민중들이 스스로를 정치적 주체로 세울 수 있다는 가능성을 확인한 정치적 훈련의 시공간이었다.

만민공동회라는 텍스트는 오랫동안 관심의 대상 밖에 놓여 있었다. 그 이유를 분명히 알 수는 없지만, 이제부터라도 한국 근대 정치사상의 맹아를 간직한 이 텍스트가 지닌 의미를 촘촘히 읽어갈 필요가 있다. 식민지 시대의 일련의 저항운동과는 분명히 구별되는 만민공동회의 정치적 또는 정치사상적 의의를 재구성함으로써 우리는 근대 계몽기의 역사를 훨씬 다양한 시각으로 바라볼 수 있을 것이다.

8장
문명의 새로운 양식들, 행동하기와 말하기의 근대

1. '소년'이 '국민'을 말하다

태서泰西 사람들을 보라. 그 안색의 화려함과 원기의 왕성함과 행동의 활발함을 누가 쇠망한 나라 사람들이라 하리오. 판에 박힌 흥성한 나라 사람이로다. [……] 우리나라 사람의 안색을 보면 태서 사람에 비하여 혈색도 부족하고 화기도 부족하다 할지라. [……] 어느 나라든지 쇠하는 나라를 보고자 할진대 먼저 그 국민의 얼굴부터 볼 것이다. 멀리 볼 것 없이 가까운 청국인과 조선인을 보면 그 얼굴이 광채가 없고 윤택하지 못하다 하더라. [……] 우리나라의 지금 형세로 말할진대 [……] 제일 먼저 할 것은 국민의 혈관을 수세미질하고 얼굴을 대패질하여 번듯한 인물을 만들어 혈색이 있는 얼굴이 되게 하는 것을 먼저 할지라.

[……] 인물의 생명도 활동이라. [……] 오래오래 활동함은 자연 국민의 성질을 변화시킨다. 변한 성질의 활동이 육신과 정신을 주관할 때에는 안에 있는 대로 밖으로 나타나서 광명이 돌고 기력이 찰 것이다. 그런 연후에야 비로소 집안사람으로는 흥하는 집안사람이오, 국민으로는 흥하는 나라 인민의 설명서가 누구든지 보는 눈에 띨 것이다(『대한매일신보』1910년 3월 29일)

이토록 섬뜩한 말이 또 있을까. "국민의 혈관을 수세미질 하고 얼굴을 대패질"하라니. 서구 문명국 사람들처럼 되기 위해서는 혈관을 주물러 빨고 얼굴을 갈아엎어야 한다니. 그토록 '문명인'이 되고 싶었던 것일까. 아무리 전투적 계몽주의를 주창했던 『대한매일신보』라지만 이 표현은 좀 지나친 것이 아닐까. 그런데 이 글은 원래 『대한매일신보』 편집진이 쓴 글이 아니었다.

『대한매일신보』에「국민의 외양과 국가의 성쇠」라는 제목으로 실린 이 글의 원제는「국민의 외형과 국세의 성쇠」이다. 1910년 3월호 『소년』에 실린 글이었다. 물론 『대한매일신보』는 『소년』에 게재된 글을 다시 실으면서 표현을 좀 바꿨다. "얼굴을 장도리질"하라는 표현을 "얼굴을 대패질"하라는 것으로. 최남선의 '1인 잡지'였던 『소년』에 실린 이 글이 『대한매일신보』 편집진들의 마음을 사로잡은 이유는 무엇이었을까. 그것은 아마도「국민의 외형과 국세의 성쇠」의 수사학이 당대의 '위기감'을 절실하게 표현해내고 있었기 때문이지 않았을까. "혈관을 수세미질하고 얼굴을 대패질"해야 한다는 과격한 레토릭은 어쩌면 국권 상실을 눈앞에 둔 자의 최후의 절규가 아니었을까. 또한 1910년 쓰러져가는 조선의 현실 한복판에서 잡지 『소년』이

"국민으로는 흥하는 나라"를 건설해야 한다고 주장한 것도, 그토록 '신민臣民'이 아닌 '국민'을 갈망했던 것도, 어쩌면 서구를 모델로 한 '국민국가'의 건설이 요원한 과제가 되고 말았음을 반증하는 것은 아니었을까.

그렇다면 1910년대 조선의 시대적 위기감이란 무엇이었을까. 물론 그것은 일본의 조선 침탈이다. 그런데 조선인들의 흉부를 파고들었던 두려움의 원인을 과연 조선의 강토를 갉아먹는 일본이라는 '국가' 그 자체라고만 단정할 수 있을까. 일본이 제국주의 국가로 발돋움할 수 있었던 것은 서구의 '근대화=문명화'를 적극적으로 수용했기 때문이었다. 서구의 과학과 기술과 정치적 제도를 받아들여 제국주의 국가가 될 수 있었던 일본과 달리 조선은 '서구화=문명화=근대화'를 달성하지 못함으로써 일본이라는 제국주의 국가의 희생양이 될 수밖에 없었다. 그런 의미에서 19세기 후반의 근대화 혹은 문명화란 곧 제국주의 국가가 된다는 것을 뜻하는 것이기도 했다.

'제국주의 국가'는 아니더라도 '제국'이 되려는 조선의 열망은 1876년 개항과 함께 싹트기 시작했다. 서구 제국주의 국가의 동아시아 진출이라는 거대한 파도에 맞서야 했던 조선의 행보는 명약관화했다. 조선을 서구와 같은 근대적 '국민국가'로 리모델링하는 것이었다. 이를 위해 조선은 국가의 제도를 개혁하고 인민의 계몽을 통한 문명화를 추진해야만 했다. 하지만 조선의 '문명화 과정'은 순탄치 않았다. 서구적 근대 시스템과 조선적 시스템의 이종교배를 위해 다양한 실험이 거듭 진행되었지만, 결국 결실을 보지 못한 채 조선은 일본의 식민지로 전락하고 말았다.

그럼에도 불구하고 근대 전환기(1894~1910)에 진행된 조선의 '문명화 과정'은 조선이 주자학적 질서라는 '조선적' 전통에서 벗어나 서구가 만들어낸 근대적 삶의 질서 속으로 편입하는 계기가 되었다. 또한 그 과정의 흔적들은 여전히 '대한민국'의 현재적 삶 속에 깊숙하게 침윤되어 있을뿐더러 '지금-여기'의 삶의 양식을 구성한 출발점이었다. 그러면 근대 전환기에 펼쳐진 '조선식 문명화 과정', 즉 서구 문명의 새로운 양식들은 어떻게 조선인들의 삶 속에 비집고 들어왔을까.

2. 문화 횡단적 경험의 세계

근대 전환기는 '극단의 시대'였다. 이 시대를 살았던 사람들은 원하든 원하지 않든 간에 매일매일 '이것이냐' '저것이냐'의 선택의 기로에 서야만 했다. 그들은 서구라는 '낯선 세계'와 조선이라는 '익숙한 세계'가 충돌하면서 생긴 일상의 균열 속에서 무언가를 선택해야만 했던 것이다. 이때 조선인들의 마음속에는 그 끝을 예측할 수 없는 불안, 초조, 갈등, 희망 등이 뒤엉켜 있었다. 주자학적 삶의 질서에서 근대적 삶의 질서 속으로 편입하는 과정은 순탄치 않아서 많은 갈등과 혼란을 불러일으켰다. 서구 '문명'의 발톱이 할퀸 자리마다 주자학적 질서의 오래된 폐해가 곪아 터지기도 했으며, 그 곪아 터진 살을 뚫고 새살이 돋아나기도 했다. 또한 몇 백 년 동안 아무렇지도 않았던 조선인들의 삶의 습속이 어느 날 갑자기 틈입한 '문명'의 '빛'에 감염되자 갑자기 '야만'의 습속으로 지탄받는 일이 벌어지기도 했다.

그렇다면 과연 무엇을 '문명'이라 하고 또 무엇을 '야만'으로 규정할 것인가. 서구식 근대화를 반대하며 주자학을 진리로 숭상했던 조선의 지식인들은 서구야말로 '야만'이자 '오랑캐'라고 규탄했으며, 서구식 근대화를 추진하려 했던 계몽 지식인들은 조선의 구습이야말로 '야만'적인 것이며, 서구의 과학과 테크놀로지야말로 '문명'이라고 칭송했다. '문명'은 어떤 면에서는 상대적인 것이었으나 조선의 계몽 지식인들이 주장했던 문명은 서구에서 창안된 과학과 기술 그리고 그들이 향유하는 문화와 일상을 지칭하는 것이었다. 서구식 삶과 문화를 기준으로 삼자 조선적인 삶과 문화는 '야만적'인 것이 될 수밖에 없었다. 중화 세계에서 '오랑캐'가 존재했다면 이제 서구의 질서인 '만국공법'의 세계에서는 '야만'이 존재하게 된 것이다.

서구인이 조선을 '야만'이라고 부르는 것과 조선인이 조선을 '야만'으로 부르는 것은 엄연히 다르다. 조선인이 조선 사회를 '야만'으로 치부하기 위해서는 '문명'이라는 타자의 거울을 상대적인 가치 체계가 아니라 절대적인 가치의 판단 기준으로 삼아야 한다. 동시에 그 절대적인 가치 체계에 도달하지 못했다는 콤플렉스가 동반되어야 조선인은 조선을 야만의 세계라고 부를 수 있는 것이다. 분명 서구라는 타자는 개항 이후부터 서서히 조선인들의 삶을 간섭하기 시작했다. 하지만 이때 서구는 조선이라는 거대한 세계에 잠입한 불청객일 따름이었다. 그렇다면 조선인이 서구라는 타자, 절대적인 가치로서의 '문명'을 받아들일 수 있었던 계기는 무엇이었을까.

다름 아닌 조선인 스스로 이방인이 되거나, 타자가 된 것이다. 즉 조선의 경계 내의 서구가 아니라 서구의 경계 내의 조선으로 위치가 바뀐 것이다. 서구의 경계 내에서 조선을 다시 생각할 수 있는 계기는 국제적인 외교 관례를 조선이 받아들이면서 만들어졌다. 조선은 개항 이후 서구의 여러 나라에 외교사절을 보냈다. 외교사절의 임무를 띤 조선인들은 조선 내에서의 서구 문명이 아닌 서구 내에서의 서구 문명을 체험하게 된다. 조선의 경계를 벗어난 외교사절들이 마주친 것은 미국, 영국, 독일, 러시아라는 특정한 '국가'나 '지역'이 아닌 '문명'으로 표상된 서구 세계 전체였다.

조선의 외교사절들이 대면한 세계는 조선의 전통과는 매우 이질적인 세계였다. 외교사절들의 이러한 경험을 '문화 횡단적 경험'이라 부를 수 있으며, 그들이 맺은 세계와의 관계는 '문화 횡단적 관계'라 말할 수 있을 것이다. 조선의 외교사절들은 서구 세계의 경험을 통해 때로는 자신들이 굳건하게 지켜왔던 주자학적 정체성에 의심을 품기도 했으며, 때로는 오히려 더욱더 주자학적 정체성을 강화하려는 쪽으로 마음을 되잡기도 했다. 그렇다면 조선 사신들이 본 서구 세계란, 문명이란 어떤 모습이었을까. 또한 서구 세계에 던져진 그들의 정체성을 교란시켰던 촉매는 무엇이었을까.

> 우리는 샌프란시스코 주택의 겉모양, 시가전차 그리고 거리 풍경 등 우리가 호텔까지 오는 도중에 본 여러 가지 풍물에 크게 경탄했다. 그러나 무엇보다도 우리를 놀라게 한 것은 호텔의 규모가 엄청나게 크다는 사실이다. 호텔 안에 들어가 천장을 쳐다보니, 장려하고도 가느다란 기둥으로 떠받친 천장이 아득하게 높았다. 사방은 흰색으로 깨끗하게 칠해져 있었다. 유리창 틈으로 햇빛이 비추자 흰 벽과 기둥은 연분홍색깔로 환하게 변해서 그 아름다운 광경에 황홀감을 느꼈다. 코니스cornices의 우아한

장식, 장대한 기둥, 훌륭한 가구 장식, 식탁의 비품 등은 우리가 일찍이 보지 못했던 그러한 장려한 광경이었다. [……] 흑인 급사의 모습은 신기했다. 그들은 얼굴은 새까만데 백색 상의를 입고 있어서 대조적이었다. 특히 그들의 눈빛은 사람의 눈 같지 않게 신비롭게 희게 보였다(*New York Herald*, October 15, 1883; 김원모, 1999: 46~47 재인용).

1883년 조선 정부는 미국에 외교사절을 보낸다. 1882년에 맺은 조미수호통상조약의 후속 조치를 위해서였다. 이를 위해 조선보빙사朝鮮報聘使를 꾸렸다. 민영익, 홍영식, 서광범, 유길준, 고영철, 변수, 최경석, 현흥택 및 통역관 3명 등 총 11명으로 조선보빙사는 꾸려졌다. 보빙사 일행이 미국으로 가기 위해서는 일본을 경유해야만 했다. 그들이 일본 요코하마에 도착한 것은 1883년 7월이었다. 약 한 달간을 일본에서 체류한 보빙사 일행은 1883년 8월 중순 동서양기선회사 소속의 태평양 횡단 여객선 아라빅Arabic 호에 승선했다. 그들은 난생처음 태평양을 횡단하여 '문명국' 미국을 대면하게 된다. 조선보빙사 일행은 1883년 9월 2일 20여 일간의 항해 끝에 미국의 샌프란시스코 항구에 도착한다.

샌프란시스코의 거리 풍경은 말로 형용할 수 없을 정도로 휘황찬란했다. 특히 보빙사 일행이 묵었던 팔레스 호텔의 시설은 그동안 조선인들이 보지도 듣지도 못했던 화려한 광경이었다. 그들은 그 휘황찬란함을 적절하게 표현할 만한 말을 찾을 수 없었다. 그들은 샌프란시스코의 장대한 스펙터클에 점점 매혹되었다. 그러나 그 매혹의 이면에는 어느덧 열등감이 자라나고 있었다.

조선보빙사

 미국에 도착한 조선보빙사 일행은 조선에서와 마찬가지로 도포를 입고 외출했다. 공식적인 행사에 참석할 때에도 예의 그렇듯이 조선식 관복을 착용했다. 이들의 이런 복장은 미국인들에게 웃음거리가 되었다. 서구의 문화와는 전혀 어울리지 않는 복장으로 거리를 활보했던 이들의 모습은 '문명국'을 자처했던 미국 사람들에게는 재미있는 구경거리에 불과했다. 당시『뉴욕 타임스』에는 '한복'은 나태한 생활에나 알맞다는 조소 어린 기사가 실리기도 했다. 미국인들이 조선인들을 바라보는 시선은 '문화적' 차이에서 오는 '다름'을 인정하기보다는 철저하게 문명과 야만을 수직적으로 구분하는 것이었다.
 특히 보빙사 일행이 미국의 아서Chester Alan Arthur 대통령에게 국서國書를 제정하는 자리에서 조선식 예법으로 '큰절'을 올린 장면은 대문짝만 하게 신문을 장식했다. 조선 사신들의 돌출적인 행동에 아서 대통령은 어리둥절했고, 이후 서구식으로 악수를 했다고 한다. 1887년 주미 조선 공사로 명을 받고 미국의 클리블랜드Stephen Grover Cleveland 대통령을 만난 박정양도 마찬가지였다.[1] 박정양은 신임장을 제정하는 자리에서 클리블랜드 대통령에게 무릎을 꿇고 이마를 방바닥에 조아리며 충성의 표시로 세 번 배례하려고 하였으나, 클리블랜드 대통령의 만류로 그렇게 하지 못했다(알렌, 1999: 150).

최초로 미국에 파견된 조선보빙사 일행이나 최초의 주미 공사로 파견된 박정양의 심정은 어느 면에서는 일본의 계몽사상가 후쿠자와 유키치의 고백과 일맥상통한다. 후쿠자와 유키치는 페리가 일본에 온 이후 도쿠가와 정부는 비로소 서구인들과 직접 접촉하게 되었으며, "양서洋書를 읽거나 번역 서적을 읽는 경향이" 증가하면서 자신들의 "어리석음과 허약함을" 깨닫게 되었다고 말한다. 또한 그는 서구를 대면하는 일본인의 심정을 "갑자기 귀가 뜨이고 눈이" 뜨여서 비로소 "목소리와 색깔을 듣고 볼 수 있게 된 것"과 같았으며, "고요한 심야로부터 떠들썩한 백주의 세계로 나온 것"이었으며, "눈에 띄는 모든 것이 하나같이 기괴하고 뜻에 맞지 않았다."고 표현했다(후쿠자와 유키치, 1989: 88). 요컨대 후쿠자와 유키치에게 문화 횡단적 경험이란 "한 몸으로 두 인생을 겪는" 꼴이자 "사람의 정신에 파탄을 일으킬 뿐 아니라 그 밑바닥까지 뒤집어"놓는 것이었다(후쿠자와 유키치, 1989: 8~9).

후쿠자와 유키치나 조선의 외교사절들이나 서구 세계에 대한 문

---

[1] 박정양이 미국 주재 조선 공사로 명을 받은 것은 1887년 6월 29일이었다(『국역 승정원일기』 고종 24년(1887) 6월 29일).

후쿠자와 유키치

화 횡단적 경험은 양자 간의 문화적 차이를 실감하는 것이 아니라 문명적 위계에 따른 세계의 재편을 온몸으로 느끼고 견디는 것이었다. 조선적인 '매너(에티켓)'와 서구식 매너의 이질성을 단순하게 문화적 '차이'로 이해할 수는 없는 일이었다. 서구식 매너는 일종의 문명의 '양식'이자 '만국공법'의 세계였다. 보빙사 일행이나 박정양이 믿었던 주자학이라는 '진리의 세계'의 예법은 만국공법으로 표상되는 문명 세계의 예법과 대등한 관계가 될 수 없었으며, 문명의 세계로 비집고 들어갈 만한 메리트도 없었다. 따라서 근대적 국민국가를 갈망했던 조선은 이제 서구의 양식을 문화적으로 번역하고 학습하는 것을 최선의 과제로 삼을 수밖에 없었던 것이다.

3. 사교 문화, 파티의 에티켓

서구 사회에서 사교는 문명화 과정의 일부였다. 사교 문화가 꽃피는 사교장(클럽, 구락부)이라는 공간은 사람들 간의 교제를 비롯하여 음악과 춤과 예절(매너)이 함께 어우러진 곳이었다. 서구에서 문명이란 '교양 있음'과 '세련됨' 그리고 '예절 바른 태도'를 뜻하는 것이기도 했다(노르베르트, 1996). 또한 '예절 바른'이라는 말은 오늘날의 '사회적인'이라는 말과 동의어였으며, 예절 바른 존재는 곧 사회적인 존재를 뜻하는 것이었다(아리에스, 2003: 603). 사교장은 문명화된 신체를 실험하고 양산할 수 있는 최적의 장소였을 뿐만 아니라 문명화된 상태를 가시적으로 표출할 수 있는 적절한 공간이었다. 더욱이 사교장은 문명인들 혹은 상류층들의 정치적 이해관계를 교환하기 위한 정치 외교적 공간이었으며, 서로의 정보를 교환하는 네트워크였다.

서구의 사교장에서 펼쳐지는 파티 문화의 양식, 즉 음악, 춤, 외교적 매너를 비롯해서 문명인으로서 갖추어야 할 국제적인 '태도'에 조선의 지식인들은 관심을 보였으며, 훗날 사교장의 양식으로 조선에 수입한다. 또한 1920년대에 이르면 근대 초기의 사교장 문화는 일반적인 클럽 문화로 변화되어 서구의 음악과 춤을 일상 속으로 전파하는 통로가 되기도 했다. 요컨대 사교장은 사람들이 교제하는 공간이라는 일반적인 의미를 뛰어넘어 서구적인 근대성과 서구적인 문화와 삶의 양태가 현현되는 공간이었던 것이다.

사교 클럽에 대한 관심은 후발 근대 주자였던 조선의 정계에서도 불고 있었다. 외교관의 신분으로 일본을 비롯한 서구의 여러 나라를 방문한 조선의 관료들이 빠짐없이 참석했던 곳은 방문국이 주최한 파티였다. 일반적인 연회와는 달리 1902년 영국 에드워드 7세의 대관식을 마치고 귀국길에 오르던 이종응은 선상 무도회를 경험하기도 한다. 그가 참석한 무도회는 독일의 호화 여객선 '코이칼보'에서 열린 선상 무도회였다.

> 오후 8시에 선상에서 무도회가 열렸다. 통상하는 각국의 회사 깃발을 내걸고 군악을 연주하니 남녀 한 쌍이 마주 서서 한 손으로 여자의 허리를 껴안고 한 손으로 서로 손을 맞잡고 왼쪽으로 돌기도 하고 오른쪽으로 발을 구르면서 박자를 맞추며 빙글빙글 돌아간다. 참으로 볼만한 광경이었다. 그 법도를 보니 남녀는 반드시 귀천貴賤의 구별이 있어서 천한 사람은 귀족과 감히 춤을 출 수 없다. 이것은 서양의 한 풍속이다(이종응, 2002: 161).

이종응은 "참으로 볼만한" "서양의 한 풍속"을 경험하면서, 무도회에도 일종의 "법도"가 있음을 알게 된다. 서구의 파티 문화는 '열린 축제의 공간'이라고 볼 수는 없다. 파티에는 일종의 규칙이 존재했으며 파티에 참석하는 사람들은 그 규칙에 따르는 것이 일종의 매너였으며, 이를 따르지 않으면 교양이 없는 사람으로 취급되었다. 1909년 경회루에서 열린 파티 때 한복을 입은 사람들에게는 입장을 금지한 적이 있었다(『대한매일신보』 1909년 6월 17일). 요즘 말로 하면 드레스 코드가 맞지 않아서였는데, 경회루 파티에 참석하는 사람들은 모두 프록코트를 입어야만 했던 것이다. 이를 지키지 않는 것은 서구식 파티 예법에 어긋나는 행위이자 '미개한' 행동이었던 것이고, 이 때문에 한복을 입은 사람들의 출입을 금지한 것이었다.

로쿠메이카鹿鳴館 연회에 참석하였다. [⋯⋯] 3층에 오르니, [⋯⋯] 모든 문무고관文武高官들이 자기의 부녀를 거느리고 와서 각국인 남녀와 어울려 둘씩 둘씩 서로 껴안고 밤새도록 춤을 추었다. 그 광경은 비단 같은 꽃떨기 속에서 새와 짐승들이 떼 지어 희롱하는 것 같았다.

일본의 여자들은 다 서양의 옷을 입고, 서양의 춤을 추었다. 이것은 유신維新 이후로부터의 풍속이라고 한다. [⋯⋯] 더욱 웃을 만한 일은, 나이 20 남짓 되어 보이는 한 아름다운 여인이 많은 사람 가운데서 갑자기 나의 손을 잡고 무엇이라 말하였다. 통역하는 사람에게 물으니, 그는 바로 육군경陸軍卿의 부인인데, 연회에 와준 것을 감사하는 말이라고 한다. 나는 책상머리의 한낱 서생書生으로서 창부娼婦나 주모酒母의 손도 일찍이 한번 잡아본 일이 없는데, 갑자기 이런 경우를 당하니 당황하지 않을 수 없었다. 통역하는 사람[舌人]이 말하기를, "이것은 우리나라에서 귀빈을 접대하는 제일의 일입니다. 괴이하게 여기지 마십시오."라고 하였다. 내가 이에 갑자기 흔연欣然한 얼굴빛을 지으며, 연회를 베풀고 초청하여주어서 훌륭한 연회에 참석하게 된 것을 감사하였다. 이것은 속담에 '미친 사람이 곁에 있으면 미치지 않은 사람도 따라 미친다.'고 하는 것과 같은 것이다. 남녀가 차례가 없고[無倫] 존비尊卑가 법이 없음이 이와 같이 극도에 이르렀으니, 매우 더러워[醜] 할 만하다(박대양, 1985: 442~443).

1884년 일본을 방문한 박대양은 오오야마 이와오의 초대를 받아 로쿠메이칸 연회에 참석한다. 박대양이 참석한 로쿠메이칸 연회는 그동안 박대양이 경험했던 조선식 연회와는 전혀 달랐다. 1882년 박대양보다 앞서 일본을 방문했던 박영효 역시 일본 메이지 천황의 천장절 연회에 참석했다. 개화파였던 박영효는 천장절 연회가 서구의 연회법을 모방했다는 것을 알고 있었다. 박영효는 천장절 연회는 서구식 연회를 간접적으로 경험하는 기회라고 생각했으며, 천장절 연회를 즐겼다. 그런데 박대양은 달랐다. 박대양이 참석한 로쿠메이칸 연회 또한 서구식 파티였다.

로쿠메이칸 연회에 참석한 사람들은 모두 연미복을 입고 '부둥켜안고' 왈츠를 췄다. 박대양은 난생 처음 왈츠를 보았지만, 그것이 사교댄스인지 어떤 것인지는 알 수 없었다. 그저 '짐승들'이 희롱하는 것과 같았다. 특히 육군경 오오야마 이와오의 부인이 박대양에게 서구식 에티켓인 '악수'를 했던 것이다. 그런데 박대양은 자신은 평생 "창부나 주모의 손"도 잡아본 적이 없는 사람이라며, 오오야마 이와오의 부인인 오오야마 스테마츠의 행동을 마치 창녀의 행동으로 취급하고 만 것이다. 박대양은 주자학의 시선으로 로쿠메이칸의 연회를 바라보았고, 주자학적 예법으로 오오야마 스테마츠의 행동을 판단했다.

박대양은 로쿠메이칸 연회에 도저히 적응할 수 없었다. 음악, 춤, 악수(에티켓) 등 모든 것이 서구식 풍속이었으며, 유학자인 자신의 인식 체계로는 도무지 이해할 수 없는 것들뿐이었다. 그가 일본에서 마주친 서구화의 양식들은 모두 "사람을 현혹眩惑하게" 만드는 것에 불과했다(박대양, 1985: 442). 그렇기에 박대양이 서구적 파티 문화가 재현된 로쿠메이칸 연회를 "매우 더러워 할" 만한 행동이 난무하는 행사로 여겼던 것도 한편으로는 당연한 일이었다.

보빙사 일행이나 박정양이 미국 대통령에게 조선식 예법으로 '큰절'을 올리는 것과 서구식 예법으로 '악수'를 하는 것은 문화에 따른 예법 차이일 뿐만 아니라 인식 체계의 차이이자 자아의 정체성을 규정하는 방식의 차이다. 오오야마 스테마츠가 서구식 예법으로 박대양에게 악수를 청했던 것도 마찬가지다. 악수는 17세기부터 영국에서 시작된 예법이다. 악수라는 예법의 특징은 악수를 하는 쌍방의 관계가 '대칭적'이라는 점이다(콜릿, 2004). 주자학을 '진리'로 신봉했던 조선의 엘리트들이 쌍방의 관계를 '대칭적'으로 이해하는 것은 자신들이 믿었던 진리를 거부하고 파탄 내는 행동이었다. 주자학적 인식틀 안에서는 군신의 관계나 남녀의 관계나 모두 '비대칭적'이다. 큰절이 군왕의 신체와 위엄을 보존하는 '거리 두기'의 예법이라면 악수는 군왕의 고결한 신체를 신하가 접촉하는 행동으로써 군신이라는 위계적 관계를 무화시키는 예법인 것이다. 따라서 서구식 예법은 예법의 차원을 넘어 조선 지식인들이 믿는 진리의 인식 체계를 송두리째 흔드는 문명의 양식이었던 것이다.

철저하게 주자학을 신봉했으며 주자학만이 자신의 고결함을 담보하는 유일한 진리라고 믿었던 박대양에게 서구식 파티 문화는 유학자의 '고결함'을 무너뜨리는 더러운 놀이 문화에 불과했다. 그렇지만 주자학이 더 이상 자신들의 고결함을 보증할 진리의 체계가 될 수 없음을 깨달은 지식인들이 서서히 등장하기 시작했다. 민영환, 박영효, 유길준, 이종응, 서재필, 윤치호 등 일명 계몽 지식인들은 서구식 파티가 곧 정치 외교적 교제를 위한 국제적 네트워크임을 알았고, 그 효용 가치에 대해서 주목하지 않을 수 없었다. 서구식 파티는 쇠락해 가는 주자학적 진리를 대신해 문명화 시대에 걸맞은 자신들의 새로운 정체성을 학습할 수 있는 문명의 양식들이 현현되는 공간임을 그들은 알았던 것이다. 1894년에 '정동구락부'와 같은 사교 조직이 생긴 것 역시 서구의 클럽 문화의 조선 유입이라고 할 수 있으며, 조선적 전통과는 다른 새로운 교제와 사교 양식이 생긴 것이라고 볼 수 있다.

이제 국제 외교상의 매너에서 비롯된 서구식 매너는 점차적으로 모든 조선 인민의 일상에까지 침투하여 그 영향력을 발휘하기 시작한다. 그것은 인사법에만 국한된 것이 아니었다. 흔히 18세기 서구 유럽의 중간 계층인 부르주아들이 자신들을 하층계급과 귀족계급 모두와 구별 짓기 위해서 창안한 모델이었던 '고결함respectability'의 매너들(모스, 2004: 9~15), 즉 '문명화'의 꼬리표를 단 모든 매너가 조선의 일상을 서서히 잠식하기 시작한다.

4. 번역되는 문명, 행동하기의 양식들

서울에서 가장 중요한 사건들 중의 하나는 1896년 4월 제이슨 박사가 주도한 『독립신문』의 창간이다. [……] 『독립신문』은 나라에서 현재 일어나고 있는 사건들에 대해 한심하게도 한국인들이 너무 모른다는 생각을 하고 있는 사람들에 의해 발기되었다. [……] 『독립신문』은 합리적인 교육과 이성적인 개혁에 대한 국민들의 열망을 창출해내고 있다. 그래서 이 신문은 탐관오리에게는 하나의 공포가 되고 있다. [……] 언문으로 쓰인 신문을 팔에 끼고 거리를 지나가는 신문팔이들, 가게에서 신문을 읽고 있는 사람들의 풍경은 한국에서 1897년에 볼 수 있는 참신함이다(비숍, 1994: 503).

1896년 4월 7일 필립 제이슨(서재필)은 『독립신문』을 발간했다. 『독립신문』의 발간 목적은 인민의 '계몽'이었다. 필립 제이슨이 바랐던 '계몽'이란 무지한 조선인들을 서구 문명국과 동등한 '국민'으로 재창출하는 것이었다. 필립 제이슨은 자신의 바람을 실천하기 위해 '문명개화'와 연관된 각종 글들을 『독립신문』에 집중적으로 게재하였다. 『독립신문』의 논설들은 정치적인 내용을 비롯하여 외국의 문물을 소개하거나 조선의 교육제도를 서구식으로 개혁하자는 주장을 펼치거나 서구인들에게 야만적으로 보이는 모든 조선의 풍속을 개량하여 '문명인'이 될 것을 역설하는 글들이었다. 이사벨라 버드 비숍의 말처럼 『독립신문』은 당대 사회의 이슈메이커로서의 역할을 톡톡히 해냈다. '문명국' 출신인 이사벨라 버드 비숍의 관점에서는 『독립신문』의 활동이 조선에 '참신한 바람'을 주입하고 있는 것으로 보였다. 그가 말한 '참신한 바람'이란 자신이 태어나고 자랐던 서구 문명국의 양식과 제도가 조선에 유입되어 사회적으로 이슈화되었음을 뜻한다. 『독립신문』이라는 '신문' 또한 서구의 신문을 모방한 근대적 미디어 양식이었다. 『독립신문』의 편집진들은 서구에서 창안된 근대적 미디어인 신문을 이용하여 서구의 문명과 문화를 번역하였고, 이를 조선 사회에 전파하였다.

최초의 한글 신문인 『독립신문』은 그 자체로 이미 서구 문명의 제도적 양식이었다. 이사벨라 버드 비숍 역시 『독립신문』에서 사용하고 있는 '문자'의 참신함에 주목했다. 그동안 조선은 중국의 한자를 공식적인 문자로 사용해왔다. 물론 조선은 갑오개혁 이후 공식적인 문서를 작성할 때 한글을 사용하겠다고 했지만, 그 사용 범위가 일상까지 널리 확대된 상황은 아니었다. 이런 상황에서 한글을 중심 문자로 채택한 『독립신문』의 발간은 매우 의미 깊은 일이었다. 더욱이 한글은 한자와 달랐다. 한자가 배우고 익히기 어려운 상형문자였다면 한글은 학습하기 쉬운 음성 중심의 표음문자였다.

계몽 지식인들에게 문자 개혁은 단순히 '언문일치'를 실현하거나 사대교린의 상징인 한자를 폐지함으로써 중국으로부터의 완전한 '독립'을 구가하는 차원으로 국한되는 문제가 아니었다. 한글 중심의 '국문체'는 거듭 말하지만 음성 중심의 표음문자였다. 계몽 지식인들은 서구 문명국가의 언어가 '표음문자', 즉 알파벳이라는 데 주목했다. 한글 역시 알파벳과 유사한 표음문자였다. 따라서 계몽 지식인들에게 한글 사용은 '문자의 독립'을 선포하고 서구와 같은 '문명의 문자(언어)'를 획득하는 계기였다(신해영, 1897; 『황성신문』 1898년 9월 28일).

한동안 중국의 한자(한문)에 밀려 주변부의 문자(언어)로 취급되었던 한글(국문)이 이제 자주독립의 문자(언어)이자 문명의 문자(언어)로서 자신의 정체성을 재발견하고, 그동안 한자(한문)가 독차지했던 '언어 권력'을 탈환한 것이었다. 즉 말하기와 쓰기 방식의 근대화가 진행되었던 것이다. 말하기와 쓰기의 근대화란 문자(언어)의 세속화를 뜻하는 것이기도 했다. 이는 조선이 한자(한문) 중심의 세계, 즉 중국 중심의 세계에서 알파벳 중심의 서구 문명국의 세계로 이동하는 것이었다. 한글은 중세적인 한자 세계를 벗어나 근대적인 세계로 진입하는 소통의 수단이었다. 『독립신문』은 이 수단을 적극적으로 이용하여 서구의 사상과 문화를 번역이라는 장치를 통해 조선으로 이식했다.

유사 문명의 도구인 한글을 손에 쥔 계몽 지식인들은 그 도구를 이용해서 조선 사회의 미개함을 타개하려고 노력했다. 근대식 미디어인 신문은 그 적절한 그릇이 되었다. 1896년 11월 14일자 『독립신문』의 「논설」은 계몽 지식인들이 생각하는 '문명인의 매너란 무엇인가!'에 대한 결정판이라 할 수 있다. 『독립신문』의 편집진들이 주장했던 '문명인의 매너란 무엇인가!'는 곧 '어떻게 하면 문명인이 될 수 있는가!'와 같은 뜻이었다. 『독립신문』의 편집진들이 조선인들에게 바랐던 '문명인 되기'의 방법을 소개하면 이렇다.

외국 여성을 만날 때 그 앞에서는 "담배를 피우지 말고", "음담과 더러운 물건 이야기도 하지 않으며" "대소변 같은 말은" 절대 하지 말아야 한다. 다른 사람의 집을 방문할 때는 "더러운 옷이나 냄새 나는 몸"으로 가서는 안 되며, "파나 마늘과 같은" 냄새가 심한 음식을 먹고 가는 것은 크나큰 실례다. 기침을 할 때는 손으로 입을 가려야 하며, 기침을 한 후에는 상대편에게 "용서해달라"고 해야 한다. 악수를 할 때 만약 그 상대가 여성일 경우에는 여성이 먼저 손을 내밀면 손을 잡고 한두 번 흔드는 것이지, 남자가 먼저 악수를 청해서는 안 된다. 다른 사람 앞에서 "코를 후비는 것"과 "이를 쑤시는 것"과 "귀를 후비는 것"과 "머리와 몸을 긁는 것"과 음식을 먹을 때 "소리 나게 입맛을 다시는 것"과 국물을 "소리 나게 마시는 것"은 모두 예의에 어긋나는 행동이다. 무슨 음식이든지 "손가락으로 집어 먹지" 말아야 하며, 우스운 일이 있더라도 "크게 소리 나게 웃지" 말아야 하며, 다른 사람의 집을 방문할 때는 반드시 "명함"을 가지고 가야 하며, 방문 시간은 "오후 두 시 이후"로 하는 것이 예의다. 이 모든 것이 "세계 각국 사람들"과 "교제"하는 "예법과 풍속"인 것이다.

이처럼 1896년 11월 14일자 『독립신문』의 「논설」은 '문명인 되기'의 절박함을 철저하게 '문명과 야만'의 위계적 관점에서 설파한 글이다. 그런데 이 글을 읽은 평범한 조선인들의 반응은 과연 어떠했을까? 계몽 지식인들에게는 서구적 매너를 습득하는 것이 당위적인 문제였겠지만, 평범한 인민들에게는 그렇지 않았을 것이다.

주자학적 예禮에 익숙한 조선인들에게 서구의 '프라이버시', '에티켓', '매너'와 같은 개념은 매우 낯선 생활양식에 불과한 것들이었다. 조선인들에게 프라이버시를 지킨다는 것, 에티켓을 지킨다는 것, 매너를 지킨다는 것의 기준은 주자학적 예禮였지 서구식 프라이버시나 에티켓이나 매너가 아니었던 것이다. 그럼에도 불구하고 『독립신문』의 편집진들은 서구의 에티켓을 마치 막 유치원에 입학한 어린아이를 교육하듯이 구구절절하게 나열해놓았다. 다른 문화권의 예법이 기존의 삶을 간섭할 때는 조선인들뿐만 아니라 어느 나라 사람들이라도 당혹스러움을 느낄 것이다. 따라서 새로운 예법을 일상생활에 적용하기 위해서는 사람들이 느낄 수 있는 당혹스러움의 충격파를 완충할 수 있는 장치가 고안되거나 새로운 생활양식에 적응할 수 있는 시간 역시 함께 고려되어야 한다. 하지만 계몽 지식인들은 조선의 현실이 풍전등화의 위기에 처해 있다는 위기감 때문에 충격을 완충해줄 어떤 장치나 시간도 고려하지 못했다. 특히 계몽 지식인들은 서구인들의 생활양식이 왜 좋으며, 이러한 방식이 어떻게 만들어졌으며, 왜 지금의 예법보다 더 나은지에 대한 친절하고도 구체적인 설명을 누락한 채 서구의 생활양식을 번역하여 보급하는 데 바빴다.

『독립신문』의 편집진들만 그런 것은 아니었다. 『태극학보』, 『소년』, 『황성신문』, 『제국신문』, 『대한매일신보』 등 서구의 미디어 양식을 복제한 잡지와 신문 등에서는 연일 서구의 문화와 생활양식을 번역하여 보급하는 데 앞장섰다. 서구의 과학과 기술과 서구 문명의 문화적 양식이야말로 조선의 인민을 계몽시켜 문명한 삶으로 이끌어 가고 결국은 조선의 미래를 이끌어갈 수단으로 설파되었다. 이 과정에서 '서구-문명-선'과 '조선-야만-악'이라는 철저한 이분법이 적용되었다.

요컨대 근대 전환기 조선의 모든 문화와 풍속은 철저하게 '야만과 문명'의 시선으로 구분되었으니, 교육(서당/학교), 법률(대명률/만국공법), 육아(유모 수유/모유 수유), 산업(농업/공업), 노동(게으름/근면(시간)), 음식(불결/날것으로 먹기)/청결(익혀 먹기)), 놀이(석전石戰/야구), 패션(한복/양복, 상투/단발), 의학(한의학/서구 의학), 교통기관(가마/인력거·기차), 결혼(조혼/연애결혼) 등 서구의 생활양식으로부터 파생된 것들은 '좋은 것'이자 '문명'의 것으로 조선의 구시대적 문화는 '나쁜 것'이자 '야만'의 것으로 부각되었던 것이다.

5. 위생 담론과 훈육되는 일상의 신체

오늘은 우리가 또 조선 사람들을 위하여 몸 가지는 법을 말하노라. 조선 사람은 매양 길을 다닐 때 입을 벌리고 다니니 이것은 남이 보기에 매우 어리석어 보인다. [……] 코로 숨을 쉬면 사람의 위생에 대단히 유조有助하다. 또 첫째 입을 닫으니 보기에 병신같이 보이지 않는지라. 누구든지 야만국을 가서 보면 야만인들은 다 입을 벌리고 다니며 문명개화한 사람들은 평시에 입을 벌리는 법이 없으니 조선 사람들은 아무쪼록 입을 벌리고 다니지 않기를 바라노라. 길에서 손으로 코를 푸는 것은 대단히 천해 보이니 사람마다 손수건을 갖고 다니는 것이 마땅하다. 손가락이나 소매나 옷에다가 코 닦는 것은 세계에 천한 일이다. 길에서 걸음 걸을 때 조선 사람 모양으로 지어서[팔자로] 걷는 것은 남이 대단히 흉보는 일이니 부디 지어 걸음[팔자걸음]을 걷지 말 것이다. 길에서 침 뱉을 때 소리 내지 말고 뱉으며 다닐 때 고개를 바로 들고 어깨를 꼿꼿이 하며 팔은 자연히 흔들고 조선식의 활개 치는 법을 없애며 더구나 관인들이 부축하고 다니는 것은 성한 사람이 남에게 병신같이 보이는 것이다. [……] 목욕을 자주 할수록 몸이 튼튼해지며 머리를 자주 감을수록 신병이 적은 법이니 조금만 부지런하면 아무라도 이런 것 하기는 어렵지 않다. 이를 깨끗이 닦아 입에서 냄새가 나지 않아야 이가 쉽게 상하지 않고, 밤에 잘 때는 아무리 추운 밤이라도 고개가 통하는 데가 있어야 몸에 병이 나지 않는 법이다. 사람마다 매일 무슨 운동을 하든지 적어도 두 시간 동안은 사지를 움직이는 운동을 해야 기혈이 통하여 신체가 강건해지고 생각이 활발하며 정밀하여 무슨 일이든지 좁고 어리석고 옹색하지 않은 법이다. [……] 조선이 진보해갈 기초니 우리 말대로 몸 가지기를 배우는 사람이 차차 생기기를 바라노라(『독립신문』 1896년 12월 12일).

서구식 에티켓이 타인과의 교제를 위한 행동 양식이라면, 위생의 문제는 근본적으로 개인의 신체를 개조시키기 위한 행동 양식이었다. 개인의 신체가 곧 '민족'이라는 집단적 신체로 표상되었던 시대적 상황에서 계몽 지식인들의 이런 논의는 어쩌면 당연한 일이었다. 근대 계몽은 일차적으로 무지몽매한 인민의 뇌수를 각성시키는 것, 즉 정신과 지식 차원에서 계몽시키는 것이었다. 하지만 아무리 정신과 지식 차원의 계몽이 이루어졌다고 해도 그것이 일상생활에서 실천되지 않으면 아무런 소용이 없는 일이었다. 따라서 정신과 지식의 계몽도 중요하지만 정신과 지식을 실천에 옮길 수 있는 신체의 계몽 역시 근대 계몽의 중요한 목표였다.

또한 개인보다 집단이 우선시되었던 시대적 맥락 속에서 개인의 건강은 곧 전체 인구의 건강과 맞물려 있었다. 근대 전환기 위생 담론이 지향하는 바는 개개인의 신체를 건강하게 만듦과 동시에 개개인의 집합적 주체인 민족을 건강하게 만드는 것이었다. 건강한 신체를 육성하기 위해서 가장 먼저 선결해야 할 과제는 질병을 박멸하는 것이었다. 유길준은 "전염병이 전쟁보다 더 무섭다."고 말한 적이 있는데 이는 전염병으로 인한 인구의 감소가 곧 국가를 멸망시킬 수 있다는 두려움 속에서 나온 얘기였다(유길준, 1995: 166~167). 전염병을 예방하기 위해서는 국가 차원의 위생 관리도 중요했지만 무엇보다 먼저 개인들이 자신들의 위생에 만전을 기하지 않으면 안 되는 것이었다. 정부나 계몽 지식인들이 건강한 신체를 갈망하면서 게으름과 나태, 불결 등은 야만인의 습속으로서 척결해야 할 공공의 적이 되었다.

조선 정부나 계몽 지식인들은 조선 사회를 미개한 사회이자 병든 사회라고 자학했다. 계몽 지식인들은 "장대한 근골 그리고 혈기 왕성하고 기질이 견확한" 서구인들의 모습을 동경했으며, 그 '건강한 인종'이 곧 서구의 문명을 창출해낸 원동력이라고 생각했다(『독립신문』 1899년 6월 20일). 김옥균의 「치도약론」은 근대 전환기 위생 담론의 핵심을 내포하고 있다(김옥균, 1884). 김옥균은 조선의 문명개화를 위해서 위생과 치도를 강조했는데, 그 이유는 전염병을 예방하기 위해서였다. 김옥균은 전염병의 원인이 "비단 거처居處가 깨끗지 못하고 음식물에 절제가 없는 것뿐만 아니라, 더러운 물건이 거리에 쌓여 있어 그 독한 기운이 사람의 몸에 침입하는 까닭"이라고 생각했다(김옥균, 1884). 즉 김옥균은 비위생적인 상태 때문에 세균이 번식하고 결국 전염병이 돌거나 사람들이 질병에 걸린다고 여겼던 것이다.

『독립신문』의 편집진들이 국가의 진보를 위해서는 인민들이 위생 관리를 철저하게 해야 한다고 한 것은 질병을 예방하기 위한 차원에서였다. 여기서 질병의 예방과 건강한 신체의 육성의 핵심, 더 나아가 위생 담론의 핵심은 비위생적인 상태를 척결하는 것 자체보다는 비위생 상태가 야기할 질병의 징후를 미리 차단하는 데 있었다. 또한 근대적 위생 담론은 개인과 세계(자연)를 철저하게 구별하였는데, 그것은 인간과 자연(세계)이 조화를 이룬다는 구시대적 인식론을 배척하고 세계 그 자체가 질병의 징후를 내포하고 있다고 역설하는 것이었다. 또한 위생 담론의 확산으로 인해 개인과 개인의 거리 두기 역시 강조되었다. 건강한 개인과 질병을 전염시킬지 모르는 잠재적 환자와의 거리 두기가 일상의 곳곳에서 펼쳐지고 있었던 것이다.

구시대적 신체가 아닌 문명개화된 신체로 개조하기 위해서는 손으로 코를 풀지 말고, 코로 숨을 쉬며, 목욕을 하고, 머리를 감고, 이를 닦고, 걸음걸이를 바꿔야 하는데 이는 문명화된 신체를 만들기 위한 신체 관리 기술이었다. 따라서 "백성이 병이 없어야 나라가 강하여지고 사농공상이 흥할" 수 있다는 위생에 대한 기본적인 수준의 논의는 "정淨한 일은 곧 선악보다 나은 것이라."는 도덕적 관념으로까지 그 의미가 확대재생산되기에 이른다(『독립신문』1896년 5월 19일).

정부나 계몽 지식인들은 다양한 방식으로 위생의 중요성을 인민들에게 설파했지만, 인민들의 일상 습속이 하루아침에 변하지는 않았다. 이에 정부는 공권력을 투입한다. 국가는 도로 규칙과 위생 규칙을 공포했고, 위생경찰을 동원하여 인민들의 일상생활을 감시하고 통제했다. 길가에서 대소변보는 행위가 금지되었으며, 시장에서 파는 물건들의 위생 상태도 점검했다. 인민들의 식수인 우물에 대한 관리를 비롯하여 하수도와 화장실의 오물 처리에 대한 규칙도 신설했다. 위생 규칙을 어기는 인민들에게는 벌금과 태형을 가했으며, 위생세를 징수하기도 했다(『독립신문』1896년 5월 21일; 1897년 4월 3일; 1898년 8월 11일).

이와 같은 경찰력을 통한 강제적 위생 개혁은 인민의 건강을 관리함과 동시에 '야만'에서 탈출한다는 이중적 목표를 내포하고 있었다. 당시의 지배적 담론은 지금까지 유지되어왔던 삶의 습속들—일상생활과 예의범절—을 철저히 비판함으로써 그러한 습속들을 서구적 삶의 방식으로 바꾸기를 요청하고 있었다. 위생 개혁은 구시대적 삶의 습속을 깨트리고 근대적인 삶의 습속을 몸에 각인시키는 작업이자 신체 개조 프로젝트의 일환이었다. 경찰력을 통해 인민의 삶을 미시적으로 감시하고 통제하는 것이야말로 근대 전환기 경찰 제도의 중요한 역할이었다. 경찰 제도는 인민의 일상을 미시적인 차원에서 감시하고 통제함으로써 인민들 스스로가 서구적 삶의 방식을 내면화하게 만드는 데 그 목적이 있었다. 결국 위생 개혁의 최종 목표는 서구인과 동일한 '문명화된 신체'를 양성하는 데 있었다.

위생 개혁은 개인의 신체를 관리하는 기술, 일상생활의 습속을 개조하는 문제로 출발해서 사회의 전 부분을 개량하고 개조하는 데까지 그 힘을 발휘했다. 고종이 단발령을 선포하면서 주장한 것이 단발이 '위생'에 이롭다는 것이었으며, 흰옷을 금지한 것도 흰옷이 때가 잘 타기 때문에 불결하다는 것이었다. 또한 조선의 결혼 풍속 중 하나였던 '조혼'을 금지한 것 역시 어렸을 때 결혼을 하게 되면 어린 남성이 어린 나이에 성욕에 눈을 떠 공부를 게을리 할뿐더러 건강하지 못한 2세를 낳을 수 있다는 판단에서였다. 매음녀에 대한 단속 역시 마찬가지였다. 매음에 종사하는 여성들이 '불결'한 성병을 옮기기 때문이었다. 즉 성에 대한 관리는 '신체'의 관리이자 '민족'이라는 '집단적 신체'의 관리였던 셈이다. 체육교육을 실시하지 않았던 조선의 학교에서 이제 '체조' 과목을 신설하여 학생들의 건강과 체력을 증진시켰던 것 역시 마찬가지 이유에서였다.

이처럼 근대 전환기의 위생 담론과 위생 개혁은 전 조선 인민의 생활을 개조시키는 데 그 목적이 있었다. 정신적·지식적인 계몽만이 아니라 신체와 신체의 감각, 더 나아가 오감을 계몽시키는 것이야말로 근대 계몽의 최종 심급이었던 셈이다.

6. 연설과 토론, 말하기의 근대

독립신문 사장 제손 씨가 연설하기를, 나는 오늘날 회會라 하는 의意를 대강 말하겠는데, 우선 이 회의 규칙을 보건데 [……] 남의 연설도 듣지 않고 남이 연설도 못하게 하니 무슨 주견인지 알 수 없으나 무릇 대한 인민이 언제 회라 하는 것을 하여보았겠는가. 이전에 회라 하는 것은 편싸움하는 회나 아亞 자 걸음으로 항음주례 하는 회뿐이었다. 대저 회라 하는 것은 정부나 사회나 제일 요긴한 것이요 학문과 지혜와 생각과 의견과 경제에 가장 유조한 것이다. 배재학당의 협성회와 독립관의 토론회가 크게 아름다우며 [……] 독립협회가 또한 극히 좋은 일이다(『독립신문』1898년 12월 19일).

준비된 열변을 들어줄 청중이 전혀 없자 회원들은 궁리 끝에 묘안을 만들어냈다. 협성회 회원인 배재학당 학생 4명이 2명씩 편을 갈라 고함과 욕설을 퍼부으며 싸움을 벌였다. 밀고 밀리는 일대 난투극을 연출하자 싸움 구경꾼들이 하나둘씩 몰려들기 시작했다. 이렇게 해 몇 십 명의 싸움 구경꾼이 모이자 난투극을 멈추고 이들을 청중으로 해 열변을 토했다. 처음에는 청중이 모이질 않아 이런 방법까지 동원했지만 점차 인식이 달라져갔다. 청중들이 연설에서 좋은 말을 많이 듣고 새로운 용어도 발견하게 되자 협성회의 가두연설은 정치 연설로 발전해갔다(윤성렬, 2004: 159~160).

영어학교 학도들이 배재학당 학도들을 그저께 청하여 남산 밑에서 놀이를 하였다. [⋯⋯] 배재학당에서는 양홍목 씨가 연설을 하고 영어학교에서는 권유섭 씨가 연설을 하였는데, 그 말한 뜻과 소견이 다 문명 진보하고 학문을 속히 배워 진충보국하자는 뜻이었다. [⋯⋯] 두 학교 학도들이 형제같이 서로 생각들을 하고 아무쪼록 학문을 많이 배워 서로 나라를 돕자는 뜻이 단단히 있는 모양이었다. 배재 학도들은 돌아와 국기를 들고 애국가를 부르고 교사들 집에 가 노래를 하고 학교 앞에 올라가 대군주 폐하를 위하여 만만세를 불렀다(『독립신문』 1896년 7월 2일(「잡보」)).

신문과 잡지라는 미디어가 서구 문명이 좋다고 선전했지만 그것만으로는 한계가 있었다. 그래서 인쇄 미디어만으로는 인민들의 계몽에 무리가 있다고 판단한 계몽 지식인들은 또 다른 서구 문화의 양식을 도입하여 계몽의 도구로 삼는다. 그것은 다름 아닌 '연설'과 '토론'이었다.

서재필의 푸넘처럼 조선에는 이전까지 '회會'라는 것이 없었다. 여기서 '회'란 특정한 이익을 위한 '모임'이나 '단체'의 결성을 뜻하는 것이기도 했지만 '토론'이나 '회의'를 의미하는 말이기도 했다. 1897년 배재학당에 입학한 윤성렬의 회고에서도 알 수 있듯이 근대 전환기만 해도 연설이나 토론은 조선인들에게는 낯선 볼거리에 불과했다. 그 당시 인민들은 연설이 무엇인지, 토론이 무엇인지, 자신이 연설과 토론의 주체가 될 수 있는지조차 알지 못했다. 그럼에도 불구하고 계몽 지식인들은 '연설'을 이용하여 조선 인민을 계몽하려고 했고 그 고삐를 늦추지 않았다. 연설과 토론은 어떤 면에서 '자본'이 들지 않는 매우 저렴하지만 그 효과는 상대적으로 큰 계몽의 도구이자 수단이었다.

> 현금에 정부에서는 학교를 설시하고 인재를 배양하지만, 도학導學을 힘쓰지 아니한다. 또한 국가의 재정이 부족하거늘 무슨 돈으로 팔도의 각 지역에 학교를 광설廣設하며, 학교를 설치한들 우준愚蠢한 모꾼들과 빈한한 아이들이 어찌 일제히 학교에 들어갈 수가 있으리오. 그런즉 준준蠢蠢한 우맹愚氓들과 빈한한 아이들을 누가 가르치며 어느 날 개명開明이 되느뇨. 구미 각국들은 연설법이 있어 관인이나 모꾼이나 지나가는 사람이나 한곳에 모아놓고 한두 시간 동안 몇 천 명씩 가르치니 연설법이 실로 교육상에 긴요한 묘방이라. [……] 우리 생각에는 조선 관인들도 진심으로 나라를 개명하고자 한다면 공무 보고 남는 시간이나 일요일에 집에서 잠이나 자고 친구나 찾아가 쓸데없는 객담으로 소일할 것이 아니라 무식한 백성들을 모아 도학으로 근본을 삼고 개화하는 이치로 시세를 쫓아 연설하여 가르치는 것이 좋을 듯하다(『독립신문』 1897년 8월 26일).

근대식 교육을 배운 학생들은 자신들이 문명개화되었다는 증거로 연설과 토론의 방식을 활용했다. 거리 곳곳에서 학생들은 근대 계몽에 관한 연설과 웅변을 펼쳤다. 독립협회는 매주 정기적으로 토론회를 개최하여 문명개화에 대한 열띤 토론을 펼쳤다. 유학생들과 배재학당의 학생들이 주된 구성 멤버였던 독립협회는 1897년 8월 29일부터 1898년 12월 3일까지 모두 34차례의 토론회를 개최하기에 이른다. 그 주제는 인민의 교육을 출발점으로 해서 무당과 점쟁이의 문제까지 매우 다채로웠다(이황직, 2007: 182~185).

연설회의 방청객 수는 1,000명에서 2,000명 가량을 넘나들었다. 무료 연설회가 아닌 돈을 지불하고 듣는 연설회의 인기도 하늘을 찔렀다. 연설회 입장권은 연일 매진이었다. 그만큼 새로운 세계와 근대 문명에 대한 인민들의 앎의 갈망이 컸던 것이다. 근대 전환기의 연설회와 토론회의 강력한 역동성은 연설 주체의 신분과 계층의 다양성에서 비롯된다고 할 수 있다. 특히 만민공동회(1898) 기간이야말로 연설과 웅변 그리고 토론이 문명개화의 가장 강력한 수단이자 도구임을 역력히 보여주는 시기였다. 만민공동회 시기에는 나무꾼, 어린아이, 부녀자, 기생, 쌀장수 등 이전까지는 자신들의 정치적 목소리를 발화하지 못했던 사람들이 공론장의 영역에 적극적으로 참여하여 집합적 연설의 장을 마련하기 시작한다(이승원, 2003a; 정선태, 2006; 신지영, 2005).

만민공동회의 집합적 목소리는 『독립신문』, 『매일신문』, 『황성신문』 등의 근대식 미디어에 의해 활자화되는데, 그 중심에 소학생 장용남이 있었다.

> 내가 일전에 학교에 갈 때 종로를 지나다가 본즉 태극기는 일월日月같이 높이 달고 흰 구름 같은 천막이 울타리 담장처럼 넓게 펼쳐져 있었습니다. 나무 울타리 안에 수많은 사람들이 모여 있었습니다. 제가 어떤 사람에게 묻기를 '여기서 무슨 일을 하려고 모였소?' 하니까, 그 사람이 대답하기를 '정부 대신을 초청하여 묻고 토론할 일이 있어 관민공동회가 열린다.'고 했습니다.

그다음 날 또 그곳을 지나가다 보니, 관리와 백성들이 이전처럼 모여 있었는데 정부의 여러 대신들도 참석해 있었습니다. 제 소견으로는 그 까닭을 이해하지 못했습니다. 그런데 들어보니 여러 백성들은 모두 "옳소"라고 했고, 정부의 여러 대신들도 모두 그 이름 밑에 "가피"자를 썼다고 하니, '논의한다는 것은 분명 나라에 매우 좋은 일일 것이다.'라고 생각했습니다. 그런데 오늘은 무슨 이유로 이런 일이 발생한 것입니까? 옛말에 '오늘이 올바르고 지난날이 틀렸음을 깨달았다.'라는 것은 있습니다만, '지난날이 옳았는데 오늘이 옳지 않다.'라는 말은 듣지 못했습니다. 이것은 붙잡힌 10여 명만이 죄지은 것이 아니라 2천만 동포가 함께 받아야 할 죄입니다. 우리도 함께 붙잡혀 벌을 받는 것이 옳습니다(『황성신문』 1898년 11월 7일; 정교, 2004b).

1898년 10월 28일부터 11월 2일까지 관민공동회가 열린다. 관민공동회는 만민공동회에서 주장한 수많은 의견을 공식 석상에서 논의하기 위해서 결성된 것이었다. 관민공동회 결과 조선 정부는 독립협회 회원들에 의해 선출된 사람들이 직접 국정에 참여할 수 있는 길을 열어주었다. 인민들은 자신들의 손으로 뽑은 관료들이 정계에 진출한다는 꿈으로 부풀어 있었다. 그렇지만 예측하지 못한 사건이 발생했다. 한 통의 '익명서'가 문제였다. 익명서 내용의 핵심은 독립협회가 '군주제'를 폐지하고 박정양을 대통령으로 윤치호를 부통령으로 하는 공화정을 실시한다는 것이었다.

이 소식을 들은 고종은 경무사 김정근에게 명령하여 독립협회 간부들을 검거하라고 지시한다. 11월 5일 새벽, 김정근은 야음을 틈타 독립협회 간부 17명을 체포한다. 정부 측의 빠른 행동에도 불구하고 윤치호를 비롯한 독립협회 간부 20명을 모조리 잡아들이지는 못했다. 11월 5일 새벽, 인민들은 역사상 처음 있는 국회의원 선거를 참관하기 위해 독립관으로 향했다. 그들은 지난밤에 일어난 변고를 알지 못했다. 인민들은 17인의 구속과 함께 독립협회가 해산되었다는 소식을 접하게 된다. 이로부터 만민공동회 역사상 가장 치열한 시위가 벌어지고, 바로 이때 시위대를 향해 소학생 장용남이 연설을 한 것이다.

장용남은 연설을 마친 후 통곡하며 땅바닥에 쓰러졌다. 장용남의 연설을 들은 사람들은 남녀노소, 지위 고하를 막론하고 서로를 부둥켜안고 눈물을 흘렸다. 장용남의 연설은 여기저기서 또 다른 연설들로 분열하여 전국을 웅성거리게 만들었다. 인민들은 살아가면서 처음으로 국가의 일이 곧 내 일이라는 생각과 미약하게만 여겼던 자신들의 존재가 무한히 확대되는 느낌을 맛보았다. 이 사건이 있은 후 『독립신문』,『매일신문』,『황성신문』 등은 신속하게 장용남의 연설 내용과 당시 시위대의 분위기를 활자화했다.

『황성신문』이나『대한계년사』에 기록된 장용남의 연설의 진위 여부를 판단하기는 힘들다. 특히 소학생의 연설이라고는 믿기 힘들 만큼 그 논리가 정연하다. 신문의 편집진이 장용남의 연설을 재구성하면서 그 내용을 재가공했을 가능성도 농후하다. 그렇지만 여기서 중요한 것은 장용남의 연설의 진위 여부가 아니라 연설과 웅변이 계몽의 파토스를 배가하는 도구로 사용되었다는 점과 수많은 인민을 향해 연설한 사람이 어른도 아닌 열한 살짜리 소학생이었다는 점이다. 그만큼 연설과 웅변이 문명개화를 실현하기 위한 새로운 양식으로 신분 고하와 상하 귀천을 막론하고 애용되었다는 점이 중요한 것이다.

장용남의 연설은 만민공동회라는 공적 담론을 생산하는 공론장에서 행해졌다. 근대 전환기에 행해진 대부분의 연설과 웅변은 공적 담론을 생산하는 행사와 밀접한 관계를 맺는다. 국가 의례나 학교의 운동회, 방학 예식 등의 공적인 행사에서 연설과 웅변은 빠질 수 없는 중요한 절차였다. 다음은 1898년에 열린 개국기원절 행사의 내용이다.

> 광무 이년 구월 일일에 독립문 위에 대한제국 국기를 높이 세우고 독립문 전후좌우에 회석을 넓게 열어 울타리를 굳게 하고 소나무로 정문을 만들어 국기를 쌍으로 달고 회석에 구름 같은 차일을 전후로 높이 쳤다. [……] 본회 회원들과 정부 대소 관인들과 각 학교 학도들은 절차 있게 앉았으며, 경무 관리들은 사면으로 서서 경찰과 보호를 극진하게 하며, 보는 사람들은 서로 어깨가 부딪치는데, 모두 모인 인민 수효가 여러 만 명 이더라. [……] 오전 열한 시에 회장 윤치호 씨가 회석을 정숙하게 하고 회를 연 후에, 회 여는 대의를 연설했다. 그다음에 회원 정교 씨가 개국을 기념하는 연설을 하고, 그다음에 부회장 이상재 씨가 제국이 전진해야 한다고 연설한 후에 그다음에 경축하는 노래를 했다. 황상 폐하께서 주신 이원 풍류로 노래를 화답한 후에 본 회원들이 애국가를 하는데 음률로 화합했다. 그다음에 무관학도들이 군가를 하고, 그다음에 각 학교 학도들이 경축 애국가를 하는데 또한 음률로 화합하더라. 그다음에 회장 이하 모든 회원과 대소

관인과 각 학도들이 일제히 일어서서 황상 폐하를 위하여 만세를 축수하고, 황태자 전하를 위하여 천세를 축수하고, 국기를 위하여 만세를 부르고, 전국 동포를 위하여 천세를 부르고 본회를 위하여 천세를 부르더라(『독립신문』 1898년 9월 2일).

장용남의 연설은 만민공동회라는 공론장에서 행해졌으며, 개국기원절과 같은 국가 의례의 공간에서도 연설이 행해졌다. 또한 근대식 학교의 중요한 행사인 운동회 때도 연설은 중요한 식순 중의 하나였다. 연설을 한다는 것은 단순히 얼마나 말을 잘하는가를 보여주는 것이 아니라, 연설을 한다는 것 그 자체가 바로 문명화되었음을 상징적으로 보여주는 행위이자 문명인이 되기 위한 근대식 교육 중의 하나였다.

더욱이 연설이라는 행위는 말(언어)의 계몽을 뛰어넘어 신체적 계몽과도 밀접한 연관을 맺는다. 무엇을 연설할 것인가도 중요한 문제지만 어떻게 연설할 것인가 역시 중요한 문제였다. 즉 훌륭한 연설가가 되기 위해서는 연설가의 태도와 자세 그리고 연설 방법 등을 공부해야만 했다. 연설가의 목소리, 호흡, 자세 등이 중요해진 것이다. 이런 상황에서 등장한 것이 바로 안국선의 『연설법방』(1907)과 같은 책이었다. 연설의 기술을 습득한다는 것은 곧 연설에 적합한 신체로 자신의 몸을 개조해야 한다는 것을 뜻했다. 이때 개조되어야 할 몸은 아무짝에도 쓸모없는 객담에 시간을 낭비하는 습속이 밴 몸이며, 개조된 몸은 어떤 말을 하더라도 근대 계몽에 유익한 말을 할 수 있는 문명개화된 몸이어야 했던 것이다.

『대한민보』 1910년 2월 27일자에 실린 이도형 화백의 〈만평〉

7. 에필로그

근대 전환기는 조선적인 것과 서구적인 것이 일대 대결을 벌였던 시대였다. 이질적인 서구의 문화와 습속 그리고 생활양식이 조선으로 유입되고 유통될 때마다 조선인들은 끊임없이 자기 자신을 단련하고 개조해야 했다. 조선인들이 서구 문명의 양식들에 적응하기는 그리 쉬운 일이 아니었다. 조선식 예법과 서구식 예법 사이에서 오는 괴리, 자신의 욕망과 행동의 괴리를 조선인들은 극복해야 했던 것이다. 어쩌면 조선인들이 서구 문명의 양식을 접하면서 머뭇거렸던 것은 당연한 일이었다. 하지만 조선인들의 머뭇거림은 곧 문명국가, 더 나아가 근대적 국민국가 건설이라는 당위적 목표에 위배되는 행위였고 그래서 국가는 '법'이라는 강제력을 동원하여 인민들의 삶을 통제하고 감시했던 것이다.

토크빌의 논의처럼, 생활양식이라고 하는 습속은 가장 늦게야 동화되는 요소임이 분명하다(토크빌, 2006: 98). 근대 전환기의 계몽 담론의 목표였던 조선인들의 '근대 문명인 만들기 프로젝트'는 한편으로는 성공을 거두기도 했지만 다른 한편으로는 인민들의 반발에 부딪혀 실패하는 경우도 있었다. 그렇지만 근대 전환기라는 특수한 상황 속에서 실험된 다양한 문명의 양식들은 100여 년이 지난 '지금-여기' 우리의 삶에 이미 견고하게 달라붙어 있다. 근대 전환기는 구시대를 상징하는 조선식 전통과 새로운 시대를 상징하는 서구적 문명이 대결하고 충돌하면서 생성된 조선 문명사의 터닝 포인트, 문명의 전환기였음을 부인할 수는 없을 것이다.

9장
문명인 양성소의 탄생, 학교·학생·얼개화꾼의 표상

1. 학교의 시대

모든 길이 학교로 통하던 시대가 있었다. 사랑도 문명도 국가도 민족도 학교교육의 회로를 거쳐 산출되었다. 학교는 근대 계몽의 최일선에 있었다. 서양으로부터 유입된 낯선 삶의 양식과 개념은 학교교육 속에서 제련되어 다시 일상으로 보급되었다. 국가와 민족에 대한 공적公的인 사랑을 배우고 실천하는 학교는 근대 전환기 계몽 담론의 실험실이자 사적私的인 욕망조차 공적인 것으로 탈바꿈시키는 거대한 기관이었다.

학교는 전근대적 습속과 대결하는 공간이자 근대적 삶의 양식을 제조·보급하여 인민의 삶을 균질하게 만드는 곳이었다. 철도가 큰 학교가 되어 개화의 실상과 개화 학문이 어떤 것인 줄 알게 할 수 있을 것이라는 수사가 등장할 만큼 학교는 근대를 상징하는 강렬한 메타포이기도 했다(『독립신문』 1896년 7월 2일(「논설」)). 서당을 대체하고, 주자학을 벼랑 끝으로 내몰았던 근대식 학교교육의 핵심은 애국심의 함양과 개인주의의 타파였다. 근대 계몽의 목적은 집합적 존재로서의 개인, 국가의 일분자一分子로서의 개인을 양산하는 데 있었다. 따라서 미래의 동량이자 개척자여야 할 학생들에게 요구되었던 임무는 "애국함으로 살고 애국함으로 죽되, 정신도 애국이오, 꿈도 애국이오, 활동도 애국하는" 것으로 수렴된다(리영훈, 1909).

국가와 민족을 위해 개인주의와 일대 전쟁을 치렀던 근대 전환기. 사적인 욕망보다 공적인 욕망을 더 우선시했던 근대 전환기의 학생들의 앞길을 가로막는 '마귀'는 개인주의였으며, 개인주의가 사람을 죽일 것이라는 말들이 난무했다(『대한매일신보』 1909년 11월 21일). 이 말은 단순히 수사학의 차원에 머물지 않았다. 근대 전환기 계몽 담론의 차원에서 보자면 근대식 교육은 한마디로 국가와 민족을 위해 복무하는 집합적 개인의 양산이었다. 학생은 그 대열의 선두 주자가 되어야 했다. 그러나 일상의 차원에서 보자면 근대식 학교교육 속에 내재된 계몽 담론은 인민들의 욕망과 끊임없는 불화를 낳았다. 학생이 근대 계몽과 문명의 상징이었다면, 다른 한편에는 무지몽매한 인민들이 있었고, 그 가운데에는 '얼개화꾼' 혹은 '겉개화꾼'이 들끓었다. 이 장에서는 근대 문명인을 '길러내는' 학교, 그리고 학생과 얼개환꾼의 표상을 통해 근대 전환기 문명론과 교육 담론을 입체적으로 조망해보고자 한다.

2. 계몽·개혁·개량

> 아아, 백성들이 교육받지 않으면 국가는 공고해지기가 매우 어렵도다. 이 세상의 형세를 돌아보건대, 부강하여 독립 주권을 행사하며 남보다 앞서는 여러 나라들은 모두 그 백성들의 지식이 깨어 있다. 지식이 깨어 있다는 것은 교육이 잘 이루어진 것이니, 교육은 실로 국가를 보전하는 근본이 된다(『국역 승정원일기』 고종 32년(1895) 2월 2일).

교육조서의 내용은 전근대 교육 시스템에 대한 일대 개혁이었다. 이미 원산학사(1883)와 육영공원(1886)이 설립되었지만, 전국적인 차원에서 근대식 교육의 출발을 알리는 신호탄은 교육조서의 반포에서 비롯되었다. 교육조서의 핵심은, 국가를 보전하는 근본은 교육이며, 신민들은 임금에게 충성하고 나라를 사랑하는 마음에 힘써야 하며, 이에 덕을 기르고, 몸을 기르고, 지혜를 길러 국가 중흥에 큰 공을 이루도록 하라는 것이었다(『국역 승정원일기』 고종 32년(1895) 2월 2일).

교육조서가 반포됨에 따라 이제 교육의 주체가 특정한 계층을 뛰어넘어 조선의 모든 인민에게까지 법적으로 확대되었다. 인민들에게 근대식 학교는 겉으로는 양반과 상놈의 경계를 허문 공간의 상징으로 다가왔다. 조선의 유교적 전통은 '위민 정치'의 실현이었다. 이때 인민은 국가 운영의 주체라기보다는 타자에 가까웠고, 수동적 위치였다. 그러나 교육조서를 통해 국가의 정치제도를 닦아나가는 주체가 '신민'으로 공식화되면서, 지금껏 자신들의 정치적 목소리를 내지 못하고 주변부에서 맴돌았던 모든 인민이 정치적 공론의 장으로 호출되기에 이른다.

  이는 한편으로는 인민들의 권리가 향상되었음을 뜻하지만, 다른 한편으로는 인민들의 모든 열정이 공공의 영역인 국가의 부강과 왕조의 안정을 위해 동원되어야 함을 뜻한다. 언뜻 보기에는 계층과 계급에 차별을 두지 않는 평등한 교육의 실현을 위한 조칙詔勅처럼 보이지만, 근대식 교육의 목표의 방점은 '국가'와 이를 경영하는 '왕실'에 있었다. 따라서 학생들에게 주어진 임무 역시 부국강병을 위한 실용적인 학문이었다. 1899년 1월 20일자 『독립신문』에 실린 「외국 유학생도」라는 논설은 이를 전형적으로 보여준다.

> 타국에 가는 생도가 다만 그 나라 말마디나 배우고 오는 것은 공사에 무익하며, 또 본국에 시급히 쓸 재주를 공부 아니하면 오활하니. 소위 정치학政治學이니 만국공법이니 하는 학문은 이름은 좋으나 대한에 시급히 쓸데가 없으니 돈 허비할 것 없이, 우선 경무警務, 사범師範, 육군 교련과 군제軍制, 의술醫術, 법률, 우체, 측량測量, 광산, 농공 등 민국에 가장 급한 일만 먼저 힘써 배우는 일이 적당하겠도다.

  당시는 유학생이 아주 드문 시기였다. 대부분의 유학생은 국가의 지원을 받았다. 그만큼 그들이 떠안아야 할 의무도 컸다. 국가에 대한 의무와 개인적 차원의 욕망 사이에서 그들은 외로운 줄타기를 해야 했다. 유학생들의 본심이 어떠했든 간에 그들이 저술한 글은 국가와 민족에 대한 우려와 조선의 근대 계몽을 촉구하는 것이 대부분이었다.

유학생들이 주축이 되어 만든 『대조선독립협회회보』(1896)와 현지 유학생들이 발간한 『태극학보』(1906)와 『대한유학생회학보』(1907)의 내용 또한 문명개화에 대한 글로 가득하다. 유길준, 윤치호, 서재필, 최남선, 이인직, 이광수, 장응진 등 당시의 내로라하는 계몽가들은 모두 유학의 경험을 살려 조선의 개혁에 힘을 쏟았다. 유학을 통해 배운 서구의 지식을 조선 사회에 적용하려 했던 그들은 지식 차원뿐만 아니라 일상적 습속의 차원까지 철저하게 개량하려고 노력했다. 소설, 연극장, 매너, 위생, 의복(패션) 등만이 아니라 개인의 사랑조차 계몽의 담론으로 포섭하려고 했던 시대가 근대 전환기였다. 그리고 유학생들이 그 선봉에 섰다. 또한 개혁과 개량의 시대를 이끌어 가는 중심에는 학교가 있었고, 학생들이 존재했다.

물론 기존의 교육기관인 서당이 존재했다. 그러나 서당에서는 서구 문명국의 실용적인 학문을 교수하지 않았다. 그렇다고 서당이 폐지된 것은 아니었다. 서당은 조선의 전통적인 교육기관으로서 그 명맥을 근근이 유지해갔다. 다만 새롭게 신설되는 학교는 서구 문명국의 교육 시스템을 도입한 학교라야 했다. 조선 정부의 최고 수장이었던 고종이나 계몽 지식인들이 서구식 교육 시스템의 조선 도입을 전면적으로 주장하고 이를 실현하기까지는 조야의 온갖 갈등을 겪어야만 했다.

> 일본의 학교를 말한다면, 그들이 학교에서 배우는 것은 우리의 서당과는 다르다. 성현의 경서經書는 묶어 높은 다락집[高閣]에 두고, 화학·이론·실험·수학[化理氣數] 등을 과목으로 두어 가르치는데, 각각 수업하는 장소를 나누고 있다(이헌영, 1977: 21~22).

1876년 개항 이후 일본에 수신사로 파견된 김기수나 1881년 조사 시찰단의 직책을 받고 일본에 건너갔던 이헌영, 1884년 갑신정변을 수습하기 위해 봉명사신의 종사관으로 파견된 박대양은 일본의 학교교육 시스템에 대해서 그리 탐탁하게 생각하지 않았다. 이유는 일본에서는 사서삼경과 같은 학문보다는 서구의 실용적 학문에 무게를 두고 학생들을 교육하고 있었기 때문이었다. 특히 일본 의학교의 시체 해부 실습은 인륜을 저버리는 행위로 조선 외교사절들의 눈살을 찌푸리게 했다. 갑오개혁 전까지만 해도 조선의 엘리트 계층은 여전히 주자학을 중심으로 한 조선식 학문을 환대했으며, 서구의 실용적 학문은 부국강병의 '술책'에 불과한 것이라고 편협하게 생각했다. 그러나 갑오개혁에 이르러 고종은 '사서삼경'으로는 서구의 '대포'를 막을 수 없다며 서구의 실용적인 학문을 교육제도에 도입하기로 결정한 것이었다. 비록 고종의 '교육조서'가 선포되었고 많은 계몽 지식인이 근대 교육 사업에 팔을 걷어붙이고 나섰지만, 근대식 교육 시스템을 갖춘 학교의 수는 여전히 많지 않았으며 취학률 또한 저조했다.

> 조선에서 학교에 다니는 사람들을 전국 인구 수효와 비교해보면 오천 명에 한 명이 학교에 갈 뿐이다. 후생을 가르치지 않으면 필경 조선은 잘되는 날이 없을 것이니 어찌 한심한 일이 아니리오. 문명개화한 나라에서는 전국 인구 수효 중에서 학교에 가는 사람들이 백 명에 구십오 명 이상이다. 부모들은 자식 사랑하는 근본이 그 아이들을 학교에 보내어 학문을 배워 자기들보다 지식이 높고 재주가 더하여 세계에 나가 벌어먹고 살 도리

를 해주는 것이다. […] 조선이 잘되고 못되기는 조선 젊은 사람에게 달렸는데 만일 이 젊은 사람들을 교육시키지 않으면 조선은 몇 십 년 후라도 지금에서 조금도 나아질 여망이 없는지라. […] 자식들을 교육시켜 몇 해 후에 조선이 잘되게 주의하는 것이 부모의 직분이요 나라 인민의 마땅한 행실이라(『독립신문』 1896년 9월 5일).

비록 취학률은 저조했으나, 근대식 학교는 서구식 교육 시스템을 도입하여 서당과는 다른 교육을 실시했다. 사서삼경 대신 지리, 역사, 수학, 과학, 음악, 체육 같은 학문이 학교에 도입되었으며, 한자 대신 한글을 가르쳤고, 외국어학교, 법학교, 의학교 같은 특수학교도 설립되었다. 일본의 근대식 교육 교재를 모방한 교과서도 만들었다. 『독립신문』을 비롯한 신문 미디어가 인민들에게 서구의 온갖 매너와 서구식 위생 규칙을 문명개화의 표본으로 소개했다면, 『신정심상소학新訂尋常小學』(학부편집국, 1896)과 『노동야학독본』(유길준, 1908) 같은 교과서는 근대식 시간 개념을 비롯한 위생 담론을 학생과 인민 교육의 중요한 주제로 다루기 시작했다. 게으름을 추방하자. 근면만이 살길이다. 속옷을 자주 빨자. 목욕을 자주 하자. 머리를 매일 감자. 침을 통해 병균이 옮길 수 있으니 다른 사람과 한 그릇에 담긴 음식을 먹지 말자. 타인 앞에서 침을 뱉지 말고, 코를 풀지 말자. 오줌과 똥을 아무 데서나 싸지 말자. 문명개화된 사람은 곧 청결한 사람이다. 등등.

최남선의 말처럼 아직까지 조선에는 "독일의 베를린대학, 영국의 옥스퍼드대학 같은 크고 좋은 학교가" 없는 실정이었기에(公六, 1909:

50~51), 근대 문명의 상징 공간인 학교의 설립은 그래서 매우 중요한 이슈이자 조선이 근대화를 이룩하기 매진해야 할 최대의 숙원 사업이었다. 앞에서도 말했듯이 '학교'는 근대를 상징하는 강렬한 메타포이자 계몽 지식인들의 염원이기도 했다(『독립신문』 1896년 7월 2일(「논설」)). 이런 계몽 지식인들의 염원을 극단적으로 밀어붙인 글이 있으니 1908년 5월 16일자 『대한매일신보』에 실린 「학계의 꽃」이라는 논설이다.

> 장하다 저 열일곱 학생의 손가락 피여. 맹렬하다 저 열일곱 학생의 손가락 피여. 나는 그 피를 위하여 노래하며 그 피를 위하여 춤을 추노니, 무릇 한국에 인정이 있는 남녀들이여 모두 이 피를 위하여 노래하고 춤을 출지어다. 나는 저 피에 대하여 탄식하며 우노니, 무릇 한국에 눈물이 있는 남녀들이여 이 피에 대하여 탄식하며 울지어다. [······] 함흥 사람 한 명이 눈에 눈물을 뿌리며 그 열일곱 학생의 단지한 사실을 자세히 말하며, 북녘 지방에 봄은 오고 상원 달이 밝았는데 애국가 한 소리에 그 고을 풍호리에 있는 보창학교 학생 오십 명이 모여 [······] 애통한 말로 서로를 권면하더니 그중에 열일곱 사람은 혈성이 더욱 발발하여 하늘을 가리켜 맹세를 하며, '우리가 한국을 반드시 회복하리라.' '우리가 우리 한국 동포를 반드시 건지리라.' '우리가 우리 삼천리 강산을 보전하리라.' '우리가 우리 사천 년 역사를 반드시 빛내리라.' 하고 각각 찼던 칼을 빼어 손가락 한 개씩을 베어 흐르는 피로 동맹하는 글을 썼다 하니, 장하다 저 열일곱 학생의 손가락 피여. [······] 감히 그 손가락 피를 찬미하여 말하되, 자유의 선봉

이며 문명의 스승이며 학계의 꽃이라 하노니 학생 학생이여 천만千萬 보중保重할지어다. [……] 오늘날 세계는 피 세계라. 문명도 피가 아니면 살지 못하며 부강도 피가 아니면 이루지 못하며 부패한 사회도 피가 아니면 개혁하지 못하며 완고한 민족도 피가 아니면 불러 깨닫게 하지 못하며 한 걸음 나아가려 하여도 피가 아니면 못하며 한 일을 행하려 하여도 피가 아니면 못할지라. 그런 고로 그 창자에는 피 바퀴가 항상 돌아다니며 그 눈에는 피 눈물을 항상 흘리며 그 몸은 피로 목욕하며 그 마음은 피로 갈아서, 그 백성은 피 백성이 되고, 그 나라는 피 나라가 되어야 나라 땅이 엄정하게 되나니. 이제 한국 이천만 인 가운데 저 열일곱 사람의 피가 적다 할 터이나 [……] 이 피가 비록 적으나 뜨겁게 끓는 피요, 분발하여 싸우는 피며 쌓기를 극진히 할 피라.

1907년 정미7조약으로 인해 조선은 일본의 보호국으로 전락했다. 전 조선은 의병 항쟁을 비롯한 대일 항쟁을 치열하게 전개했다.「학계의 꽃」이라는『대한매일신보』의 논설 역시 그러한 시대 상황의 산물이다. 그러나 계몽 지식인들이나 교육가들이 학생들이 '독립 투쟁'의 최전선에서 앞장서는 전투적인 무사가 되기를 바랐던 것은 1907년이라는 시대적 위기감의 발로만은 아니었다. 갑오개혁 이후부터 켜켜이 쌓여왔던 '학생'에 대한 사회적 인식이 1907년 무렵에 와서 커다란 태풍으로 자랐을 뿐이었다. 학생들의 순결하고 순수한 '피'가 '국가'의 보전을 위해 흘러넘쳐야 된다는 생각은 근대식 학교의 태동과 함께 이미 배태된 것이었다.

전투적 계몽가로 육성되어야 할 학생은 온 몸이 시뻘건 피로 범벅

되어도 결코 무릎을 꿇지 않는 강인한 정신력의 소유자이자 무사武 士로 표상되었다. 체육을 기초로 한 '숭무 정신'의 함양이 학교의 교 과과정에서 필수였던 것도 이 때문이었다. 그러나 아무리 많은 지식 인이 교육 담론을 부르짖어도 그것이 일상적 차원으로 쉽게 스며들 지는 않았다. "교육에 힘쓰다 죽을 지오." "의병 형제 총부리 돌려 교 육 않는 자 쏘아주소."라는 노래에서 볼 수 있듯, 교육을 향한 염원은 집단적 광기로까지 치닫고 있었다(『대한매일신보』 1907년 9월 7일).

근대 전환기는 개인적 존엄보다는 민족적 존엄이 우선적 과제였 던 시대였다. 이런 상황에서 학생들의 열정과 욕망은 민족이라는 집 단 주체의 욕망과 열망 속에 편입되어야 했다. 즉 정부, 계몽가, 교육 가의 바람은 학생 개개인이 교육을 통해 자아를 실현하는 것이 아니 었다. 오히려 파편화되어 있는 그들의 욕망을 하나로 뭉쳐 그들을 국 가에 헌신하는 충량한 신체로 훈육하는 것이었다.

계몽가들의 교육 담론에는 언제나 일종의 판타지가 잠복되어 있 었다. 전대의 지식은 그 자체가 상층계급에 속해 있었다. 새로운 시 대가 도래하면서 특정한 계급에 한정되어 있던 지식의 유통 경로는 개방되었다. 지식이 대중화되었음에도 불구하고 전 시대와는 다른 노선을 걸었던 지식인들은 지식의 대중화를 통해 자신들의 권력을 쟁취하려 했으며, 진정한 대중화 그 자체에는 불안감을 감추지 못했 다. 이제 양반과 상놈의 계급적 차이가 문제가 아니라 누가 더 많은 교양을 지니고 있는가가 새로운 계급을 결정짓는 중요한 지표였다. 바로 이 지점에서 교육 계몽계의 트릭스터였던 얼개화꾼이 탄생한 다. 얼개화꾼은 마지막 장에서 다루기로 한다.

3. 담론적 교육과 일상적 실천의 균열

사서삼경을 대체한 근대식 학교의 커리큘럼은 과학, 수학, 체조, 지리, 역사, 작문 등이었다. 서구의 커리큘럼으로 무장한 학교교육이지만, 그것이 학교의 울타리를 넘어가서까지 효력이 미친다고 맹신할 수는 없다. 근대 전환기의 많은 지식인이 소설 개량과 연희 개량을 촉구했던 이유도 바로 이 때문이다. 학생들은 학교의 울타리 안에서는 학교의 일람표가 만들어놓은 규칙대로 생활한다. 예를 들어 1908년 8월호 『태극학보』에 실린 이윤주의 「동경 일일의 생활」이란 글을 통해 학교생활을 엿보면 이렇다.

> 매 시간마다 십 분씩 휴식한 후에 수학, 물리, 지리 등 과목을 정오까지 수학하고 대포 소리와 같이 휴식을 알리는 종이 울려 퍼지니 정오로부터 0시 반 30분간은 점심시간으로 허여許與함이라. 각자 휴대한 점심을 먹은 후에 운동장에 흩어져서, 혹 체조 혹 유희遊戱로 정신을 활발히 하고, 조금 후에 수업을 알리는 종이 다시 울리면 운동장에 질서 정연하게 모여 병식체조兵式體操를 훈련하고, 남은 공부를 마친 후에 두시 반에 수업을 마치는 종이 울리면 학교 문을 퇴출하여 각기 숙소로 헤어진다.

학생들은 시간표와 체조(체육)를 통해서 규율적 신체로 길러진다. 당시의 지식인들이 서당과 학교의 차이를 가장 극명하게 설명하는 방식은 시간 규율과 체조 교육에 관한 것이었다. 전근대의 교육은 '지덕체'의 조화와 균형에 중심을 두었다. 그런데 근대 전환기에 들어서면서는 '지덕체'의 조화보다는 체육의 강화가 학교교육의 중심을 차지한다. 체육의 강화는 '건강한 민족'의 육성을 위한 방편이었다. 이를 통해 길러낼 학생의 모습이란 "무쇠 골격 돌근육 소년 남자"였으며, 이러한 학생들의 마음은 "애국의 정신"으로 가득 차 있어야 했다(『대한매일신보』 1909년 7월 24일).

이러한 계몽가들의 바람은 유학생들에게 국한되는 것도, 학교의 울타리 안에 존재하는 학생들에게만 작동되는 것도 아니다. 학생을 둔 부모들을 비롯하여 가족 구성원 전체에게까지 학교의 시간 규율은 전파된다. 이해조의 신소설 『춘외춘』의 내용은 이러한 사정을 잘 보여준다.

> 학교라 하는 곳은 […] [서당에서처럼] 규칙 없이 가르치던 글과 같지 아니하여 상학 시간이 가령 상오 아홉 시면 그 시간 전에 의례히 학교에를 가야지 만일 그 시간이 오 분만 지나도 상학을 허락지 아니하고 […] 하루만 출석을 못해도 흠점을 꼭꼭 달았다가 학기 시험 때 […] [점수를] 감하는 고로 […] 자식을 학교에 보내는 집에서는 새벽에 일어나 아침밥을 지어 재촉하여 먹여 보내고, 교과서는 과정이 변하는 대로, 공책 연필은 어느 정도 쓰는 대로, 소경[맹인]의 월숫돈을 내서라도 군색함이 없도록 계속해서 사주고 시험 때를 당하면 육미붙이[각종 짐승 고기]를 아무쪼록 든든히 먹여가며 부지런히 복습을 시켜 낙제를 아니하도록 하야(이해조, 1912: 15~16).

1907년을 시간적 배경으로 한 이 소설의 주인공 한영진의 아버지한주사의 말이다. 한주사가 전근대 교육기관인 서당과 학교를 구별하는 기준은 '시간 규율'이다. 근대식 학교는 서당과는 달리 철저하게 시간을 관리한다는 것이 내용의 골자이다. 그런데 이는 여학생인 한영진만의 문제로 국한되지 않는다. 근대식 학교가 생기고 자식들이 학교에 다니게 되자 가정생활도 변화를 맞이한다. 부모들은 자식의 등교 시간에 맞춰 자신들의 시간과 일상을 관리해야 하는 것이다. 이와 같은 시간 규율에 대한 강박증은 가끔 어이없는 사건을 일으키기도 했다. 교동 일어학교의 한 교사가 등교 시간이 몇 시간 지난 후에 학교에 나타나자 학생들이 교사에게 왜 늦었느냐고 물었다. 이에 교사가 학생들을 구타한 사건이 발생했다. 학생들은 자퇴를 결의했고, "학도 중에 누구든지 상학하는 자가 있으면 밟아 죽이겠다."는 으름장을 놓고 모두 자퇴를 했다고 한다(『대한매일신보』 1907년 7월 2일).

이렇듯 학교교육은 학생들의 지식을 증진시키는 데만 국한되지 않았다. 교육을 통한 근대 계몽의 핵심은 지식의 차원에서만 끝나는 것이 아니라 일상의 아비투스 전체를 변화시키는 것이었다. 교육이란 기존의 삶을 회의하게 만드는 것, 그리하여 뼛속 깊이 각인된 전근대의 습속들을 개량하게 만드는 일이다. 그렇지만 교사와 부모의 바람과는 반대로 학교교육의 효과가 방과 후 학생들의 일상을 전적으로 지배하지는 못했다. 학교에서 배우는 교과서는 교과서일 따름이었고, 방과 후에 학생들의 초미의 관심사는 바로 소설과 연극장에서 상연되는 연극이었다.

당시 학생들에게 여전히 인기를 끌었던 소설은 『춘향전』, 『홍길동전』, 『심청전』 등과 같은 고(전)소설이었다. 지식인들은 이와 같은 소설들이야말로 학생들의 신체와 정신을 피폐하기 만드는 원흉이라고 지목했다. 이해조는 신소설 『자유종』(광학서포, 1910)에서 『춘향전』은 '음탕 교과서'로, 『심청전』은 '처량 교과서'로, 『홍길동전』은 '허황 교과서'로 지목하여 비판했다. 그는 소설 때문에 조선 사람의 정대한 기상이 사라지고 난봉 남자와 음탕한 여자가 들끓게 되었다며 소설 개량의 시급함을 피력했다.[1] 이해조는 학교교육은 시간과 장소가 정해져 있지만, 소설은 시간과 공간을 초월하여 전국의 남녀들이 자유롭게 읽을 수 있기 때문에 인민들의 정신에 미치는 영향력이 더 파괴적임을 간파하고 있었던 것이다. 이러한 논법은 근대 전환기 '교과서'라는 표상이 어떻게 작동되었는가를 유추할 수 있게 해주는 대목이기도 하다. 당시의 교과서라는 말은 단순히 학교에서 사용되었던 교과용 도서만을 뜻하지 않았다. 인민들을 교육시킬 수 있는 모든 책이 교과서였고, 국가와 민족의 기상을 높일 수 있는 모든 책이 교과서였던 것이다.

소설 개량과 더불어 연희 개량이 추진되었던 이유는 연극장이 밀매음과 매춘의 알선 장소였기 때문이다. 연극장 출입이 잦았던 학생들은 성매매에 너무나 쉽사리 노출되었다. 학생들은 학교와 각종 신문과 잡지를 통해 위생 교육을 받았다. 위생의 목적은 화류계에 정신을 허비하지 않는 대장부, 즉 국가를 위해 기꺼이 한 몸을 헌신할 수 있는 건강한 개인을 양산하는 데 있었다. 특히 계몽가들에게 집중적으로 타격을 받은 것은 조혼早婚의 전통이었다. 조혼 제도의 폐단으로 인해 "이천만 동포가 멸종되고 삼천리강토가 타국의 영토가 될 것"이라는 과격한 논리가 도출될 만큼 조혼제도는 계몽 담론의 집중

---

1 소설 개량에 대해서는 권보드래(2000) 참조.

『대한민보』 1909년 7월 1일자에 실린 이도형 화백의 〈만평〉

적인 표적이 되었다(『대한매일신보』 1907년 12월 11일). 요컨대 어린이들이 일찍 성에 눈을 뜨는 것은 학업에 지장을 줄 뿐만 아니라 국가의 미래를 위해서도 극심한 손실이라는 것이 당시 계몽가들의 주장이었다.

계몽가들의 바람대로 풍속 개량을 위해 연흥사, 단성사, 협률사, 원각사 등의 연극장이 새로 건립되었다. 그러나 풍속 개량이라는 애초의 목적은 서서히 사라지기 시작했다. 각 연극장은 부랑 방탕한 사람들로 득실거렸다. 학생들이 연극장을 찾은 목적도 '부인석'에 앉아 있는 여성들을 구경하거나 '갈보들'을 엿보기 위한 경우가 많았다. 당시 서울에서 밀매음에 종사하는 여성들의 수는 2,500여 명 정도로 파악되었다. 이들의 주요 활동 장소가 바로 연흥사 등의 연극장이었다. 따라서 경무청에서는 사복 경찰을 연극장에 파견하여 밀매음녀와의 전쟁을 치르기도 했다(이승원, 2003b).

이처럼 정부에서 매음녀를 단속하는 것은 패악한 풍속을 개량하려는 의도도 있었지만, 직접적으로는 성병으로부터 남자들을 보호하고, 성적 욕망을 자유롭게 분출할 수 있는 대상을 제거하기 위한 것이었으며, 이를 통해 가정의 결속을 유지하고자 했던 것이다. 즉 "색이라고 하는 것은 목숨을 해치는 독부毒斧"이며 "뇌력腦力을 감손하게" 만들며 "가정사를 돌보지 않고 재산을 허다히 낭비하게 할뿐더러 기혈氣血까지 감손하게 하여 [이로 인해] 명이 짧아지는 자가 허다"했기 때문이다(『대한매일신보』 1909년 9월 18일). 결국 이 말은 미미한 개인의 열정이라도 '애국' 이외의 목적으로 낭비되어서는 안 된다는 얘기다.

이러한 상황에서 국가의 미래를 짊어질 동량이자 개화의 상징인 학생들이 연극장에 빈번하게 출입하는 것이 결코 바람직한 일일 수는 없었다. 그럼에도 "각 연희장을 구경하여본즉 각 학교 학도들이 삼삼오오 작반하여 입장표를" 사가지고 들어가서 "어여쁜 계집과 기생 삼패三牌들만 눈여겨보며 음란한 말"을 하는 상황이 심심치 않게 벌어졌던 것이다(『대한매일신보』 1908년 5월 28일). 더군다나 보명여학교 "어린 여학생 9명이" "방탕한 자제와 음란한 부녀를 유인하여 음탕한 연극을 행하는" 연흥사에 출입한 사건이 일어나 동덕의숙 교사 서병승 씨가 연극장 측에 항의하는 일이 발생하기도 했다(『대한매일신보』 1908년 12월 31일).

이런 현상은 단발의 문제에서도 나타난다. 단발은 고종의 지시를 받고 단발령을 선포한 내부대신서리협판 유길준의 말처럼 '위생에 이롭'게 하기 위함이 첫 번째 목적이었다. 이는 흰옷을 금지하는 것도 마찬가지였다. 학생들의 패션도 근대식으로 바뀌어갔다. 물론 초기에는 교복이 없었다. 대신 단발을 하고 모자를 썼다. 1907년에는 학부學部에서 학생들의 모자 모양을 통일하는 방안을 논의했다(『대한매일신보』1907년 11월 8일). 학생들의 단발은 단순히 머리카락을 자르는 일이 아니었다. 단발은 기존의 습속을 개량함과 동시에 새로운 사람으로 거듭나는 일종의 통과의례와 같은 의식이었다. 단발은 구습을 떨쳐버리고 문명인이 된다는 것을 증명하는 상징적 행위였다. 학교는 학생들에게 단발할 것을 요구했고, 학교 규칙으로 정하기도 했다. 학생들은 신학문의 당위성을 이성적으로는 승인하고 학교에 입학한다. 그렇지만 신체적 변이를 요구받았을 때 학생들은 상당한 고뇌에 빠지기도 했다.

서울 관진학교의 규칙 중에는 단발이 필수 사항이었다. 그 학교의 교장 장영택 씨가 아직까지 단발하지 않은 학생들을 불러 모아놓고, 만약 수일 내로 단발을 하지 않으면 학부에 보고하여 학생들의 부형을 잡아 가두고 단발하겠다고 으름장을 놓았다. 이에 학생들이 퇴학하는 사태로 치달았다(『대한매일신보』1909년 9월 5일). 요컨대 이성적으로는 학교에서 교육받은 대로 단발하는 것이 위생에 도움이 되고 활동에도 편하며 문명인의 상징이라고 알고 있지만, 실제 그것이 신체를 변이시키는 단계로 접어들면 계몽의 주체는 쉽게 결단을 내리지 못하게 된다.

근대 전환기의 교육 담론은 담론적 차원에서는 문명개화와 부국강병을 위한 갖가지 방법들을 주장하였지만, 그것이 일상적인 차원에서도 강력한 힘을 발휘하여 학생들을 비롯한 인민들의 삶의 습속을 변이시키는 데는 한계가 있었다. 이에 당대의 지식인들은 기존과는 다른 전략을 구사하여 학생들을 비롯한 인민들의 계몽에 전력한다. 그것은 바로 사회적 마이너리티들의 목소리를 이용하는 방식이었다.

4. 수치의 수사학과 계몽의 외부

고종은 교육조서에서 인민은 상하 귀천과 남녀노소를 불문하고 누구나 교육을 받아야 한다고 말했다. 그렇지만 일상의 차원에서 교육을 받을 수 있는 계층이 인민 모두인 것은 아니었다. 학생이 될 수 있는 자, 국민이 될 수 있는 자는 구습을 타파하는 자로 한정되었다. 일종의 배제적 통합과 내부의 차별화가 국민 통합의 전략에 이용되고 있었다.

당대의 사회적 마이너리티라고 말할 수 있는 계층은 몽매한 어린아이, 장애인, 노동자, 기생, 무녀巫女 등이었다. 형편이 어려워 교육을 받지 못하고 노동에 종사하는 어린아이들이나, 부두에서 등짐을 지는 노동자, 그리고 밀매음 때문에 항상 음탕한 요부이자 공공의 적으로 지목받았던 기생, 사람들의 마음을 현혹하여 돈을 갈취하는 대표적인 직업으로 눈총을 받았던 무녀들이야말로 사회적 마이너리티였다. 또한 이들 중에서 기생과 무녀는 계몽의 대상이라기보다도 문명개화를 위해 척결되어야 할 대상으로 부각되었다. 그런데 이제 지식인들은 문명개화와 교육 사업의 증진을 위한 수단으로 이들의 행동을 이용하기 시작한다.

괴산군 보명학교 교사 이응운 씨가 열심히 교육에 종사하여 학도에게 권학을 극진이 하는 고로 학도 외에도 나무꾼 아이들 사십여 명이 일심으로 모여 낮이면 나무하고 밤이면 공부하여 전도유망하다더라(『대한매일신보』1908년 1월 26일).

성진 항구에 노동하는 사람 삼십 명이 신문을 사 보다가 국가를 사랑하는 마음이 크게 넘쳐 그 항구 박문학교에 구화 삼 원을 보조하고 길주군 극명여학교에 십 원을 보조하고 각 학교에도 만일 경비가 부족하면 얼마든지 보조하기로 결정하였다고 성진 항구에서 온 사람의 칭송이 있더라(『대한매일신보』1908년 1월 25일).

평안남도 강동군 사는 조인석의 나이는 십일 세요. 과거 寡居하는 조모를 모시고 빈곤히 지내는데 그 아이는 밤낮으로 학교에 가 공부할 마음은 간절하나 지필紙筆값이 없어 못 간다는 말을 듣고 이웃집에 맷돌질하는 소경이 삭전을 받아 삼십 전을 주며 아무쪼록 열심 공부하여 우리나라를 독립하게 하라 하였다더라 (『대한매일신보』1908년 2월 15일).

평안남도 증산군 한천장에 사는 변두찬 씨는 지금 육십여 세 된 노인으로 가세가 가난한 터인데 신문을 구독하기 위하여 점심밥 값을 아껴서 그 신문 대금을 보충한다더라(『대한매일신보』1910년 3월 30일(「문명한 노인」)).

학교에 다니지 못하고 주경야독을 하는 어린 나무꾼을 비롯하며 노동자, 맹인, 노인 등 그동안 사회적 약자 혹은 '비정상인'으로 여겨졌던 계층에서 국가의 독립과 문명개화 그리고 교육 사업을 위해 전력투구하는 모습을 칭송하는 기사는 비일비재하게 등장했다. 그동안의 교육 담론은 이들의 몽매함을 질타하는 데 치중했다. 왜 계몽되지 않는가, 왜 국가와 민족을 생각하지 않는가, 왜 무지몽매한 부모들은 자식들까지 무지몽매하게 만드는가, 왜 나태한 생활에 찌들어 술만 마시는가 등이 그동안 지식인들이 이들에게 던진 질타였다. 그런데 이제는 그 반대로 이들의 '미담'을 이용하여 타성에 젖어가는 학생들과 지식인들에게 각성을 촉구하는 사태가 벌어지고 있는 것이다.

특히 무속인들에 대한 계몽가들의 비난은 기생과 함께 가장 강도가 높았다. 계몽가들이 무당과 판수를 문명개화의 공적으로 상정한 것은 그들의 점술 행위가 미신을 믿는 행위이며, 이로 인해 어리석은 사람들이 가산을 탕진하는 일이 빈번히 일어났기 때문이다. 더군다나 당시 계몽 담론의 중심에는 개신교(기독교)의 사상이 자리 잡고 있었다. 무속인과 기생은 인민들의 재물을 빼앗을 뿐만 아니라 정신까지 황폐하게 만드는 요물이었다. 그렇기에 경무청에서는 법령을 내렸다. 무당과 판수가 인민을 현혹하여 재물을 빼앗거나 세상을 현혹케 하는 말을 지어 선동하는 행위를 엄금하기에 이른 것이다(『독립신문』(각부신문) 1897년 3월 9일). 그럼에도 불구하고 무당과 판수의 점술 행위는 끊이지 않았다.

1904년 공진회共進會에서는 급기야 무당과 점쟁이들은 임금의 눈과 귀를 막고, 백성들에게 해독을 끼치는 자들이기에 '처형'하라고 요청한다. 그 대상자는 18명이었다(정교, 2004c: 91). 또한 진명부인회에서는 열심히 명심할 것 10가지를 발표하였는데, 그중에서 10번째에 해당하는 사안이 무당과 판수를 엄금하는 것이었다(『대한매일신보』1907년 7월 4일). 이들은 경무청에서 규정한 인민의 풍속을 개량하기 위해서 엄금해야 할 세 가지에도 포함되었는데, 그 세 가지는 잡기(노름)와 아편과 무당배였다(『대한매일신보』1908년 4월 16일). 무당은 잡기와 아편과 동일선상에 놓임으로써 재물과 정신을 모두 황폐하게 만드는 '악惡'의 상징으로 표상되었던 것이다. 이처럼 지금까지 당시의 사회에서 축출해야 할 대상이 되었던 무녀가, 이제는 시국의 위급함을 개탄하고 교육을 위해 자신의 집을 학교에 기부했다는 내용의 기사가 신문에 실린다(『대한매일신보』1909년 5월 1일).

이와 같은 미담의 절정에 '기생 롱운'이가 등장한다. 롱운이의 독자 투고(「기서奇書」)는 『대한매일신보』(1908년 5월 22일, 23일, 28일)에 장장 3회에 걸쳐 연재되었다. 롱운이가 신문사에 「기서」를 보낸 것은 오늘날은 생존경쟁의 시대이며 만국이 서로 왕래하는 때인데, 우리나라의 교육이 완전하지 못하여 다른 나라 사람들에게 웃음을 당할까 염려하는 마음에서였다. 롱운이는 한국이 얼마나 문명개화되었나를 살펴보기 위해서 경성에 올라왔다. 그녀가 먼저 방문한 곳은 유명한 연회장과 학교였다. 그녀의 눈에 비친 문명개화한 사람들은 한결같이 머리카락을 자르고 가르마를 타서 양쪽으로 갈라 붙이고, 밀짚모자와 '샐쭉경'을 쓰고, 구두를 신고, 단장을 짚고 다니고 있었다. 문명개화한 사람들의 외모를 보며 롱운이는 이들은 개화한 사람이라 할 수 없고, 다만 얼개화꾼이나 협잡꾼에 지나지 않으며, 외면상으로만 신학문을 숭상할 뿐이지 사실은 "문명을 방해하는 교육계의 마귀"라고 지탄한다. 또한 롱운이는 교육계에 복무하는 사람들이 입으로는 "독립을 회복한다, 교육을 확장한다." 하며 연설을 하지만 실천은 아무것도 하지 않는 현실을 비탄하면서, 한국 교육의 제일 중심지인 '경성'의 교육계야말로 문란함의 극치라고 통곡한다. 롱운이가 경성의 교육계를 문란하다고 말한 것은 교육자와 학생들이 기방에 출입하거나 매춘이 일상적으로 벌어지는 연극장에 출입하는 일이 빈번했기 때문이었다. 결국 당시 교육계의 실질적인 문제가 기생의 입에서 폭로되는 셈이다. 더 나아가 롱운이는 교육에 힘쓰기 위해서 일본으로 유학하기를 결정하면서 글을 마친다.

롱운이의 「기서」에서 보듯이, 그동안 철저하게 계몽의 적으로 비난받았던, 계몽의 외부로 밀려났던 존재들의 목소리를 통해 당시 교육계의 현실이 비판받고 있는 것이다. 이는 계몽가들이 문명개화의 적들에게 날렸던 저주의 화살을 그들이 고스란히 되돌려 받고 있는 형국이다. 여기서 중요한 것은 국가의 수치, 민족의 부끄러움으로 지목되었던 기생과 무당의 행동을 통해 최첨단 엘리트라고 자임하고 있었던 지식인들에게 오히려 수치와 부끄러움을 주는 신문 편집진의 전략이다. 당대의 지식인들이 진정으로 바랐던 것은 기생과 무당이 계몽되는 것이 아니라, 오히려 이들의 사례를 통해 지식인들이 보다 적극적으로 문명개화를 실천하는 것이었을 터이다.

5. 교육 계몽계의 트릭스터, 얼개화꾼의 탄생

근대 전환기는 학생과 '학생 아닌 자'의 구별 짓기가 사회 전반에 걸쳐 진행되었던 시기다. 여기에 남학생과 여학생의 구별도 포함된다. '학생'이라는 단어가 보통명사였다면, '여학생'은 일종의 고유명사에 가까웠다. 이는 사전적인 의미를 뜻하는 것은 아니다. 남학생에 비해서 '여학생'이라는 명칭은 근대 전환기를 거쳐 식민지 시기까지 특정한 상황을 상징하는 '아이콘'으로 사용되었다. 여학생은 신학문을 배운 신여성을 상징하는 말이기도 했으며, 정조 관념이 없는 음탕한 여성을 뜻하는 말이기도 했다.

일례로 염상섭의 『만세전』(1924)이나 『삼대』(1931)에 등장하는 '여학생'이라는 말이 대표적일 것이다. 근대 전환기 신소설에서 남학생들은 대부분 정치학과 법학 그리고 군사학을 공부한다. 이에 비해 여학생은 여자사범학교나 여학교에 입학하지만 어떤 학문을 배우는지가 구체적으로 기술되지 않는다. 그저 여학생일 뿐이다. 여학생의 이미지는 언제나 '정절'을 지키고, 훌륭한 가정을 꾸려가는 '현모양처'로 고정된다.

학생들이 문명개화의 아이콘으로 등장한 이상 그들에 대한 사회의 관심은 매우 컸다. 학생들의 시험 성적과 낙제 여부가 신문에 게재되는가 하면, 그들의 일상이 낱낱이 언론을 통해 보도되었다(이승원, 2005). 이는 그만큼 학생들에 대한 기대와 관심이 컸던 사회의 분위기를 반증한다고 말할 수 있다. 그러나 교육 지상주의와 교육의 대중화가 일상을 잠식하게 되면, 교육의 울타리에 들어갈 수 없는 존재들이 등장하게 마련이고, 이들은 학생이 아니라는 이유로 사회로부터 냉대를 받는다.

계몽의 수사학은 인간의 가장 원초적인 욕망인 사랑과 연애의 방식에까지도 개입한다. 대다수 신소설의 주인공은 학생이었다. 특히 유학생들이 주인공으로 등장하는 경우가 많았다. 몇 작품만을 예로 들더라도 『혈의 누』(1906)의 김옥련과 구완서는 미국 유학생이었으며, 『은세계』(1908)의 옥남과 옥순도 미국 유학생이었다. 『치악산』(1908)의 홍역식과 『모란병』(1911)의 선, 『추월색』(1912)의 김영창과 이정임, 『춘외춘』(1912)의 강학수와 한영진, 『설중매』(1908)의 이태순은 일본 유학생이었으며, 『빈상설』(1908)의 서정길은 상해 유학생이었다. 이들의 공통점은 연애의 대상으로 교육받은 학생을 선택한다는 점이다. 학생과 학생이 만나는 경우의 소설은 대부분 해피엔딩으로 끝난다. 그러나 학생과 '학생 아닌 자'의 만남은 대부분 양가 부모의 정혼에 의한 것으로, 이는 곧 불행의 계기로 작동한다.

더욱이 소설 속의 주인공들도 자신의 이상적인 배우자감으로 학생을 뽑는다. 『혈의 누』의 주인공 김옥련과 구완서는 당대 사회가 바랐던 전형적인 학생의 모습과 결혼관을 보여준다. 청일전쟁으로 인해 부모와 헤어진 지 10년 만에 아버지를 만난 김옥련은 아버지에게 구완서와 결혼할 것이라고 말한다. 이에 아버지인 김관일은 자식의 결혼에 무언가 의견을 내놓고 싶어 한다. 하지만 구완서는 김옥련에게 우리에게는 이미 서양의 풍속이 내면화되어 있다며, 아버지의 의사와 상관없이 우리끼리 결혼을 결정하자는 의견을 내놓는다. 더욱이 아버지가 자신들의 결혼에 간섭할까 봐 김옥련과 구완서는 '영어'로 서로의 의견을 주고받기까지 한다. 만에 하나 있을지 모르는, 구시대의 인물인 김관일의 혼사 개입에서 벗어나려는 그들의 의지는 모국어를 배제하고 영어를 쓰는 기묘한 배타주의적 행태로 나타나기까지 했던 것이다.

그런데 김옥련과 구완서의 결혼관은 단순히 구습에 대한 반대를 넘어서, 최적의 배우자를 선택함으로써 각자의 야망을 이루기 위한 욕망에서 비롯되었다. 김옥련은 조선 여성의 교육 사업에 종사하기 위해서 구완서와 혼인 언약을 맺었으며, 구완서는 독일의 비스마르크처럼 한국을 연방국으로 만들겠다는 욕망, 즉 한국을 한국과 일본과 만주를 합친 연방국으로 만들고자 하는 욕망에서 김옥련과 혼인을 언약한다. 서로의 결혼을 언약한 날 김옥련은 결혼에 대한 기쁨보다는 꿈을 이룰 수 있다는 기대감에 사로잡힌다. 본인의 결혼 문제보다 국가를 향한 열정을 더욱 소중히 여기는 옥련의 모습은 다소 작위적으로까지 보인다. 게다가 그들의 결혼의 매개는 사랑이 아니라 서로의 꿈을 실현하기 위한 일종의 계약이다. 그러나 그들의 이런 모습은 오히려 국가에 대한 열정으로 표백되며 아무런 문제도 없는 그저 아름다운 모습으로 비춰질 뿐이다. 김옥련과 구완서의 결혼관은 '개인'보다 '국가'를 앞세우고, 개인의 모든 열정을 국가라는 표상으로 접속시켰던 당대의 현실 속에서 당연한 귀결로 받아들여졌을 것이다(이승원, 2003b).

이러한 구조는 10여 년이 지나 한국 최초의 근대소설로 인정받고 있는 이광수의 『무정』(1917)에서도 동일하게 반복된다. 또한 주인공인 이형식(미국), 박영채(일본), 김선형(미국)이 모두 유학을 떠단 후 다시 고국으로 금의환향하는 것으로 끝나는 점에서도 『무정』은 『혈의 누』와 일견 비슷한 구조를 지닌다. 이 소설의 중심 구조는 이형식과 박영채 그리고 김선형 간의 욕망의 삼각관계이다. 이형식과 박영채는 어렸을 때부터 혼인을 약속한 사이였다. 그러나 여기에 이형식에게 영어 과외를 받던 김선형이 끼어들게 되면서 이야기는 복잡해진다. 고아였던 이형식은 자신의 은인이자 어렸을 때의 동무인 박영채를 좋아하기는 하지만, 현재 그녀가 기생의 신분이기에 선뜻 결혼할 결심을 내리지 못한다. 이형식의 눈에는 항상 기생인 박영채와 여학생인 김선형이 비교된다.

김선형은 "형식의 눈에는 더할 수 없이 완전하고 더할 수 없이 아름다운 여자"였다. 이에 비해 영채는 "암만해도 선형과 평등"하게 보이지 않았다. 이형식이 보기에 "영채의 얼굴이 차라리 선형보다 나았"다. 그렇지만 이형식은 "선형을 천하제일로 확신"할 수 있었던 이유가 있었다. "선형은 부귀한 집 딸로서 완전한 교육을" 받았지만, "영채는 그동안 어떻게 굴러다녔는지 모르는 계집"이었기 때문이다. 결국 은인의 딸인 영채를 버리고 선형을 택한 이형식에게 선택의 중요한 결정적인 변수는 '완전한 교육'에 있었다. 기생의 신분으로 전락한 박영채는 이형식에게는 "자기가 꺾으려면 꺾을 수 있는 길가의 매화가지"에 불과했던 것이다.

앞서 말했지만, 이형식이 김선형을 결혼 상대로 선택한 결정적인 이유는 그녀가 완전한 교육을 받았다는 데 있었다. 이는 김선형 또한 마찬가지였다. 김선형은 이형식을 "처음부터 자기의 짝이 되기에는 너무 자격이 부족하다."고 판단했다. 김선형의 이상적인 결혼 상대는 "미국에 유학하는" 사람이어야 했다. 김선형이 이형식을 자신의 이상적인 배우자로 생각하지 않았던 것은 이형식이 "자기보다 여러 층 떨어지는 딴 계급에 속한 사람"이기도 했지만, 가장 마음에 들지 않았던 것은 "형식의 얼굴"이었다. 광대뼈가 튀어나오고 볼이 홀쭉하고 눈꼬리가 처져 있으며 이마에 주름까지 있는 이형식의 얼굴은 김선형의 마음을 움직이기에는 턱없이 부족했다. 더군다나 "경성학교 교사라는 그의 지위는" 미국 유학생과 결혼하고 싶은 "선형이의 마음에는 너무 초라하게" 생각되었다.[2] 그렇지만 김선형의 이런 마음은 결국 김선형의 아버지인 김장로가 두 사람을 미국으로 유학 보내면서 해결되고 만다. 즉 현재의 결혼 상대가 미국 유학생이 아니어서 자신에게 부족하다고 생각되면, 그 상대를 미국으로 유학 보내고 미국 유학생으로 '만들면' 되는 것이다.

이처럼 당시의 학생, 특히 유학생은 이상적인 배우자감으로 등극한다. 학생의 표상이 서구적 교양을 지닌 사람이자 문명개화의 선도자로 인식되자 너나없이 학생을 숭배했다. 물론 구시대적 발상을 지닌 사람들은 학생에 대해서 곱지 않은 눈총을 보내기도 했다. 여학생의 경우에는 더욱 그랬다. 여성 교육에 대해서 부정적인 시각을 지닌 사람들은 여성들이 교육을 받게 되면 "너무 주제넘게 남녀동등 권리나 말끝마다 내세워 가정을 문란케"(具然學, 1908: 47) 하며 "계집년이 어줍지 않게 글자나 하면 어미아비 낯 깎일 짓이나 한다."(이해조, 1912: 7)고 비난했다. 낯 깎일 짓이란 자유연애를 뜻하는 것이었고, 이는 구시대적 사람들에게는 대체적으로 음란한 행실로 취급되었다.

> 동대문 밖에 사는 송모의 아들과 북장동에 사는 이모의 딸이 결혼하여 수일 전에 성례하였다. 신행하여 가던 이튿날에 신부가 송씨를 대하여 말하기를 불가불 내가 학교에 다니겠으니 친가에 도로 보내어달라 하거늘 송씨가 대경하여 왈 네가 지금 신부新婦로 학교에 다닌다는 말이 무슨 연고인가. 신부가 말하기를 학교에 가지 않으면 벌금을 물 뿐만 아니라 공부에 대단히 방해가 되니 만일 보내지 아니하면 [학교에 갈 때는] 우산을 쓰고 가겠

---

2 이상 『무정』에 대한 인용은 이광수(2003)를 사용했다.

다는 고로 송씨가 부득이 보내며 말하되 내 집에는 신부 학도가 처음 있는 일이니 내 문하에 다시는 들어오지 말라 하였다더라 (『대한매일신보』 1908년 10월 6일).

근일 한성 내에 우산 받고 구두 신고 양복을 선명히 입고 다니는 자가 개명한 부인으로 알았더니 배반杯盤이 낭자하고 음악이 질탕한 매음가 좌석에 화초로 앉았은즉 이러한 여인은 부인 사회를 욕되게 함이 아닌가. 차라리 양복이나 아니 입었으면(『대한매일신보』 1907년 12월 5일).

전자의 기사처럼 학교교육에 대한 갈망과 집착이 결과적으로 파혼으로 이어진 경우도 있었다. 이 기사에서 주목할 점은 벌금과 우산에 관한 내용이다. 학교에 가지 않으면 벌금을 문다는 협박은 학교의 사정에 둔감한 사람들에게 먹힐 수 있는 얘기다. 그런데 정착 신부를 내쫓은 결정적인 이유는 우산을 쓰고 학교에 가겠다는 내용이다. 구시대의 풍습에 익숙한 사람들에게 여자가 우산을 쓰고 외출한다는 것은 곧 '기생'의 행동을 따라한다는 의미였다. 신여성도 우산을 썼지만, 당시 우산을 쓰고 거리를 활보했던 여성은 대다수 기생이었다. 여기서 우산은 요즘으로 말하면 햇빛을 가리는 양산을 뜻한다. 여학생들의 패션은 후자의 기사에서 보는 것처럼 대체로 서양 머리에 구두를 신고, 반양복을 입으며, 옆구리에는 책보를 끼고 비단 우산으로는 얼굴을 깊이 가리는 형태였다. 그러나 이런 여학생의 패션은 자칫 기생과 구별하기 어려운 복장이기도 했다.

결과적으로 여학생의 패션은 학생이 아닌 기생에게 여학생의 복

신여성. 「신여성」 1925년 6월호 삽화

장을 모방하게끔 유도했다. 그것은 다른 이유에서가 아니라 여학생은 곧 신여성을 뜻하는 것이었고, 매음녀들도 이런 현상을 틈타 자신들의 가치를 높이려고 했던 것이다. 그래서 경무청에서는 "근일 내로 창기들이 혹 여학도의 복색으로 길거리에 다니면서 탕자배蕩子輩를 유인하는 폐단이 있다."며, "여학도 외에는 반양복을 엄금"한다고 고시를 내렸다(『대한매일신보』1910년 3월 30일「반양복 금지」). 하지만 겉으로 보아서는 여학생과 기생을 구별하는 것이 쉽지 않았다. 요컨대 기생들은 자신들의 학문적 성취와 관계없이 복장을 통해서 신학문을 배웠다는 표지를 내세웠으며, 이를 이용하였던 것이다. 특히 밀매음에 종사했던 여성들이 흔히 자신의 신분을 속이는 대표적인 방법은 여학생과 병원 간호사를 사칭하는 것이었다(『대한매일신보』1910년 7월 13일). 따라서 여학생들은 끊임없이 여학생이 아닌 사람들과 자신들을 구별 짓기 위해서 노력해야 했다. 여학생들이 기생과 자신들을 구별 짓는 방법은 학문적 성취가 아니라 정절의 내면화였다. 『빈상설』

의 이씨 부인,『추월색』의 이정임,『춘외춘』의 한영진,『국의향』의 강국희,『설중매』의 장매선,『목단화』(1911)의 이정숙 등의 여학생들은 그 누구도 명령하거나 강요하지 않았지만 한 남자에 대한 정절을 끝까지 지킨다. 외부로부터의 온갖 흉계와 모략 속에서도, 그녀들은 비록 결혼을 하지는 않았지만, 정혼한 남자에 대한 정절을 끝까지 지켜낸다.『추월색』의 이정임 같은 경우에는 어렸을 때 집안끼리 혼담이 오갔던 김영창과의 소식이 끊긴 지 10년이 지났음에도 불구하고 칼에 찔리는 상황에 처해서도 김영창에 대한 정절을 지켜낸다.

기생 혹은 밀매음에 종사했던 여성들이 신여성임을 자임할 수 있었던 방식은 패션이었다. 그들에게 중요한 것은 신학문에 대한 깊이 있는 이해가 아니었다. 이런 면에서 당시 '얼개화꾼' 혹은 '겉개화꾼'의 등장은 근대 전환기 교육의 대중화에 대한 허구적 측면을 여실히 보여주는 사례이다.

> 양복 입고 단발하니 외면 개화 선명하다 인민 단체 말뿐이오 국가사상 실속 없다 명예만 취한다지(『대한매일신보』1907년 12월 28일).

> 단장 짚고 권연 무니 개화 양반 분명하다 제 풍속은 비방하고 외국법만 좋다 하여 남 대하면 기가 나서 압제 수단 본받으니 깎까중이[일본인]가 자본이오(『대한매일신보』1908년 1월 15일).

고종이 '단발'을 명령하고 '흰옷을 금지'했을 때, 수많은 조선인이 이에 반발했다. 목숨을 끊은 사람들도 있었으며, 의병이 일어나기도 했다. 아무리 '위생'에 이롭다고는 하지만 몇 백 년 동안 내려온 조선인들의 풍속을 하루아침에 서구식으로 바꾸라는 고종의 명령은 그 아무리 정당한 이유가 있다고 한들 받아들이는 인민들의 입장에서는 폭력에 가까웠다. 체두관剃頭官(단발령 때 상투를 자르던 관리)의 단속에도 끝내 단발에 반대하고, 계속해서 갓을 쓰고 흰옷을 입는 조선인들은 여전히 많았다. 위생경찰들이 인민의 위생 상태를 점검하고 위생 규칙을 어기면 벌금을 물리기도 하고 벌금을 낼 능력이 없는 사람들에게는 태형을 가했지만, 위생 규칙이 빠른 시일 내에 정착되지는 않았으며 오히려 인민들의 거센 반발에 봉착했다.

조선 정부는 문명개화를 위해 다양한 서구 문명의 양식과 제도를 유입하여 조선 인민들의 일상에 융단폭격을 가했다. 조선 정부가 조선 인민의 모든 풍속과 일상을 서구식으로 바꾸려고 한 것은 물론 서구와 같은 '문명국'이 되기 위해서였다. 또한 조선 정부나 계몽 지식인들이 풍속 개량을 통해 바랐던 것은 단순히 외양적이 변화가 아니었다. 몸도 마음도 정신도 모두 문명국 사람들처럼 변하기를 기대했다.

교육을 통한 문명개화, 위생 개혁을 통한 문명개화, 복장 개량을 통한 문명개화, 정치제도 개혁을 통한 문명개화, 문화 개량을 통한 문명개화 등등 '문명개화'의 슬로건이 지나가는 자리마다 조선의 일상은 소용돌이쳤다. 여전히 조선적 전통을 보존하고 싶은 이들에게 문명개화는 '매국적' 행위에 불과했고, 조선적 전통과 풍속에 문제를 제기한 개화 지식인들에게 문명개화는 조선의 미래를 튼실하게 이끌어줄 동아줄과 같았다. 문명개화에 찬성하는 이들도 문명개화와 반대하는 이들도 결국은 '문명개화'라는 테제로부터 자유로울 수 없었다.

정부나 계몽 지식인들이 바랐던 진정한 문명개화는 조선인의 몸과 마음을, 신체와 정신을 모두 서구 문명국 사람들의 수준으로 끌어올리는 것이었다. 그런데 정부나 계몽 지식인들의 바람과는 반대로 문명개화를 매국적 행위로 강력하게 반대하는 사람들의 저항이 만만치 않았다. 물론 새로운 시스템을 도입함에 따라 나타나는 인민들의 완강한 저항은 전환기 사회에서 흔히 볼 수 있는 문제에 불과했다. 정부나 계몽 지식인들에게 문명개화에 반대하는 사람들보다 더욱 골칫거리였던 것은 외양만 문명개화를 따르는 사람들, 즉 '패션으로써 문명개화'를 지향하는 '얼개화꾼'이었다.

가뜩이나 문명개화가 곧 서구화이며 그것은 결국 매국적 행위라는 말들이 많았던 시기에 '얼개화꾼'의 존재는 문명개화의 이미지를 더욱 나쁘게 만드는 원흉이었다. 얼개화꾼은 문명개화의 중간적 존재로서 문명개화의 어두운 이면이자 문명개화라는 새로운 질서의 일상적 안착을 교란시키는 존재였다. 그들은 근대식 학문의 습득을 통해 국가와 민족에 한 몸을 바치겠다는 열혈 학생들과도 구별되고, 구질구질하고 몽매한 인민들과도 구별되는 존재들이었다. 얼개화꾼에게 중요한 것은 르네상스적 교양인이 되는 것이 아니었다. 얼개화꾼에게 중요한 것은 자신의 삶의 표지를 '문명개화'의 슬로건에 내재되어 있는 서구식으로 바꾸는 것이었으며, 화려한 근대 세계를 즐기는 일이었다. 이로 인해 학생들은 교양의 무장을 통해서 얼개화꾼과 자신들을 구별 짓기 위해 노력했으며, 인민들은 문명개화를 흉내만 내는 얼개화꾼들을 비판함으로써 문명개화에 뒤쳐지거나 앞장서지 못하는 자신들의 모습을 자위했다.

정부나 계몽 지식인들에게 인민의 교육 계몽 사업은 절체절명의 위기에 처한 조선을 구해낼 묘약이었다. 하지만 얼개화꾼에게 교육 계몽은 일종의 '패션'에 불과했다. 최첨단 패션으로 무장한 그들은 신·구지식인들 모두에게 비난의 대상이 되었다. 학생들 중에서도 얼개화꾼을 자처한 부류가 있었다. 이들은 일명 교육계의 비행 청소년이었다. 그들은 공부보다는 패션에 더 관심을 보였다. 돈깨나 있는 얼개화꾼은 신식 머리 모양에 모자와 안경을 쓰고 프록코트를 걸치고 구두를 신었으며 장갑을 끼고 여송연을 물고 지팡이를 들고 다녔다. 이러한 패션을 학생들도 따라하며 멋 내기에 열중했다. 학생들 중에는 "모양내기를 여자보다 더 심"하게 하는 자가 있으며, 그들은 "머리터럭을 아래만 깎고 위는 길게 하여 좌우로 갈라 붙이고 화로수나 기름이나 계란 등속으로 요리조리 바르고" 다닌다는 계몽 지식인들의 비판이 계속 되었다(『대한매일신보』1907년 12월 5일).

서구식 패션으로 무장하는 것이야말로 얼개화꾼의 자기 정체성이었다. 그렇다고 그들이 신학문에 대해서 무지하거나 관심이 없는 것도 아니었다. 그들은 단지 근대화 혹은 문명개화의 내용적 측면보다는 형식적 측면에 더 가치를 두었던 것뿐이었다. 따라서 국가와 민족을 위한 교육 계몽을 주창했던 계몽 지식인들의 입장에서 얼개화꾼은 여간 골칫거리가 아니었다. 서구식 학문을 주장하고 서구식 문명개화가 좋은 것이라고 부르짖었는데, 오히려 역효과가 나타나고 있었던 것이다. 더욱이 얼개화꾼들은 서구에 대한 얕은 지식을 이용하여 조선의 구습을 모두 '야만'이라고 비난하며 활개를 쳤다(東海 一笑生, 1907; 위위생 오상준, 1909). 계몽 지식인들이나 얼개화꾼이나 모두 조선의 풍속을 '야만'이라고 외쳤지만, 계몽 지식인들은 내용적 측면과 형식적 측면 모두에서 야만을 외쳤던 것이고, 얼개화꾼은 형식적인 측면에서만 야만을 외쳤던 것이다. 모두 동일하게 야만을 외쳤지만 발화자의 위치가 달라짐으로써 오히려 문명개화의 의미가 웃음거리가 되고 말았던 것이다.

얼개화꾼과 패션에만 열중하는 학생들이 거리를 활보할수록 문명개화와 근대식 학교교육에 대한 비웃음과 조롱은 늘어갔다. 얼개화꾼은 서구식 문명 양식들의 내용보다는 '이미지'에 집착하고, 그 '이미지'야말로 문명의 또 다른 모습임을 그 누구보다 앞서 깨달은 부류라고 말할 수 있다. 얼개화꾼에게 중요한 것은 근대 교육의 내용을 얼마나 많이 습득했는가보다는 내가 다른 사람들에게 어떻게 보이는가, 내가 문명인으로 보이려면 어떻게 행동해야 하는가를 알아차리는 것이다. 즉 안다는 것의 '내용'보다는 안다는 것의 '형식'이 얼개화꾼에게는 더 중요한 삶의 지표였던 셈이다.

국가와 민족을 위해 공부에 매진하겠다는 열망으로 똘똘 뭉친 학생들도 이러한 상황에서 예외일 수는 없었다. 신소설의 문맥에서만 보자면, 모든 일상의 고민을 해결하는 방식은 유학이다. 하지만 유학을 떠나서 무엇을 구체적으로 공부했는가에 대해서는 언급이 없다. 단지 유학을 떠나기까지의 결심과 과정이 더 부각될 뿐이다. 근대 전환기 학생 혹은 지식인의 모습 역시 내가 무엇을 진정 알고 있는가보다는 내가 남들보다 좀 더 똑똑하다는 엘리트주의적 우월감이 더 중요했던 것이다.

부록:
전인권 유언[1]

　안녕하세요. 어, 이승원 씨 정선태 교수님 반갑습니다. 사실 내가 이걸 만나서 얘기를 했어야 되는 건데, 그대들을 만나서 얘기를 할 만큼 사정이 못되고, 그리고 막상 이렇게 떠나려고 하니까 걸리고, 또 하고 싶은 얘기도 있네요. 부탁을 하려고 합니다. 지금 당장 하고 싶은 작업들, 당장 작동될 작업들이 몇 가지 있었는데, 그걸 마무리 짓지 못하니까 섭섭했어요.

　첫 번째는 내년(2006년)이 이중섭 50주긴데, 옛날에 7, 8년 전, 10년 전쯤에 이중섭 공부를 할 때 미처 소화하지 못한 부분이 있어요(『아

---

[1] 고인이 녹음으로 남긴 유언을 이승원이 풀어서 정리했다. 가능한 한 고인의 표현을 온전히 살리려고 했다. 반복되는 말이나 잘못됐다고 생각되는 부분, 종결어미는 약간 교정을 보았다. 또한 정리자가 의미를 보충한 부분은 괄호로 묶었다. 그리고 극히 개인적인 부분은 이 지면에서는 생략했다.

름다운 사람 이중섭』). 그걸 모아서, 이중섭 그림은 하나의 역사적·사회적·정신적 기록이기도 한데, 그런 기록의 내용들을 잘 정리하고 싶었어요. 책 제목은 다른 건데,『이중섭에 나타난 근대성』이라고 할까. 그의 그림들은 한국의 근대성이 서구하고 어떻게 다른 건가를 잘 나타내고 있다고 느껴요. 이제 와서 (생각해보면), 10년 전, 7, 8년 전에는 그걸 잘 캐치하지 못했어요. 전혀. 그런 걸 가볍게, 가볍게 써도 원고지 한 6~700매는 쉽게 나올 거라 보는데. 그렇고.

또 하나는『남자의 탄생』.『남자의 탄생』은 내가 남성학 또는 여성학과 같은 성 정치에 대해서 전혀 모르고 쓴 책이기 때문에 내가 봐도 이게 좀 그런 게, 아쉬움이 있었어요. 그래서 이론적인 책, 남성에 관한 이론적인 책(을 쓰고 싶었어요). 이 남성에 관한 문제는 근대화 과정에서 서구이든 한국이든 (중요해요.) 근대화 과정이라는 게 남성의 문제가 가장 극단적으로 극대화된 (것이죠.) 왜냐하면 문명의 힘이라는 게 이 남성들의 근육의 힘을 연장시켜주면서 극단적으로 (뻗어나가거든요.) 학교도 그런 식이거든요. (근대화 과정을 통해서) 여성들의 지위가 향상되는 것처럼 보이지만, 여성들은 핵가족 내지 더 좁은 공간으로 유폐되는 그런 양상을 보였던 거죠. 여성들도 남성들처럼 학교를 다녔던 것으로 보이지만 알고 보면 점점 더 유폐되어 가는 그런 측면이 있어요. 옛날 대가족 안에서의 여성들이 지금보다는 사회적 지위가 훨씬 낮았지만 가정에서의 지위는 점점 더 높아지는 그런 측면들이 있었단 말이에요. 또 그런 것들을 잘 수렴해서 성에 관한, 남성의 입장에서 성에 관한 것들을 정리한 이론서를 하나 (쓰고 싶었지요.)『남자의 탄생』이라는 책이 담고 있는 소재가 참 좋았다고 생각해요. 미처 그 책에서 다 담아내지 못한 게 있었고, 그래서 개정판을 내는, 그 개정판이 사람들 사이에서 정착되기를 바랐었는데, 다 그런 것들이 부질없는 일이 돼버리고 (말았어요.)

이제 진짜로 부탁하고 싶은 게 있어요. 그건 뭐냐면. 지금부터 내가 얘기하려고 하는 거고. 현재 나로서는 정선태 교수와 이승원 씨가 한 팀이 돼서, 오히려 정선태 교수는 시간이 없으니까, 시간을 투입하기 어려우니까, 이승원 씨는 공부하는 사람이니까 오히려 이런 걸 공부하면 재미있는 자신의 연구 업적이 될 수 있지 않을까 생각이 들(어요.) 팀으로 이것을 잘 갈무리해서, 다른 사람들에게 잘 알려주었으면 해요. 난 지금 너무 거친 상태로, 그것도 일부만 해놨기 때문에, 목차 정도만 정해놨기 때문에 (그래요). 그렇지만 굉장히 중요한 생각들이 들어 있어요.

그래서 인제, 내가 쓰려고 했던 책제목은 뭐냐면, 『1898, 문명의 전환』. 그리고 부제로서, '대한민국 기원의 시공간'입니다. 내가 했던 말인데, 이 생각을 잘 깊이 있게 발전시켜(줬으면 해요). 그런데 내 자신이 이 분야에 대해서 잘 모르고, 그 수준이 아주 낮기 때문에 이렇게 초고 형태로 한번 정리하려고 했었거든요. 그다음에 사람들하고 논의의 지평을 넓혀나가자는 생각이었는데, 결국 그냥 뭐 이렇게 시작도 못하고 그렇게 됐어요.

내 생각은, 그 원고,「문명의 전환」이라는 첫 챕터는 많이 썼어요. 내가 지금 다시 떠들춰 볼 만한 힘이 없어요. 나한테는 힘과 정렬이 없는데……. 그「문명의 전환」이라는 것을 읽어보면 거기서 말하는 '진리의 나라'와 '세속의 나라'가 뭔지 잘 드러나고 바로 그 토대 위에서 쭉 쉽게 연결시켜나가고 있거든요. 그 '문명의 전환'이라는 개념이 나는 중요하다고 생각해요. 그 문명의 전환이 일본 사람들에 의해서 일어난 것도 아니고, 1898년이라는 특정한 (시공간), 아직 한국 사람들에게 자율적인 어떤 힘이 있었다고 생각하지는 않지만, (그래도) 자율적인 의사 표현이 남아 있는, 이런 상황에서 벌어졌다고 하는 것. 우리가 1898년을 보면, 3월 달부터, 1·2월 달부터 러시아 문제로 대외 문제(가 발생해요. 그런데 그게) 완전히 시스템이 다른 거잖아요. 그전에는 중국이라든가 일본이라든가 이런 거였는데, (이제) 러시아가 들어오게 되고, 그 열강 체제에 한반도가 능동적으로 반응한 거거든요. 나는 그렇게 이해했어요. 그게 한국 사회가 보인, 어떻게 보면 대중들이 보인 첫 번째 반응(이죠).

저 위에 뭐야 누구죠. 김옥균이라든가 이런 건 엘리트들이 보인 반응이었고. 그래서 이 1898년이 중요해요. 1898년에는 그것을 전거로 해서 학교가 나온다든가, 뭐 이런 여러 가지 근대의 징후들이 나타나요. (그런데) 역시 문명의 전환이 왜 1898년이냐, 1876년 개항일 수도 있고, 김옥균이 쿠데타 한 때일 수도 있고, 여러 가지가 있지만, 역시 근대의 출현이라고 하는 것은 '대중의 출현'이 아닌가 하고 (생각해요). 대중들이 집단적인 의사 표현을 하고, 과거 백성들과 신민들이 민족의 이름으로 새롭게 호명되면서, 균질화된 혹은 동질화된 그 자격을 가지고 공론장에 참여하고 있는 이 형태. 이게 그 동학과는 다른 게 아니가 (해요). 나는 동학을 모르기 때문에 뭐라고 말할 수 없지만, 동학은 근대적 요소에도 불구하고 전환적인 그런 것에서 벗어나지 못하고 있는 게 많기 때문(이죠). (1898년) 이 문명의 전환에는 분명히 어떤 의사를 반영해서, 대중의 의사를 반영해서 의회를 건설하자(는 노력이 있어요). 이런 대중들이 관민공동회에서 보는 것처럼 장관들을 억제해야 한다, 그런 것들을 견제해야 한다(고 말하잖아요). 그런 생각들이 분명히 나타나거든요. 바로 그런 게 '세속의 나라'의 징후들이다. 이런 것에 반해서 (조선은) '진리의 나라'다.

진리의 나라라는 말이 새롭기도 하고 그렇지만, 나는 이 진리의 나라가 중세의 특징이라고 생각해요. 중세에는 다들 진리를 붙잡고 (있었죠). 이슬람 사회도 그렇고, 뭐야 기독교 문명도 그랬고. 다만 이렇게 정신적인 관점에서 이것을 보는 것은 맑스적인 것과는 다른, 비정통적인 (것으로) 보일 수 있어요. 아무튼 그건 어려운 문제이기는 하지만, 아시아 사회, 그리고 봉건사회로부터 근대로 넘어오는 역사가 짧은 사회일수록 정신의 문제라는 게 더 큰 영향을 미치는 것처럼 보이기도 하거든요. 그 능력의 힘이, 경제력의 힘이 강인하게 보이는 것은, 그야말로 경제적 힘이 발달하고 경제적 힘이 위력을 떨치는 것을 보고 나니까 맑스 같은 이론이 탄생할 수 있었던 것은 아니냐(아닐까 하고 생각해요). 그전까지만 해도 서구에서도 이 진리의 힘이라는 게, 사람들이 다 어떻게 보면 저마다의 진리를 가지고 (있었죠). 문명론자의 입장에서 보면 미신을 하나씩 떠안고 살았던 거죠. 진리의 나라에 대해서는 내가 거기에 나름대로 잘 표현했다고 보고. 이 진리의 나라에 대해서는 징후들이 굉장히 다양해요. 이런 것에 관한 책들이 나와야 되고요. 나는 근대를 잘 이해한다고 하는 것은 근대를 잘 이해하는 것에서 시작되는 게 아니라 중세 말이라든지, (즉) 경화되는 것, 조선으로 치면, 임진왜란 이후에 성리학이 아주 교조화되는 이런 과정들이 (중요해요). 나는 문명마다 그런 과정들을 거친다고 보는데, 그런 것들을 잘 살펴보면, 오히려 근대라고 하는 것들을 더 잘 이해할 수 있지 않은가, 그런 생각을 합니다.

그리고 이 역시 근대의 특징이라고 하는 것은 대중의 출현이고,

이 대중의 출현을 뒷받침하는 여러 가지 기구가 나타나잖아요. 균질화되는 것이죠. 지식도 균질화되고, 학교 다니고, 군대 가고, 무명용사의 탑이 만들어지고, 민족과 대중의 이름으로 전쟁을 하고요. 추상적인 옛날에는 조상과 진리, 다시 말해서 하나님과 신에 복무했다면, 그 옛날의 복무라는 것은 개별적이고 종속적이었던 것에 반해서, (이제) 그 대중의 이름으로, 대중의 모이는 현상들이 나타나는 거죠. 요런 진리의 나라에서 세속의 나라로의 문명의 전환이라는 것을, 굳이 꼭 그 한 해를 찍자면 1898년이었어요. 1898년에 만민공동회가 깨지면서 이런 자율적인 힘을 잃어가고 대중이라는 것은 탈락해요. (그러면서) 엘리트들이 애국 계몽이라든가 여러 가지 교육 운동이라든가 경제 운동이라든가 이런 것들을 엘리트 위주의 운동으로 발전시키죠. 그것이 나중에 독립운동으로 넘어가게 되죠. 이렇게 엘리트들이 리드를 하게 되는 상황들이 오지 않았는가 이런 생각을 하구요. 「문명의 전환」이라는 챕터에 대해서는 나름대로 얘기를 해놨고, 거기에 중요한 아이디어가 들어 있다고 생각해요. 그게 얼마나 깊이 있는지는 모르겠지만 의미 있는 게 아니겠는가 해요. 이런 것들이 혹시 정선태 교수하고 이승원 씨하고, 잘 소화가 안 된다면, 뭐 전인권이 이런 걸 남겼다고 김홍우 선생께 알려줘도 좋지 않을까 그런 생각이 듭니다.

잠깐 쉬겠습니다.

지금부터는 그 뭐야 내 얘기를 이승원 씨에게 하는 걸로 하고, 정선태 교수는 그냥, 아마도 이 공부를 이승원 씨가 해줘야 하지 않을까, 그런 생각도 조금은 들어요. 안 해도 그만이고. 이런 생각을 잘 갈무리해서 우리 친구들에게 잘 알려주면 좋겠네요.

그리고 한 가지 부탁이 있는데, 내가 암만해도 뭐 조그만 유언장을 써야 될 것 같은데, 이 유언이라는 게, 과연 그 유언장이 본인이 쓴 것이냐, 그 진위 여부가, 그 사람 사후에 문제가 되는 것 같더라고. 그 사람이 안 쓴 것일 수 있다는 거지. 그런데 그래서 뭐 증인이 필요하고 그런 경우가 있는 것 같은데, 이승원 씨하고 정선태 교수하고 좀 이렇게 (해줬으면 해요).

얘기를 계속해가면, 2장에 들어가면, 뭐지,「문명 전환의 할아버지들」. 혹은「문명 전환의 (할)아버지들」. 내가 이렇게 써놨는데, 이건 다분히 미국적인 상황을 염두에 둔 거거든. 미국 역사라는 게 서구 유럽의 역사에 비해서 굉장히 간단하고 단순하면서, 뭐라고 할까 회의를 통해서 헌법을 만들고 헌법에 따라서 나라를 발전시켰다는 (거지). 정치학자들 입장에서 보면 굉장히 간명한 과정을 거치면서도 구성력이 있는 법률의 힘을 보이는데, 그때 맹활약을 보였던 사람들이 있지. 뭐, 페더럴리스트federalist라고 하는데, 그때 그 사람들을 파운딩 파더Founding Father, 건국의 아버지들이지. 그 사람들을 정말 건국의 아버지라고 볼 수 있고, 그리고 건국의 아버지들이 보여줬던 여러 가지 일은 이후 지속적으로 재해석의 대상이 되지. 내가 알기로는 미국에서 초중고등, 대학교 정치학과를 거쳐서 공부의 대상이 되는 걸로 알고 있어요.

(그런데) 우리나라에서 그렇게 할 수 있는 연구 대상이 어디냐. 나는 이게 구한말인 것 같아요. 구한말. 문명의 전환, 문명개화라고 보통 말하는데, 나는 이제 문명 전환이라고 표현해요. 문명 전환의 역

사를 보여줬던 대표 선수를 뽑으라고 하면 나는 박규수, 김옥균, 유길준, 서재필, 윤치호 이 다섯 선수들은 반드시 들어가는 거고, 그 나머지 사람들은 어떻게 되는 지 우리가 공부를 더 해야 해요. 내가 가볍게, 간단하게 쓱 공부를 해본 바로는, 재밌는 건, 이 다섯 사람들 사이에서 생각의 변화가 뚜렷하게 나타난다는 거지. 어떻게 보면 분명히 시대 상황에 맞춘 발전이라면 발전이지. 그래서 나는 이 시대의 이 사람들의 고민들을 잘 공부하고 그 역사적 맥락을 이해하는 게 굉장히 중요하다(고 생각해요). 박규수 같은 사람은 그 자신이 진리를 추종하는 성리학자였는데, 그 자신이 개화론자로 변모하는 과정은, 이건 정말 대단한 것이죠. 김옥균 같은 경우는 아직 잘 모르겠는데, 이 사람의 「치도(약)론」이라는 게 그저 '길을 닦자'라는 게 아니라(고 생각해요). (그것은) 문명개화의 요체로서, 아직은 좀 약간 협소한 관점(이지만), 그러면서도 굉장히 권력의 문제로 바로 넘어가는, 나는 그 대목에 여러 가지가 섞여 있지 않나 생각을 해요. 과거에 역모를 한다고 하는 그 개념하고, 혁명을 한다는 거하고 혼재되어 있지 않은가 이런 생각을 하는데, 아무튼 김옥균이라는 사람이 그렇게 아주 급격하게 일부 사람들을 모은 힘을 가졌다는 것도 특이하지만, 그가 정치혁명으로 나아가는 과정도 아주 재밌어요. 역시 유길준은 『서유견문』을 통해서 문명개화론을 집대성한 거 아닌가하고 생각해요.

다음에 그 유길준, 아니 뭐야, 윤치호 같은 경우에는, 정용화 선생의 『문명의 정치사상―유길준과 근대 한국』(문학과지성사)의 뒤에 보면 윤치호론(보론, 「문명개화론의 덫: 『윤치호일기』를 중심으로」)이 나오는데, 나는 그 윤치호론, '문명(개화론)의 덫'을 굉장히 재밌게 읽었어요. 그러니까 윤치호는 우리가 문명할 수 있다면 그 통치하는 사람은 일본이 됐든, 영국이 됐든 상관이 없다, 우리가 문명만 하면 된다, 라는 식(이라는 거지). (윤치호는) 아직 민족 개념은 투철하지 않았고, 문명을 앞세우는, 그래서 결국은 식민지를 허용하는 자기 자신이 문명의 덫에 빠진다는 정용화 선생의 해석은 정말로 재밌지. (그리고) 윤치호 자신은 일관성 있는 태도를 보여준 게 아니냐는 그 해석, 바로 그 일관성이 재밌는 거다, 그런 거죠.

내가 주목하고 싶은 사람은, 정말 주목하고 싶은 사람은 서재필이었어요. 서재필하고 윤치호는 그 점에서 상당히 유사한 점이 있어요. 두 사람 다 영어를 굉장히 잘했고 퍼펙트하게 서구적인 생각을 받아들였다는 거 아니냐는 거죠. 이 사람들이 완전히 서구적인 사람들이었는가에 대해서는 공부를 해봐야 하겠지만, 적어도 완전히 서구적인 사람으로 행동했다는 것에는 의심의 여지가 없는 겁니다. 그러니까 한국에 돌아오면서, 계약을 맺고 월급을 달라고 하는 거나, 그가 미국에 다시 돌아갈 때 돈을 달라고 하는 거나, 그 계약적인 관점, 직업의 관점에서 보려고 하는 것이 (중요해요). 단지 서재필이라는 사람이 돈을 탐했다, 물론 그런 측면도 있지만, 완전히 서구적인 그런 방식이죠. (서재필의) 그런 걸 보면서 굉장히 많은 욕을 하는 사람들이—민중주의자들, 특히 동학을 옹호하는 사람들이—서재필을 인간으로도 안 보는, 이런 측면이 있는데, 반드시 그럴 것은 아니라고 (생각해요). (서재필은) 그럴 정도로 서구적인 마인드를 가지고 신문을 만들고, 그 사람들의 사상을 펼쳐나갔다는 거죠. 그것이 그 저기 뭐야 『독립신문』에 다 나타나고 있다는 겁니다. 이런 흥미로운 점을 잘 파헤쳐나가면, 이 사람들을 건국은 아니지만, 문명 전환의 아버지들,

그래서 그 사람들에 의해서 문명전환이 완전하게 이루어지지는 못했지만, 우리가 떠들어 볼 수 있는 사람들이라는 점에서 문명 전환의 할아버지들은 되는 게 아니냐 하는, 생각이 담겨 있습니다.

3챕터 「아관파천」에 대해서는, 그 뭐야 우리가 저번에 프레스센터에서, 「만민공동회, 한국 근대 정치의 원형」을 발표했을 때, 내 생각의 일단이 거기에 나와 있는데, (그래도) 아관파천은 중요한 사건으로 다루고 싶더라고. 여러 가지 대외 관계가 있고, 그다음에 임금이 다른 나라 대사관에 들어갔던 거, 그 자체만으로 놓고 보면, 굉장히 권력적이고 치욕적인 사건이기는 하지만, 구한말 전체를 놓고 보고, 또 지금도 뭐 우리 대한민국이 그렇게 독립된 나라가 아니라는 것에 주목해보면, 대사관에 들어갔냐 아니냐가 중요한 게 아니라, 이 아관파천에는 그 상황에 대처하려는 적극적인 그런 게 있었다는 거죠. 바로 적극적인 그런 거는 뭐야, 어디지 그 1884년 갑신정변에서도 적극적인 면도 나타나고 부분적으로는 일본 사람들을 걸고넘어지는 이런 면에서 동등한, 비슷한 양상을 보여주고 있지만, 적어도 이 아관파천이라고 하는 것은 사대교린, 즉 중국을 중심으로 하는 전통적이 사대교린에서 투 플러스 투라고 하는 열강 체제로 이것이 바뀌는 어떤 결절점, 터닝 포인트, 전환점에 있는 것이 아니냐는 거죠. 아관파천이. 그리고 사실 이 아관파천에서 마련해놓은 공간이라는 게 상당히 오랫동안 간다는 겁니다. 그래서 일본이라든가 러시아 사람들이 골치 아파진다. 그래서 아관파천이라는 것을 잘 이해할 필요가 있다. 이런 거죠. 그리고 아관파천을 임금이 남의 나라 대사관에 들어간 사건으로 축소해서 보는 거, 그것이야말로 그 당시 일본 사람들의 시각을 반영하는 가장 파퓰러한 친일적인 관점이 아니냐는 거죠. 이런 게 내 생각인데, 더 이상 자세하게 어떤, 아무튼 아관파천이라는 게 그런 의미를 갖고 있는 거 아니냐는 겁니다. 그리고 이제 그 이후로부터 한반도가 국제 열강에 휩싸이는 그 과정을 쭉 보면 이, 여기가 시작이다, 공이 날아오는 지점이다 이거지. 그래서 그걸 잘 이해하고, 사실은 우리나라가 그 초중고등학교 때부터 이런 걸 잘 가르쳐야 하는데, 그렇게는 가르치지 않고 있어요. 우리가 4강에 둘러싸여 있다. 아주 강한 4강과 약한 몇몇 나라들이 한반도의 중요한 이해 당사자들이다, 라는 것을 잘 가르치지 않고, 너무나 우리 중심적으로 한반도가 굉장히 중요한 곳이고, 한반도가 굉장히 탐나는 곳이라고, 그런 것으로 가르치는 건 좀 아니다 싶어요. 나는 계속해서 어떤 국민의 기본 교양이라 할까, 역사에 대한 기본 인식에 대해서 계속 관심을 갖고 있는데, 아관파천을 둘러싼 여러 가지 국제 열강의 문제라고 하는 것은 정말로 중요한 것이다. 그것을 여기서, 아관파천을 예시적으로 들어줘야 하는 거라고 생각합니다.

그다음에 4챕터 「독립신문과 국어의 발견」이라고 하는 것은, 베네딕트 앤더슨의 얘기를 집어넣고 하면 굉장히 중요한 거고. 이때 국어가 발견된 거 아니냐, 대중어로서 그리고 대중들도 사용하고 고급한 언어로서 한자어가 무너지는 과정, 한자가 라틴어가 무너지듯이. 그런 것들이 나타난다고 보고.

그리고 5챕터가 「의회의 발견과 만민공동회」인데, 여기가 이승원 씨와 정선태 교수와 나와 충돌할 수 있는, 또는 이승원 씨하고 정선태 교수하고 저쪽의 김홍우 선생님 팀하고 상당히 충돌할 수 있는, 어떤 그런 건데. 의회라고 하는 문제가 김홍우 선생님 쪽에서는 상당히 중요하게 다뤄질 수밖에 없는 그런 주제입니다. 사실은 그런 것에 대해서, 프레스센터의 원고에서 이 부분이 좀 나와 있지 않나 그런 생각이 듭니다. 여기서 의회라고 하는 것은, 의회의 문제가 독립협회 때부터 '회의하는 규칙'이라고, 서구적으로 회의를 어떻게 하는가, 찬반 토론을 하기도 하고, 누가 떠들면, 질서, 질서, 오더Order (하고 외치고). (이는) 미국이나 영국의 오더에서 따온 말인데, 그런 회의의 규칙, 회의 진행의 규칙을 실천에 옮기는, 이런 것들을 볼 수 있는 부분들을 굉장히 잘 찾아봐야 됩니다. 신용하 선생님이 그 회의하는 규칙에 관한 자료들을 갖고 있다고 알고 있는데, 그런 것들을 찾아서, 이 뭐야 의회주의가 발전하는 (과정을 추적해야 해요). 내가 느끼기에는 이 아주 짧은 시간 안에 윤치호하고 서재필이 이 문제를 집중적으로 공략했던 거 같아요. 독립협회와 배재학당과 『협성회회보』를 통해서 이것이 신문물의 요체로서 (전파되었지요). 나는 그것은 그 사람들이 굉장히 잘 파악한 것이라고 보는데, 의회 하는 회의하는 규칙이라는 게, 결국은 의회라는 게 신문명의 핵심인, 공동체를 이끌어가는 핵심적인 규칙으로 이 사람들이 발견해냈다고 하는 이 놀라운 사실. 그것이 있었기 때문에 만민공동회라고 하는, 공동회라고 하는 이 놀라운 이름의 집회가 성립될 수 있었던 (것이죠). 관민공동회라고 하든가, 이 놀라운 이름의 집회가 성립될 수 있었던 것은 아닌가. 그래서 사실은 의회의 발견과 만민공동회는 내가 정말, 심혈을 기울여서 작업을 해보고 싶었던 건데, 그렇지 못해서 아쉽기는 하지만, 누군가가 이것을 잘 체크해서 이걸 좀 하면 좋은 거다. 이런 말을 좀 하고 싶어요.

　그다음에 6장의 「문명의 새로운 양식들」. 이 문명의 새로운 양식들에 대해서는 정선태 교수가 많이 해놨다고 나는 생각하고. 그 여러 가지 증거를 여기서 얘기할 수 있는데, 문명의 새로운 양식들 중에서 문명의 핵심적인 것을 나는 대중의 출현이라고 봅니다. 대중의 출현인데, 대중의 출현을 뒷받침하는, 혹은 민족의 출현을 뒷받침하는 여러 가지 장치가 우후죽순, 아주 성황리에 나타난다. 그니까 제일 그러한 것은 집회, 집회에서 태극기를 달고, 차일을 걸치고, 수천 명이 모여 애국가를 부르고—여기서 애국가는 지금 부르는 그런 애국가가 아니라 일반명사로서 수없이 그때 제작된 여러 다양한 애국가였는데—취주악대가 등장하는 등. 그 회의장을 장식하는 그 양식이 달랐다는 거죠. 그리고 결국은 회의장을 장식하는 양식이라는 것은 대중을 끌어들이려고 하는 그런 것이고, 또 그것을 가장 뒷받침했던 것은—결국 이것이 1960년대까지 간다고 보는데, 4·19 내지는 1970년대까지 간다고 보는데—학생들이 이 문명을 받아들이는 선구자가 되어서 학교가 나타나는 겁니다. 이 학교의 숫자라든가 학생들의 숫자를 좀 더 정확하게 조사를 하고, (또한) 교회가 등장해서, 대중적인 그런 것을 전파하는 일, 그런 것들은 그 전의 신분 사회의—1 챕터에서 문명이라는 것은 신분 행위라는 것을 말했는데—그 신분이 무너집니다. 누구나 다—특히, 중인 같은 사람들이 혜택을 입었다고 생각하는데—영어를 배우고 서구 문명을 배워서 그 새로운 문명을 개척해야 한다는 생각들이 막 나타난다는 겁니다. 그래서 병원도 나타나고. 근데 이런 모든 것이, 병원조차도 대중적인, 뭐야 헬스라고 하는 것, 대중적인 건강, 그니까 그…….

잠깐 쉬었다가 해야 되겠네.

대중적인 위생의 문제, 물이라든가, 길이라든가, 빨래라든가, 음식이라든가, 이런 대중을 상대로 한 것이 나타난다. 길이라거나. 여기서 핵심은 지식의 문제가 아니었던가, 라는 생각이 들더라고. 그니까 새로운 문명의 지식을 가진 사람은 선구자, 권력자가 되는 것이고, 그렇지 않은 사람들은 거기서 탈락하는, 그것을 쳐다보며 살아가게 되는 그런 어떤 거. 지식이라고 하는 것은 여기서 권력화하는 것이 되는 거지. 지식을 가진 사람이 권력자가 되고 엘리트가 되고, 그때 서구 문명을 캐치하는 사람만이 시대를 담보하는 사람이 되고, 그렇지 못한 지식을 가진 사람은 거기서 탈락하는. 이런 권력의 재편이라는 거. 지식의 문제가 권력의 문제로, 문명이라는 문제가 학교나 교회나 병원이나 관청이 권력의 핵심으로 등장하는. 이러한 모습을 조금은 다른 모습을 보여줘야 해. 그것이 결국은 오리엔탈리즘으로 연결되는데, 여기서 보면 우리가 문명을 하면서 계속 등장하는 문제가 그런 문제지. 타인의 시선을 의식하는 거, 세계의 시선을 의식하는 거, 세상이 우리를 바라보고 있다, 문명국가가 우리를 바라보고 있다, 우리도 문명국가가 되어야 한다, 우리도 문명국들처럼 되어야 한다는 오리엔탈리즘. 이런 것은 오리엔탈리즘이라기보다도 그 문명론이 가지고 있는 지식의 속성, 지식이 권력화하는 양상, 푸코나 하는 사람들이 이런 문제를 어떻게 잘 다뤘는가는 내가 잘 모르지만, 아무튼 문명의 한계 내지는 문명의 폭력성이 서서히 배태되는 이런 것들이 문명의 새로운 양식들에서 표현되어야 하는 거 아니냐, 요런 식으로 나는 이해를 했는데. 아무튼 여기서 얘기한 것보다도, 문명의 새로운 양식들은 훨씬 더 다양한 형태로 나타났던 게 아니냐.

예를 들면 정선태 교수가 『혈의 누』라든가 신소설, 우리나라 근대

소설이 등장하기 전의 신소설에 관심을 가졌던 걸로 아는데, 내가 그쪽으로 읽어보지는 않았지만, 이 문명의 문제가 새로운 권력의 문제, 새로운 지식의 문제, 새로운 거들먹거림의, 그 어떤 떵떵거리고 연설하고 이런 것에 하나의 자원이 되는 이런 양상들이 나타나는 게 아니냐는 거지. 그래서 「문명의 새로운 양식들」이라고 하는 것들과, 뭐 한 챕터 따로 해서, 문명과 권력, 문명적 지식과 권력들을 첨가해서 그것이 변모할 수밖에 없는, 문명이라는 것이 그렇게 장밋빛만은 아니다, 우리가 여기서 문명의 전환이라고 하는 것을 굉장히 거대한 전환이라고 하지만 그것이 또 그렇게 100% 이렇게 올바르기만 한 건 아니고, 인간의 역사라는 것이 한계를 지니면서 인간의 삶의 양식이 재편되는 (것이라는 것을 보여줘야 돼). 그리고 특히 중요한 것이 무기 같은 것, 무기를 가진 자, 힘을 가진 자, 이런 것들이 문명의 새로운 양식들 속에서 과거 진리의 나라, 정신의 나라에 속했던 과거 조선조 성리학자들의 나라는 이제 지양되고, 쇠퇴할 수밖에 없는 바로 이런 것.

  7챕터로 넘어가게 되면 「사회진화론과 민족주의」라고 하는데, 나는 이 사회진화론과 민족주의가 이미 선각자들 사이에서는 1898년 만민공동회 시절에 이미 다 받아들여지고, 막 그렇게 됐다, 민족주의라고 하는 것도 1894년 청일전쟁에서 중국의 체제가 작살이 나고 파괴되고 일본이 등장하게 되는 과정을 보면서 서서히 민족주의가 등장하게 됐다고 해요. (그렇지만) 한국에서 조선 사람들에게 사회진화론과 민족주의가 뼛속 깊이 박히게 되는 것은 (다른 시기가 아닌가 합니다). 만민공동회가 진압을 당하고 고종의 황제 체제, 독재 체제가 등장하여 1904년까지 가는데, 그 1904년에 가고 1905년에 가면,

그때까지만 해도 한국 사람들은 자기들에게 어떤 자율성이 있는 게 아니냐(고 생각해요). 여러 가지 방향을 논의하다가 대중들에게—만민공동회와 같은 방식으로 대중들의 참여가 봉쇄당한 상태에서—이제 그 방법, 대중들을 결집할 수 있는 방법은 탈락하고, 그 수단과 방법을 가리지 않고 사회진화론, 강한 자가 되고, 또 우리가 민족주의자가 되어야 된다, 그렇게 살아남아야 한다는, 이 시기를 거치면서 민족주의는 완전히 뼛속 깊이 내면화한 거 아니냐는 겁니다.

그래서 이 시기야말로 대한민국 탄생의 근거인 이 민족주의라고 할까. 여기서 민족주의는 수비적이고 수세적인 것, 공격적인 것이라기보다는, 살아남아야 한다는 그런 거. 이런 식의 민족주의가 이미 이 시대에 이미 완전히 확립된다. 나는 그 증거를 여러 번 본 적이 있지만, 정리를 못해서 안타까운데. 아무튼 이제 사회진화론과 민족주의는 만민공동회의 파괴로 인해서 생기발랄한 참여의 방식들은 탈락하고, 참여의 내용들만 남았을 때, 그 참여의 내용들은 거칠며 수단과 방법을 가리지 않고 사회 진화와 민족주의만 달성하면 된다는 어떤 거친 형태의 형태로 나갔던 게 아니냐. 그런 것들이 1904년을 전후로 해서, 또한 1907년 운동 이런 걸 통해서, 그리고 저쪽의 상동교회인가, 신간회의 그것이 되는 것을 거쳐서, 결국은 일제시대의 독립운동의 양식이 되는 그런 것이 아니냐. 그것이 7챕터에서 내가 논의하고 싶었던 것인데, 사실은 공부를 더 해봐야 되는 거고.

8챕터는「균질화된 개인으로 구성된 민족을 발견」. 각자 개성 있는 부르주아. 물론 부르주아가 개인인데, 오늘날처럼 탈근대사회의 다양한 개성화를 갖춘 개인이라기보다는 부르주아적 삶에서 재산의 추구라고 하는 경제적 자유주의를 모토로 하는 부르주아들의 개인을 발견한 것이지만, 우리는 그런 부르주아도 발견하지 못했어. 어떤 균질화된 박제화된 개인이랄까. 학교라거나, 물질적 토대가 충분하지 않은 채, 군대라거나, 전쟁, 전쟁 담론이라 거, 약육강식 담론, 생존 담론을 통해서 개인이 민족의 발전에 기여해야 한다는 민족주의, 민족의 발견이, 한국의 공동체라는 게 건설되는 데 가장 큰 특징이 아니냐는 것이지. 또는 그 민족을 먼저 발견했다기보다는 개인들이 민족 뒤에 숨어서 엄청난 일을 저질렀던 것은 아니냐. 박정희 같은 사람도, 자기가 직접 나서는 게 아니라 민족주의라든가 이런 공동체주의를 앞세워 가지고, 그가 그 뒤에 숨어서 그렇게 하고. 돈 버는 사람들도, 국가와 민족을 위해서 했다는데, 솔직히 말해서 그 사람들이 국가와 민족을 위해서 한 거냐. 그러나 그들이 국가와 민족을 내세운 게 먹혀 들어갔다. 이렇게 해서 균질화된 개인으로 구성된 민족이라는 것이 아주 대타자로서 우리의 삶을 억눌렀다. 지도했다. 거기서 한 치도 빠져나가지 못하는 삶을 영위했다. 그것이 1945년 해방이 되었을 때의 삶의 형태였고, 굉장히 정치화될 수밖에 없는, 고도로 정치화되어 좌익이라든지 우익이라든지 여러 가지 단체로 갈라져서 싸울 수밖에 없는 것이지 않았느냐. 그럼에도 불구하고 이 모든 불완전하면서도 욕망이 게재되면서도 새로운 형태의 권력과 지식이 민중을 억압하고 민중의 참여를 억압하는 가운데에서도 이러한 문명 전환은 확실하게 일어난 거다.

어떻게 일어났느냐 하면, 그 성리학적 운용과 비교해보면, 이것은 완전히 다른 거다. 성리학이 진리와 종교라는, 유교 제례, 제사를 지낸다는 점에서 일종의 종교 체제라고 보는데, 그리고 살아 있는 사람보다 죽은 사람을 더 옹호했다는 점에서, 죽은 사람들이 실제 삶에 대단히 영향을 미친다는 점에서 굉장히 종교적인 시스템이었다고 보는데, 그런 성리학적 체제로부터는 굉장히 멀리 떨어진 다른 삶의 토대가 마련되었다. 이것이 문명의 전환이 아니고 뭐냐. 이렇게 과거를 잘 보아야만 그 문명의 전환된 게 잘 보이지, 우리는 자꾸 우리의 근대와 근대성을 서구에 비추어 볼 때 상당히 불충분한 것으로 보면, 우리의 문명 전환은 불충분한 것만 보이게 되어서 실제로 과거와는 다르게 살고 있는, 과거와의 전환이 잘 보이지 않는다는 것, 이것을 깨기 위해서 문명 전환이라는 용어를 사용하는 거고, 문명 전환의 핵심은 대중의 출현, 참여라는 측면에서 1898년에 나타난 게 아니냐, 이게 내가 하고 싶은 얘기고.

문명의 새로운 양식들 중에서는 정선태 교수가 강조했던, 김덕구 열사의 탄생, 그것은 굉장히 문명의 양식이고, 또 김홍륙 같은 새로운 번역 정치, 외국어라는 것이 새로운 권력으로 등장하는 것도, 이론적으로는 열려 있지만, 실제적으로는 철저하게 거기서 권력이 작동되는 것을 보면, 재미있을 테고. 우리 책의 제목인 『1898, 문명의 전환―대한민국 기원의 시공간』. 그런 책을, 대중적이고 중고등학교 학생이나 선생님들, 교양계에서 받아들였으면 좋겠고, 물론 전문가들에게는 굉장히 비판을 수도 있겠지만. 결국 문명의 전환이 이때 일어났다는 사실만큼은 나는 확신하는 것이고, 문명 전환이 일어난 것을 중심으로 봐야지 자꾸 우리의 근대화는 언제나 불충분한 근대로 보면 우리는 언제나 기원의 공간을 가질 수 없는, 잘못하면 일본식의, 일본 애들이 우리의 역사를 왜곡시켰다는 얘기만 하는 게 아니냐. 그래서 이런 관점이 굉장히 필요하고, 나는 이런 관점이 상당 부분 승리를 거두게 되고, 또 그래야만 역사 과목이 우리의 텍스트로

다가오게 되고, 텍스트로 다가오게 된 다음에, 그래야만 그 역사가 재밌게 되니까. 구한말이라든지 굉장히 재밌는, 다시 말해서 미국 역사로 치면, 미국 역사에서 13개 주가 건설되는 과정에 못지않을 만큼 재밌는 역사적인 텍스트가 되지 않냐. 이런 것들이 내가 하고 싶은 얘기고, 자세한 얘기는 다 한 셈이고. 또 하고 싶은 얘기가 있으면 나중에 하겠습니다. 이제 사실상 하고 싶은 얘기는 다 했습니다.

아무튼 『1898, 문명의 전환―대한민국 기원의 시공간』이라는 책에 대해서, 이 책의 아이디어에 대해서는 이승원 선생이 좀 잘, 이승원 선생이 적임자라고 생각되는데. 또 아닐 수도 있고. 그렇다면 좀 상의를 해보고. 아니면 공동, 뭐 저자를 한다거나. 내 생각에는 이 생각이 의미 있는 작업이었다는 그런 생각은 분명히 드는데, 내가 뭐 이걸 출판이라든가, 의견을 한 번도 발표할 기회가 없었거든. 사실 이거는 원래 내가 쭉 써서 정선태 선생에게 교정을 받아서 우리가 공저로 내겠다는 책이 있었는데, 이게 바로 그 책이기도 한데……. 하여튼 이렇게 내가 고인이 되었으니까. 고인의 그런 것을 잘, 뭐, 좀 남긴다, 이런 의미에서도 잘 해줬으면 고맙겠고. 김홍우 선생님하고 또는 거기 친구들과 대화를 못 나눈 거 굉장히 아쉽고 그런데. 나로서는 이렇게 마무리를 짓는 게 최선이었다, 그런 생각도 들고. 기회가 닿으면 이 테이프를 선생님께 들려드리는 그런 방법도 있을 텐데. 아무튼 나는 어디까지나 두 사람들에게 내 얘기를 전하는 걸로 내 임무를 마치려고 해. 그리고 우리가 다정한 얘기, 뭐 감상적인 얘기, 여러 가지 할 수 있지만, 그거야 뭐 우리가 다 상상할 수 있는 거고, 서로 다 알 수 있는 거니까, 따로 첨부하지 않더라도 큰 어떤 것은 없지 않느냐, 꼭 첨부해서 사람들의 마음을 쓰라리게 할 필요는 없다, 이게 내 생각이고, 좀 이런 나의 생각과 의지가 잘 반영되었으면 합니다.

    그러면 정선태 선생, 이승원 선생, 이렇게 내 작별을 고하고요. 또 중간에 한 번 자리를 마련하지 못한 거, 그리고 내가 내 소임을 다하지 못하고 당신들보다 먼저 가게 되는 거, 뭐 이런 아쉬움, 이걸로 표현한 걸로 하겠습니다. 그러면 안녕히 잘 지내고, 또 행복하고, 즐거운 날들 가지시기 바랍니다. 이상입니다. 네, 안녕히 계셔요.

참고 문헌

公六, 1909,「嶠南鴻爪」,『少年』1909년 9월.

具然學, 1908,『雪中梅』, 滙東書館.

권보드래, 2000,『한국 근대소설의 기원』, 소명출판.

김도태, 1972,『서재필 박사 자서전』, 서울: 을유문화사.

김동춘, 1997,『한국 사회과학의 새로운 모색』, 서울: 창작과 비평사.

김동춘, 1998,「한국사회과학의 반성과 21세기 전망」, 학술단체협의회 편,『한국 인문사회과학의 현재와 미래』, 서울: 푸른숲.

김옥균, 1884,「치도약론」,『한성순보』1884년 7월 3일.

김유원, 1999,『100년 뒤에 다시 읽는 독립신문』, 서울: 경인문화사.

김홍우, 1998,「한국정치학 소고:『한국정치학회보』에 나타난 한국관련 논문을 중심으로」,『한국사회과학』제20권 제1호.

김홍우, 1999,「현상학과 정치학, 그리고 한국정치」,『현상학과 정치철학』, 서울: 문학과지성사.

김홍우, 미발행,「한국사회과학론의 화두로서『독립신문』」.

東海 一笑生, 1907,「비난지사」,『대한매일신보』1907년 9월 6일

류준필, 2004,「19세기 말 '독립'의 개념과 정치적 동원의 용법」, 이화여대 한국문화연구원,『근대계몽기 지식개념의 수용과 그 변용』, 서울: 소명출판사.

리영훈, 1909,「다수한 무명씨의 소영웅을 구함」,『대한매일신보』(寄書) 1909년 5월 15일.

모스, 조지, 2004,『내셔널리즘과 섹슈얼리티』, 서강여성문학연구회 옮김, 소명출판.

박대양, 1985,『동사만록東槎漫錄』(『국역 해행총재』 XI), 남만성 옮김, 민족문화추진회.

비숍, 이사벨라 버드, 1994,『한국과 그 이웃나라들』, 이인화 옮김, 살림.

서울대 정치학과 독립신문강독회, 2004,『독립신문 다시 읽기』, 푸른역사.

신용하, 1976a,『독립협회연구』, 서울: 일조각.

신용하, 1976b,『독립협회와 만민공동회』, 서울: 일조각.

신용하, 2001,『갑오개혁과 독립협회운동의 사회사』, 서울: 서울대학교출판부.

신지영, 2005,「연설, 토론이라는 제도의 유입과 감각의 변화」,『한국근대문학연구』 제6권 1호.

신해영, 1897,「한문자와 국문자의 손익 여하」,『대조선독립협회회보』 1897년 7월 15일.

아리에스, 필립, 2003,『아동의 탄생』, 문지영 옮김, 새물결.

알렌, 호레이스, 1999,『조선견문기』, 신복룡 옮김, 집문당.

양현아, 2001,「식민지와 가부장제이론」, 김영옥 편,『"근대", 여성이 가지 않은 길』, 서울: 또하나의문화.

엘리아스, 노르베르트, 1996,『문명화 과정 1』, 박미애 옮김, 한길사.

오세웅, 1993,『서재필의 개혁운동과 오늘의 과제』, 서울: 고려원.

올리버, 로버트, 2002,『신화에 가린 인물 이승만』, 서울: 건국대학교출판부.

위위생 오상준, 1909,「오늘날 지사라하는 자들을 조상하노라」,『대한매일신보』 1909년 8월 3일.

유길준, 1908,『노동야학독본』, 경성일보사.

유길준, 1995,『서유견문』, 허경진 옮김, 한양출판.

윤성렬, 2004,『도포 입고 ABC 갓 쓰고 맨손체조』, 학민사.

윤치호, 1971a, 국사편찬위원회 편,『윤치호 일기』제4권, 서울: 탐구당.

윤치호, 1971b, 국사편찬위원회 편,『윤치호 일기』제5권, 서울: 탐구당.

이광수, 2003, 『바로잡은 『무정』』, 김철 교주, 문학동네.
이나미, 2001, 『한국 자유주의의 기원』, 서울: 책세상.
이승원, 2003a, 「근대적 신체의 발견과 위생의 정치학」, 『국민국가의 정치적 상상력』, 소명출판.
이승원, 2003b, 『국민국가의 정치적 상상력』, 소명출판
이승원, 2005, 『학교의 탄생』, 휴머니스트.
이윤주, 1908, 「동경 일일의 생활」, 『태극학보』 1908년 8월호.
이이화, 2003, 『이이화의 한국사이야기 19 — 오백년 왕국의 종말』, 서울: 한길사.
이정식, 2003, 『구한말 개혁·독립투사 서재필』, 서울: 서울대학교 출판부.
이종응, 2002, 「서사록」, 『동양학』 32, 단국대학교 동양학연구소.
이태진, 2000, 『고종시대의 재조명』, 서울: 태학사.
이해조, 1910, 『자유종』, 광학서포.
이해조, 1912, 『춘외춘』(상), 신구서림.
이헌영, 1977, 『일사집약』(『국역 해행총재』 XI), 권영대 역주, 민족문화추진회.
이황직, 2007, 『독립협회, 토론공화국을 꿈꾸다』, 프로네시스.
정교, 2004a, 『대한계년사 3』, 조광 편, 서울: 소명출판.
정교, 2004b, 『대한계년사 4』, 조광 외 옮김, 소명출판, 2004.
정교, 2004c, 『대한계년사 7』, 변주승 역주, 소명출판.
정선태, 2005, 「『독립신문』의 조선·조선인론」, 『근대의 어둠을 응시하는 고양이의 시선』, 소명출판.
정선태, 2006, 「근대적 정치운동 또는 '국민' 발견의 시공간: 텍스트 '만민공동회'를 읽는다」, 『근대의 어둠을 응시하는 고양이의 시선』, 소명출판.
정선태, 미발행, 「『독립신문』과 '국어'의 발견」, '수유연구실+공간 너머' 내부 자료.
정용화, 2004, 『문명의 정치사상: 유길준과 근대한국』, 서울: 문학과지성사.
조은·윤택림, 1995, 「일제하 신여성과 가부장제 : 근대성과 여성성에 대한 식민 담론의 재조명」, 『광복50주년기념논문집』 8, 광복50주년기념사업위원회.
조재곤, 2003, 『근대 격변기의 상인 보부상』, 서울: 서울대학교출판부.
조혜정, 1994, 『탈식민지 시대 지식인의 글 읽기와 삶 읽기』, 서울: 또하나의문화.
주진오, 1995, 「19세기 후반 개화개혁론의 구조와 전개」, 연세대학교 사학과 박사학위 논문.

최문형, 2001, 『한국을 둘러싼 제국주의 열강의 각축』, 서울: 지식산업사.

콜릿, 피터, 2004, 『몸은 나보다 먼저 말한다』, 박태선 옮김, 청림출판.

토크빌, A., 2006, 『앙시앵 레짐과 프랑스혁명』, 이용재 옮김, 박영률출판사.

학부편집국 편, 1896, 『신정심상소학新訂尋常小學』.

후쿠자와 유키치, 1989, 『文明論의 槪略』, 정명환 옮김, 광일문화사.

Anderson, Benedict, 1983, *Imagined Communities: Reflection on the Origin and Spread of Nationalism*, Verso.

Bishop, Isabella Bird, 1898, *Korea and Her Neighbour* vol. II.

New York Herald, October 15, 1883; 김원모, 1999, 『한미수교사』, 철학과현실사에서 재인용.

〈『독립신문』 다시 읽다〉 심포지엄 발표문, 2004. 9. 2.

『고종실록』 고종 8년(1870) 4월 25일.

『국역 승정원일기』 고종 32년(1895) 2월 2일.

『대한매일신보』 1907년 11월 8일(「모자의 제도」); 1907년 12월 11일(「한국에 여자 교육의 필요」); 1907년 12월 28일(「시사평론」); 1907년 12월 5일(「시사평론」); 1907년 7월 2일(「교사압제」); 1907년 7월 4일(「진명부인회」); 1907년 9월 7일(「학교가」); 1908년 10월 6일(「개명신부」); 1908년 12월 31일(「서씨 쾌담」); 1908년 1월 15일(「시사평론」); 1908년 1월 25일(「품팔이꾼의 열심」); 1908년 1월 26일(「나무꾼의 상학」); 1908년 2월 15일(「맹인의 열심」); 1908년 4월 16일(「경부칭송」); 1908년 5월 16일(「학계의 꽃」); 1908년 5월 28일(「교육이 제일 급선무(속)」); 1909년 11월 21일(「자기 일신을 위하여 살기를 구하지 말지어다」); 1909년 5월 1일(「무녀열심」); 1909년 6월 17일(「한복 괄대」); 1909년 7월 24일(「소년남자가」).; 1909년 9월 18일(「시사평론」); 1909년 9월 5일(「단발설명」); 1910년 3월 29일(「국민의 외양과 국가의 성쇠」); 1910년 3월 30일(「문명한 노인」); 1910년 3월 30일(「반양복 금지」); 1910년 7월 13일(「괴악한 계집」).

『독립신문』 11월 24일(「잡보」); 1896년 12월 12일(「논설」); 1896년 4월 16일(「논설」); 1896년 5월 19일(「논설」); 1896년 5월 21일(「잡보」); 1896년 7월 2일(「논설」); 1896년 7월 2일(「잡보」); 1896년 9월 5일(「논설」); 1897년 4월 3일(「논설」); 1897년 8월 26일(「최병헌 씨의 편지」); 1898년 10월 26일, 27일(「논설」); 1898년 11월 26일; 1898년 12월 15일(「논설」); 1898년 12월 19

일(「논설」); 1898년 12월 5일; 1898년 12월 6일(「잡보 '의관사직'」); 1898년 2월 19일(「논설」); 1898년 8월 11일(「이것이 위생인지」); 1898년 9월 2일(「경축회」); 1899년 1월 20일(「외국 유학생도」); 1899년 6월 20일(「논설」); 1897년 3월 9일.

『신한민보』 1948년 10월 14일.

『제국신문』 1898년 12월 1일.

『황성신문』 1898년 11월 7일(「별보」); 1898년 9월 28일(「국문한문론 상」).